中国『五四』自由主义流变

张胜利 著

中国社会科学出版社

图书在版编目（CIP）数据

中国“五四”自由主义流变／张胜利著.—北京：中国社会科学出版社，2016.1
ISBN 978－7－5161－6622－2

Ⅰ.①中…　Ⅱ.①张…　Ⅲ.①自由主义—研究—中国—现代　Ⅳ.①D092.6

中国版本图书馆 CIP 数据核字(2015)第 161088 号

出版人　赵剑英
责任编辑　孔继萍
责任校对　郝阳洋
责任印制　何　艳

出　　版　中国社会科学出版社
社　　址　北京鼓楼西大街甲 158 号
邮　　编　100720
网　　址　http://www.csspw.cn
发 行 部　010－84083685
门 市 部　010－84029450
经　　销　新华书店及其他书店

印刷装订　北京市兴怀印刷厂
版　　次　2016 年 1 月第 1 版
印　　次　2016 年 1 月第 1 次印刷

开　　本　710×1000　1/16
印　　张　15.75
插　　页　2
字　　数　259 千字
定　　价　58.00 元

目　　录

第一章

中国自由主义

第一节　自由主义

应该承认，只有非历史的概念才能被赋予恰当的定义，而涉及社会政治哲学时，没有什么概念是没有歧义的，但自由主义是最充满歧义的概念之一，对自由主义给以恰当的定义是十分困难的。① 因为“自由”一词和自由主义的理论都是西方历史和社会的产物，而我们所研究的中国自由主义更是从西方所引译、介绍和发展过来的，所以我们非常有必要在此回顾一下西方自由主义发展的历史脉络和基本理念。

从文化基因的角度来讲，古希腊、罗马以及中世纪的西方社会就存在着自由主义的基因。柏拉图以及亚里士多德著作可以说是古希腊的政治思想史的代表之作，而柏拉图的《理想国》可以说是一种理性主义的政治观，而理性主义则一直是自由主义的理论基础之一；那时的哲学家泰勒斯、毕达哥拉斯、赫拉克利特、巴门尼德、留基波、德谟克利特等人已开始探寻万物的本源以及变化与永恒的话题，这些思想都为自由主义所形成的思想普遍化提供了思想基础；罗马以及中世纪的历史发展也把法律、上

---

① 关于自由主义充满歧义的原因，李强在其《自由主义》一书中分析有三个。一是自由主义的历史性，也就是自由主义在近代以来经历了复杂的发展过程，历史过程中强调的重点不同，也就使自由主义具有不同的历史含义；二是研究者的不同带来对自由主义的态度不同，根据自己的需要强调其不同的方面，从而为我们描绘出不同的自由主义画面；三是自由主义不仅是一种理论，一种意识形态，更是一种制度，一种政治运动或政党的旗帜。

帝的观念植入西方人的脑海之中。自由主义作为一种系统的思想理论、意识形态和政治制度则是近代的产物。这是因为文艺复兴运动和宗教改革运动为自由主义提供了重大的历史发展契机和重要的思想理论资源。人文主义和个人主义给发端于意大利的文艺复兴运动带来自由主义的成果，为什么这么说呢？是因为文艺复兴运动开启了以神为中心向以人为中心的舆论、思想、价值观念的转变，重新肯定了人在宇宙和社会中的重要地位和价值，崇尚人的理性，把人"作为万物的尺度"。自由主义的形而上和本体论的内核就是个人主义，从这个前提出发，自由主义对自由、宽容和个人权利的类似承诺才得以推演出来，所以说文艺复兴运动和随后的启蒙运动为自由主义的个人主义的形成起到了推波助澜的作用。宗教改革运动对自由主义的贡献显得更为重要。宗教改革首要的直接成果就是孕育了自由主义的宗教宽容精神，尽管宗教宽容精神并不起源于宗教改革运动；其次是宗教改革运动把人的地位抬高到了可以直接和上帝对话的地步。宗教改革运动宣传个人完全可以不必通过教会这个中介机构来和上帝取得联系，只要个人心中有上帝便直接可以和上帝对话，这在实质上就极大地提高了个人的地位。按照英国学者阿伦·布洛克的观点，西方在看待人与自然的关系时存在着三种模式。"第一种模式是超自然的，即超越宇宙的模式，集焦点于上帝，把人看成是神创造的一部分。第二种模式是自然的，即科学的模式，集焦点于自然，把人看作是自然秩序的一部分，像其他有机体一样。第三种模式是人文主义模式，集焦点于人，把人的经验作为人对自己、对上帝、对自然了解的出发点。"① 从布洛克的观点来看，文艺复兴运动和宗教改革运动为自由主义宣扬的宗教宽容、个人至上的理念奠定了坚实的基础。

随着文艺复兴运动和宗教改革运动在西方社会历史影响的日益加深，在 17 世纪，英国政治思想家洛克提出了自由主义的自然权利理论、有限政府理论和宗教宽容精神的思想。他认为，个人具有不可剥夺、不可转让的自然权利——生命、自由和财产权。建立政府的目的就是保护个人的这些权利，并且政府的建立仅仅是基于被统治者的一致同意，一旦政府不履行原先成立时所赋予它的职责或其行为违背了人们建立政府的初衷和目的

① ［英］阿伦·布洛克：《西方人文主义传统》，董乐山译，三联书店 1997 年版，第 12 页。

时，人们就有权利用暴力革命的手段推翻政府并重新建立一个新政府。所以洛克被称为“自由主义的鼻祖”。在洛克那里，自由主义的核心——保护个人的自由、生命和财产是政府建立的目的就被提出来了，政府的作用仅仅在于保护公民享有这些权利，政府承担的角色就是“守夜人”的角色。

随着西方资本主义社会的不断发展，到了19实际中叶，资本主义社会出现了重大的社会危机，贫富分化差距扩大、阶级矛盾加剧、安全卫生事件层出不穷、生产过剩、失业率增大等一系列问题，这时自由主义开始修正其理论意识形态，提出了“新自由主义”的理论。格林、霍布豪斯、霍布森等人提出，国家应该全面干预社会生活，国家应该扮演“积极”的角色，不再追求古典自由主义的消极国家观。格林认为积极的自由观首先是人们有做某事的实际力量或能力；其次，人们应该有能力同样有机会去做那些值得做的事情；最后，格林的积极自由观还蕴含着明确的平等主义因素，即所有人都有能力“充分实现自我”。新自由主义的主要政治家，查尔斯·马斯特曼（Charles Masterman）指出，新自由主义不是社会主义，同时它也不认可自由放任的资本主义，它相信财产、占有物，通过竞争达到生活的标准之上，它也相信资本主义广泛分布于整个社会之中，同时它还相信改革而不是暴力能够维持现存秩序和改进社会。

自由主义进入20世纪之后，其内部出现了诸多分歧和派别，如自由主义的平等主义、自由主义的自由至上主义等。20世纪前期自由主义受到了保守主义、社群主义、民主社会主义的冲击一直处于低谷时期，直到70年代自由主义出现了复兴，其标志是1971年罗尔斯的《正义论》一书的出版。在这本书里，罗尔斯将正义理念推到了自由主义的核心，并复兴了康德式的思维研究路径，批判了功利主义的理论，试图弥补功利主义的缺陷。罗尔斯接受了典型的自由主义本体论，按照他的目的论——正义是社会制度的首要美德，如同真理是思想体系之美德，个人是第一位的，社会是第二位的，社会是一种由个人创造和同意的设施，设施的每一种都服务于个人的自己目标。社会是一个为了相互利益而合作的冒险机制，但是，为了以防“合作”这个词带给人的幻觉，罗尔斯又立即进行了补充，认为这种“合作”典型充满了冲突和对利益的认肯。纵观罗尔斯的《正义论》《政治自由主义》以及他的批评者，罗尔斯实质上也接受了人类本质上是自私的观点，然而人类为了支持更具限制性但是却更为安全的人类社会和政府的安排，人类就用自己的理性力量放弃在自然状态下的那种虽然较为自由，但是却缺乏安全和自足的生活。这同样是赋予个人的自由权高于其他社会价值的优先性。诺奇克虽然对罗尔斯的正义论进行了激烈的批判，但是他在《无政府、国家与乌托邦》这本书里也没有脱离自由主义的窠臼，仍然是把人权观念当作最小国家个人自主的理论核心，为美国人的所谓的“自由至上主义”提供了正当化的证明，加强了国家是自由的大敌以及对私有权的干涉是对人权的攻击这一根本性问题的探讨。

自由主义的价值取向：自由、宽容、隐私、宪政、法治、民主、理性、进步、科学、自由主义和资本主义等这些价值都可以在以上学者和西方国家的历史发展中找到本源，他们虽然有所争论，强调的重点不一样，但是他们的核心理念却基本没有什么变化，他们的核心目的也没有任何的变化。“所以自由主义的经济学理论是残酷无情的、它对私有财产权的盲目信奉以及它对‘大众’甚至民主本身的典型布尔乔亚式恐惧都是自由主义见不得人的阴暗面和骷髅头。自由主义的特征是远比大多数自由知识分子所打算承认的还要复杂、混合和模糊；它的遗产比想象的更少对我们有清楚的利益。”①

第二节　中国自由主义发展轨迹

“自从一八四零年鸦片战争失败那年起，先进的中国人，经过千辛万苦，向西方国家寻求真理。洪秀全、康有为、严复到孙中山，代表了在中国共产党出世以前向西方寻找真理的一派人物。那时，求进步的中国人，只要是西方的新道理，什么书也看。向日本、英国、美国、德国派遣留学生之多，达到了惊人的程度。国内废科举，兴学校，好像雨后春笋，努力学习西方。我自己在青年时期，学的也是这些东西。这些是西方资产阶级民主主义的文化，即所谓新学，包括那时的社会学说和自然科学，和中国

---

① ［英］安东尼·阿巴拉斯特：《自由主义的兴衰》（下），吉林人民出版社 2011 年版，第 457 页。

封建主义的文化即所谓旧学是对立的。学了这些新学的人们，在很长的时期内产生了一种信心，认为这些很可能救中国，除了旧学派，新学派自己表示怀疑的很少。要救国，只有维新，要维新，只有学外国。那时的外国只有西方资本主义国家是进步的，它们成功地建设了资产阶级的现代国家。日本人向西方学习有成效，中国人也想向日本人学。在那时的中国人看来，俄国是落后的，很少人想学俄国。这就是 19 世纪 40 年代至 20 世纪初期中国人学习外国的情形。"① 毛泽东的这一段话形象地概括了中国 19 世纪 40 年代至 20 世纪初期这一阶段中国的思想动态和实践状况，也形象地说明了国人们为什么学习西方以及西方的自由主义理论，同时也道出了学习自由主义的目的和动机——作为一种救国的理论、思想武器来改造中国、富强中国。自由主义真正开始作为一种学理理论开始进入国人的视阈和思阈是在 19 世纪末期，并且自由主义得以很快传播是因为维新变法运动为其提供了进入中国历史舞台的重要契机，严复是第一个开始将自由主义思想传译到中国的，他在天津《直报》上发表文章宣传变法的思想理论、动因以及目的，然而发源于西方社会的自由主义是伴随着资产阶级的发展壮大的，自由主义倡导的议会政治、有限政府、市场经济、个人自由、个人权利等理论都是西方资产阶级与封建贵族进行斗争中的思想武器。自由主义进入中国以后一直是资产阶级在支持和倡导，而中国资产阶级的人数和力量非常弱小，以至于在维新变法运动中经不起保守派的一次反击就彻底垮台了，结果自由主义的思想在中国遭遇了失败。其后辛亥革命的到来又为自由主义思想指导建国提供了机会，然后自由主义理论又由于其自身的不足、弊端也没能登上中国的历史舞台，中国的政治走向仍然是与自由主义的预期和设计无缘。随之接踵而来的五四运动又为自由主义在中国的传播、发展提供了一次前所未有的历史大机遇。

自由主义理论在中国的第二次大发展机遇则是号称"中国启蒙运动"的"五四运动"时期。在 1919 年的五四运动之时，国人们已经不再单纯、不加区别地宣传自由主义的理论了，而是把注意力放在了自由主义的功利主义理论上面，在这个时期各种主义和思潮同时登台亮相，相互争

---

① 毛泽东：《论人民民主专政》，《毛泽东选集》第 4 卷，人民出版社 1991 年版，第 1469—1470 页。

艳，胡适在“五四”时期作为一个旗帜性的人物，他大力宣传自由、民主、科学的思想，并且通过其美国老师杜威来中国做演讲助威。胡适的自由主义思想深受其老师杜威的影响，而杜威的自由主义思想则明显带有其美国本土的气息和传统，所以杜威的自由主义思想与美国社会中的民主观念紧密相连，在杜威那里，民主首先是一种生活方式，他主张个人对社会公共事务的关心和民主参与。杜威的这种积极作为的自由主义思想非常合中国自由主义者当时的口味，因为这种思想正可以积极倡导改造国民性，批判传统的一切，这就导致杜威的中国学生胡适等人大力宣扬传播杜威的自由主义思想，很快“杜式”的自由主义思想在中国的知识界尤其是教育界获得了广泛的传播。

中国自由主义的这种“舶来品”的性质，决定了一旦中国传入了自由主义思想，中国的自由主义者便把自己的自由主义理论与世界上的自由主义理论同步发展，在杜威、胡适的自由主义思想大行其道之时，张东荪也在宣传英国费边社的社会主义和基尔特的社会主义，实质上英国费边社和基尔特的社会主义也是自由主义的变种，只是包含有较多的社会主义成分和要素而已。张东荪认为，当时的中国还不具备实现社会各方面的条件，生产力发展水平太低，经济、社会文化较为落后，所以中国当时最紧要的问题不是急于实施社会主义，也不是对财富加以公平分配，不是采取马列主义的理论用阶级斗争和暴力革命的方法来救国于危亡之中，而是应该学习英国政府的“民主社会主义道路”，跨越国共两党的冲突和矛盾。由于中国20世纪20年代到40年代的特殊国情，一些知识分子既对国民党的专制统治不满，又对北洋军阀愤恨，同时也对共产党的政策表示不同意，所以张东荪的自由主义理论俘虏了一批知识分子。

中国自由主义发展到20世纪50年代以后，自由主义思想的重镇转移到了台湾。其中雷震与殷海光是代表人物，他们以《自由中国》这一杂志刊物为宣传阵地，继续宣传西方的自由民主思想，同时对台湾国民党当局的高压政策、反自由、反民主的政策予以激烈的抨击。殷海光由于受到了金岳霖、罗素、波普、哈耶克等人思想的深刻影响，所以他与坚持中国文化本位的“现代新儒家”学派产生了很多理论上的冲突，尤其是他与徐复观的争辩。但是到了20世纪60年代末，殷海光本人开始对中国传统文化进行反思，尤其是对中国自由主义者的哲学基础经验理论和科学主义开始重新思考，1966年1月1日由文星出版社出版的《中国文化的展望》一书就是殷海光长期对中国传统文化和中国自由主义者反思的总结。殷海光本人对中国自由主义的发展脉络、历程以及问题结构非常熟悉，所以他经过分析、总结后指出，中国自由主义发展的伦理学基础最为薄弱，受到人们的重视最少。殷海光的自由主义思想，一方面，他向反理性主义、蒙昧主义、偏狭主义、独断的教条毫无保留地奋战；另一方面，他肯定了理性、自由、民主、仁爱的积极价值，认为这些价值是人类生存的永久价值。这反映了殷海光对自由主义的理解，也反映了他努力的方向。

从自由主义在中国的发展历史来看，中国的自由主义是在国门被打开之后，国家被侵略之后，中国的仁人志士前仆后继地寻求救国、强国方案的一种努力，所以中国的自由主义并不是土生土长的，并不是自然生发出来的，也并不具有西方社会那样的历史、经济、社会机构和文化传统，自由主义仅仅是作为挽救国家于危亡之中的一种方略，故中国的自由主义实质上一开始就打上了新自由主义的印记，是一种要求国家发挥积极作用和个人发挥积极作用的自由主义，也正因为如此，中国所借鉴的新自由主义正如历史上的佛教以及其他文化、文明传入中国，都必然发生转变，都必然受到中国本土文化的改造，都必然染上中国特殊的文化品格。

第二章

严复的自由主义思想

第一节　严复生平介绍

严复（1854—1921年），福建侯官（今福州）人，乳名体乾，谱名传初。投考马尾船政学堂时改名宗光，字又陵。入仕后，改名复，字几道，晚号瘉壄老人，别署观我生室主人、辅自然斋主人、尊疑学者、瘉壄堂主人等。严复作为近代中国向西方寻求救国救民真理的先行人物，在中国近代思想史上有着十分重要的地位，他也因此被誉为中国"西学第一者"。

一　家庭背景

严复出生于名医世家，在当时算是一户中等人家。他的祖父曾经中举，在县里做过训导，但这个官职并未维持太久。后来靠行医乡里来维持一家生计。严复的祖父精通岐黄之术，也正是靠这门手艺去悬壶济世。

严复的父亲严振先也是继承父业，父祖两代为中医，设医寓于福州南台苍霞洲。严振先为人厚道，对于穷苦人家的急症求诊，他常常是不计报酬。但是严振先有一个毛病就是好赌，当时南台岛各乡人家有发生急症的，常常雇轿夤夜来请他，到他家找不着，只得将轿子抬到赌场。有时正遇他输得无法脱身之际，病家只好替他理清赌债，拥他上轿而去。但是在1868年6月，严振先因为抢救霍乱病人，受到传染，不治身亡。在严复出生的时候，这个家庭虽然不算富庶，却也算得上能维持温饱的小康之家。但就在他 14 岁的那一年——1868 年，随着他父亲的去世，家道开始中落。父亲突然去世，家里只剩下他和母亲，还有两个妹妹。一家四口的生计，只能靠母亲做女工来维持。严复平生对幼年丧父的回忆，一直是饱含酸楚的。民国初年，他曾为周养庵（肇祥）的《篝灯纺织图》题了一首诗，诗的前半段是：

“我生十四龄，阿父即见背。家贫有质券，赙钱不充债。陟冈则无兄，同谷歌有妹。慈母于此时，十指作耕耒。上掩先人骨，下养女儿大。富贫生死间，饱阅亲知态。门户支已难，往往遭无赖。五更寡妇哭，闻者瘝心肺。”① 由此可以看到当时严复的家庭确实是陷入了贫困的境地。

二　个人经历

严复于 1854 年（咸丰四年）1 月 8 日生，初名体乾，福州江船政学堂时，易名宗光，字又陵，后又字几道。他的父亲首先给他启蒙教育，7 岁时进私塾，9 岁回乡在胞叔厚甫私塾读书，11 岁再至省垣，师事黄宗彝（少岩）。1868 年春节，严复秉承父母之命与王家之女王氏结婚，同年父亲逝世，家贫无力再延师受教。

1871 年严复福州船政学堂毕业，为该学堂第一届毕业生，先后在“建威”、“扬武”两舰实习五年。时隔六年之后，1877 年 3 月严复赶赴英国学习，与出使英国人臣郭嵩焘结为忘年交。1879 年 6 月毕业于伦敦格林威治的皇家海军学院（Royal Naval College），回国后，被聘为福州船政学堂后学堂教习。其间，严复自己感觉前途一片黯淡，自己又参加了多次科举考试，试图走科举之路进入正途，然而多次考试均未能如愿。十年之后，1891 年他报捐同知衔，以知府选用，派为北洋水师学堂会办。1890 年严复出任学堂会办之后，尽管后来升为北洋水师学堂总办，但事与愿违，因与李鸿章多有不合，自己虽有其名而无其实，办事处处掣肘，思来想去退出海军界，另谋他途发展。

1895 年中日甲午战争后，严复在天津《直报》发表《论世变之亟》《原强》《辟韩》《救亡决论》等文，主张变法维新、武装抗击外来侵略。

① 王栻主编：《严复集》，中华书局 1986 年版，第 388—389 页。

次年与王修植、夏曾佑等在天津创办《国闻报》和《国闻汇编》，宣传变法维新；所译述的《天演论》在《国闻报》上连续发表。

1900年义和团运动爆发，严复离开天津，避居上海；参加汪康年、唐才常发起的“中国议会”，被选为副会长；创办名学会，讲演名学。1902年赴北京任京师大学堂附设译书局总办。1904年辞去京师大学堂附设译书局总办一职，回到上海。1906年，任复旦公学校长，为该校第二任校长。1912年京师大学堂更名为北京大学，任首任校长，11月辞去校长职务。1915年5月，严复被袁世凯聘为宪法起草员。1916年袁世凯死后，国会要求惩办祸首及筹安会六君子，严复避祸于天津。1920年因哮喘病久治无效，回到福州养病。

1921年10月27日，严复在福州郎官巷住宅与世长辞，终年67岁。当时诸子均未在侧，仅次女华严随侍。遗嘱除对财产作了分配外，并以三事谆嘱家人：一、中国必不灭，旧法可损益，而必不可叛。二、新知无尽，真理无穷，人生一世，宜励业益知。三、两害相权，己轻群重……等语。

严复逝世后，葬于福建省福州市郊区盖山镇阳岐村北鳌头山东麓。墓坐是花岗岩石结构，呈如意形，三层墓埕，占地面积200多平方米。封土为三合土质，封土前竖一青石墓碑，楷书阴刻：“清侯官严几道先生之寿域”。这座墓是在清宣统二年（1910年），严复为归葬亡妻王氏，令长子严伯玉监造的。严复自书墓碑及“惟适之安”横屏，严复病逝后也合葬于此墓。陈宝琛作为严复的好友为严复撰写了墓志铭，曰：“旗山龙渡岐江东，玉屏耸张灵此钟。绛新籀古析以中，方言扬云论谭充，千辟弗试千越锋，昔梦登天悲回风。飞火怒扇销金铜，鲸呿鼍跋陆变江。鸱犹阅世君非蒙，咽理归此万年宫，文章光气长垂虹。”

三　思想发展历程

（一）报考船政学堂

1868年对于严复来说是人生的重大转折点，这一年他父亲逝世了，使整个家庭失去了生活依靠，他也再没有经济能力去通过科举考试走入仕的道路。遭受丧父打击的严复为了摆脱困境，被迫报考了新办的福州船政学堂，这一决定也改变了严复一生的命运。

第二次鸦片战争以后，清朝的统治者逐渐认识到海上威胁的严重性。中国在见识到西方的船坚炮利之后，开始意识到，中国只有制造出更加先进的武器装备才能与西方抗衡。19 世纪 60 年代，洋务派人物左宗棠和沈葆桢等人，在福州创办了造船厂。为了培养更多能够造船和驭船的人才，于是设立了“船政学堂”。根据学堂的章程规定：凡考入该学堂的学生，伙食费全免，另外每月给银四两，贴补家庭费用；3 个月考试 1 次，如果成绩优等，还可得赏银十洋圆；5 年毕业后，不仅可以在政府中得到一份差事，而且还可以参照从外国聘请来的职工待遇标准，优给薪水。

船政学堂的这些优待条件，对于当时一些家境较好的人来说，并没有太大的吸引力。在当时的社会环境下，民众还是更希望通过科举考试从秀才、举人、进士，进而步入公卿行列。对于这些人来说，丰厚的家业给了他们支撑，在他们眼中，科举才是正途。而像船政学堂这类学习西方科技的学校大都是“洋务”，是难登大雅之堂的一条路，他们也看不到这条路的前景。但对于像严复这样的家庭来讲，船政学堂的这些条件，却是很有吸引力的。当船政学堂在 1868 年冬天正式对外招生的时候，来报考的大都是福建和广东一带的贫苦家庭的子弟。为了减轻家庭负担，带着光宗耀祖梦想的 14 岁的严复也是这些前来应考学生中的一员。

入学考试有笔试、口试和体检，学堂特别重视视力。笔试的考题以“大孝终身慕父母论”为题作文一篇。刚刚遭受丧父之痛的严复写了一篇感人的百字短文，碰巧接管福州船政局的沈葆桢也蒙丧母之痛，严复的作文得到了其共鸣，揭榜时，严复位列第一。

当时的船政学堂，以培养洋务人才为重点。课程设置中虽然也有“《圣谕广训》《孝经》，兼习策论，以明文理”，但最主要的还是以造船和驭船的相关科学技术为主。在这里，严复系统地学习了外语、几何、代数、地质学、天文学、航海学、化学、光学、电学、电磁学、声学和热学等课程。这些都是之前的一切学校所学不到的，是从西方国家引入的新知识，与严复此前在私塾中所学的四书、五经等截然不同。强烈的求知欲望和好奇心，使得他对这些课程产生了浓厚的兴趣，刻苦努力也使他的学习成绩一直名列前茅。

1871 年，严复时年 19 岁从福州船政学堂毕业。由于终考的成绩为最优等，他因此被洋务官员沈葆桢和有关教席所器重。毕业之后，他马上被派到军舰上实习。先是随“建威”号船南下新加坡、槟榔屿等地，再北至中国东部海面的渤海湾和北部的辽东湾等地。次年，福州造船厂又成功地自制“扬武”等五艘兵船，他被改派到“扬武”号船上，巡历中国的黄海及日本各地。

（二）留学英国

1877 年，严复结束了长达五年的随船实习生活，前往英国留学。根据当时洋务官员的理解，在西方各国中，法国的造船技术最精，而英国的驭船术最良。根据这种理解，他们把在船政学堂读书的学生分成两个班：前学堂和后学堂。前学堂主要学习造船之术，以培养“良工”；后学堂学习驭船之术，以培养“良将”。由于严复此前所学的是驭船术，也就是说，他是被当作“良将”来培养的，故而被派往英国留学。

来到英国后，严复先在朴茨毛斯（Portsmouth）大学学习。之后又进入格林威治海军学院学习。在这里，他所学的课程主要有高等数学、化学、物理、海军技术、海战公法以及枪炮营垒诸学。经过考试，他各门功课的成绩，都是“屡列优等”。

在严复留学英国之时，中国的民族危机也在不断加深。西方列强不断地加强对中国的宰割，北方的俄国和东面的日本，也对中国虎视眈眈。东西列强的入侵，加上中国封建统治阶级腐朽，人民生活在水深火热之中。国家内忧外患的局面深深地刺痛了严复。强烈的爱国热情，想带同胞走出这一困境的动力，促使他不懈地努力，也使他并不满足于课堂的教学。利用课余时间，他对西方的政治学说以及资本主义社会的制度等进行研究。那时在西方的资本主义国家中，英国的强盛是首屈一指的。严复希望通过对英国政治制度、经济运作以及思想家们政治学说的观察、分析、研究，能通过对英国强盛的缘由分析得出一些可供中国借鉴的东西，进而为中国找出一条新的出路，为中国的再度崛起提供良策。

在去英国之前，严复对于洋务派官僚如李鸿章、左宗棠等人的言论十分推崇。他们都认为，西方比中国高明的地方，仅在于其“船坚炮利”。至于政治制度、社会风俗，中国则远远强于西方。所以说，所谓的“洋务”，主要就是学习西方的现代科学技术。然而，来到英国之后，严复通过自己对英国社会的观察和感受，思想开始发生变化，一些虽然朦胧、却又十分执着的想法，逐渐在他的脑海中出现。他开始对洋务派的主张产生怀疑。在后来的回忆中，他曾谈道："犹忆不佞，初游欧时，尝入法庭，观其听狱，归邸数日，如有所失。尝语湘阴郭先生，谓英国与诸欧之所以富强，公理日伸，其端在此一事。"①

由此可见，通过对英国社会的切身感受，严复已经深深感到英国的富强并不是像洋务派官僚们说的那样，仅仅在于"船坚炮利"，而在于其有一个能使"公理日伸"的政治和立法制度。通过对英国社会的进一步了解，严复更是眼界大开。他发现，整个英国国内，一切都治理得井井有条，待在那里，可以给人一种安定、富足的感觉。想想国内的情况，动乱不止，饥民遍野。难道这只是在于所谓的"船坚炮利"吗？这天壤之别的社会的原因到底在哪里呢？尽管不能给出明确的回答，但他已经可以朦朦胧胧地感觉到，中国与英国之所以是完全不同的两种景象，关键在于专制政治与立宪政治的不同。

当时的英国正处在资本主义上升时期，各种资产阶级的思想流派及其学说主张也在这个时期丰富发展起来。除了早期的亚当·斯密等古典经济学说之外，边沁的功利主义以及约翰·斯图尔特·穆勒（密尔）的实证论哲学和逻辑学等，也都有着广泛的影响。特别是达尔文的生物进化论学说，在这一时期更是风行一时。严复到达英国时，达尔文《物种起源》一书已经问世二十多年。根据生物进化论原理所开展的人类起源和生物进化等方面的研究，也已经取得了重大的成就。所有的这些，无不给人以一种全新的世界观。严复在接触到这些五花八门的思想学说时，感到无比的新鲜好奇。他认为，英国思想家们的这些思想学说，与中国传统的"经训"或辞章不同，他们比较注重观察而较轻推理，所以这些会比先前接触到的知识更能够切合实际。因此，他对这些学说和成就开始了大量的阅读和钻研。

与英国一海之隔的法国，在那个时候也是一个发达的资本主义国家。法国在经过早期的启蒙运动和后来的资产阶级大革命后，许多思想家的思想学说已经广为人知了。法国在大革命之后，建立了资产阶级的民主共和

---

① 王栻主编：《严复集》第4册，中华书局1986年版，第969页。

国。因此，在这个环境里建立起来的思想学说，与英国相比，又是另外一种景象。特别是早期启蒙思想家孟德斯鸠、卢梭等人，分别从不同的角度阐述了资产阶级天赋人权和民主、自由等观点。当这些思想传入英国后，长期生活在中国专制政治制度下的严复初次接触这些思想，便感觉到耳目一新。为了更深入地了解这些思想，严复决定亲自去法国游历，去考察这些思想家们的生平经历，了解他们的思想发展脉络。通过一段时间的研究，他对这些思想家的思想学说有了较深的认识。这些对他后来资产阶级世界观的形成，对他后来思想的形成，都有过巨大的影响。

在英国期间，严复还与当时清政府的第一任驻英公使郭嵩焘经常来往。每逢周末或假期，他总是到使馆，与郭嵩焘“论析中西学术异同，穷日夕勿休”。郭嵩焘在当时的洋务派官僚中，是一位对西方各国了解较多、思想也较为开明的人物。由于严复对“西学”有较多的了解，见解独到，能发人所未发，从而得到了郭嵩涛的赞许与赏识。他认为严复“于西学已有窥寻，文笔亦跌宕，其才气横出一世，无甚可意者”。[1] 从郭嵩焘对严复的赞许中，我们可以看出，严复在英国留学期间的出众才华已经得到中国同期英、法留学生和其他在英公职人员的公认。

（三）任职北洋军阀

1879 年 6 月，严复结束了在英国两年多的留学生涯，毕业回国。当时，福州船政学堂正需要像他这样了解西方各国情况又精通西学的教师。于是，他一回国，就被洋务派官员聘为该学堂的后学堂教习。

第二年，另一个洋务派官僚李鸿章在天津又另外开办了一个海军学校——北洋水师学堂。此时，福州造船厂的创办人左宗棠和沈葆桢，一个调离原职（左宗棠），另有他任；一个则已逝世（沈葆桢），故而清政府全部海军的势力都逐渐集中到北洋大臣李鸿章的手里。为了进一步扩充自己的势力，李鸿章在创办北洋水师学堂的同时，还注意网罗精通洋务、熟悉西学的人才。长期以来一直为沈葆桢、郭嵩焘等人所赏识的严复，也成了他重点网罗的对象。

严复在担任船政学堂教习之职一年后，被李鸿章调到北洋水师学堂

---

① 《郭嵩焘日记》第 3 卷，湖南人民出版社 1980 年版，第 907 页。

出任总教习，相当于今天的教务处主任。从此，严复在这里任事长达20多年，直到1900年义和团运动发生，才离开这个学校。来到北洋水师学堂之后，严复才发现，这里与福州船政学堂有很大的不同。尽管这里也分驾驶和管轮两个专业，但却不同于船政学堂的造船与驭船并重，相对而言，这里是一个比较纯粹的海军学校。当时的北洋水师学堂，设在天津城东不远的机器制造局旁边。由于李鸿章想借这里培植自己派系的亲信和骨干，这里的校舍修建得十分宽敞，而且楼台掩映，花水参差，景色十分宜人。

严复在该校总教习的位子上工作了九年。根据当时清政府规定，北洋水师学堂总办，相当于今天的校长，一般要由候补道等级的官僚出任。严复不是从“正规”的科举之途走出来的，在资格上却又是武职都司，一直行总办之责，却无总办之名。

35岁那年，严复连捐带保，总算有了一个“选用知府”的官衔。在这种情况下，他才被李鸿章升为该校会办，相当于现在的副校长。次年，正式升为总办。稍后，他又由选用知府升为选用道员。就这样，他开始以四品官衔的北洋水师学堂总办身份，慢慢地为京、津一带的官僚所熟悉。不过，对于饱读西学新知、立志从西学新知中来寻找国家和民族出路的严复来讲，对自己的四品官衔身份和北洋水师总办之职，是不尽满意的。

当时，清政府对洋务的尝试，已经露出了败迹。在1883—1884年的中法战争中，法国“不胜而胜，中国不败而败”，特别是在福建沿海的海战中，法国海军几乎将福州的造船厂夷为平地。对清政府在外强压境之时的腐败不堪，特别是对于当时中国海军内的腐败情形，严复十分不满。他认为，李鸿章等人所倡导的洋务，依然充满着官场的腐朽习气，名为“中兴”，实则一塌糊涂。他甚至还在大庭广众之下宣称，如果再这样走下去，不出30年，中国的领土将被列强吞食殆尽，那时候中国就要像老牛一样，让外国人牵着鼻子走了！这种激烈的爱国忧时言论，不仅使在场的人们听得心惊肉跳，而且更使李鸿章等一班洋务大员很不高兴。

几乎与中国的洋务运动同时，日本开始了资本主义性质的明治维新。短短时间内，日本革新政治，发展经济，国力蒸蒸日上，成为亚洲的强国。日本与中国两国变化差距之大，使得严复更加深信，洋务事业不可能救中国，更不可能使中国复兴。正因为如此，身在洋务派官僚所办水师学堂中任职的严复，却不时地对洋务派的举措发出批评。

这样，原来对他比较器重的洋务派官僚，开始日益与他疏远。在当时的一封家书中，他写道："自来津以后，诸事虽无不佳，亦无甚好处，公事更是有人掣肘，不得自在施行。至于上司，当今做官，须得内有门马，外有交游，又须钱钞应酬广通声气……置之不足道也。"[①] 他这种"公事更是有人掣肘，不得自在施行"的处境，显然与李鸿章等人对他的冷淡有直接的关系。后来，陈宝箴在为其所作的墓志铭中也说："文忠（李鸿章）大治海军，以君（严复）为总办学堂，不预机要，奉职而已。"可见，在北洋水师学堂任职，严复虽然有总办之名，但却一直没有得到李鸿章的重用。与他同一时期留学的刘步蟾、林泰曾、方伯谦等人，此时早已在海军中任舰长等要职，只有他空守着天津的这个海军学校，"不预机要，奉职而已"。之所以如此，与他长期以来一直批评洋务政策是大有关联的。在北洋水师学堂处处受制于人，根本就无法施展自己的抱负，因而严复准备另谋发展，为了摆脱自己的困境，他曾一度与人在河南合办煤矿。

这种私人性质的资本主义企业，并不能帮助他实现救国家于危难的政治抱负。万般无奈之下，他对自己的生平所学产生了怀疑："当年误习旁行书，举世相视如髦蛮。"[②] 他想，如果自己当年不入福州船政学堂，不学习西洋近代科技文化，而是与同时代的其他士人一样，走科举入仕的道路，那么处境或许就不会如此艰难了。想到这里，他似乎恍然大悟：自己还年轻，反过头来再通过科举考试，也应该来得及。于是，他便决定参加科举考试。然而，出乎他意料的是，这条路怎么也走不通。

1885 年，他在三十多岁的时候，参加了福建的乡试；36—37 岁的时候，曾两次参加北京的顺天乡试；直到 40 岁时，他又参加了福建的乡试。结果，都没有考中。如果没有甲午中日战争的发生，严复或许还会有第五、第六次的科举考试，这样，他也许会沿着科举这条道路继续走下去。

---

① 王栻主编：《与四弟观澜书》，《严复集》第 3 册，中华书局 1986 年版，第 730 页。

② 同上书，第 361 页。

然而，就在他企图以科举考试改变自己人生命运的时候，1894 年，中日甲午战争爆发了。这场战争最终以中国失败而结束。自此，中国的形势更加危急，为执著于自己人生理想而在科场中连年奋斗的严复，在民族亡国灭种的危机刺激下，也终于清醒过来。他感到再也不能流连科场了，应该与全国的爱国志士一道，积极投身于救亡图存的伟大洪流之中。

（四）变法维新运动中的思想启蒙者

以甲午战争失败为契机，中华民族开始了大觉醒。战争结束后，随着《马关条约》的签订，中国割地赔款，从而彻底沦入了半殖民地半封建社会的深渊。亡国灭种的惨祸，强烈地刺激着中国社会的各个阶层，越来越多的有志之士开始拍案而起。他们起而言、言而行、呼吁改良、倡导变法。于是，一场以变革中国社会政治体制为中心、以救亡图存为目的的维新变法运动，终于在千回百转之后汇成时潮，蔚然兴起。而严复则正是这场运动的重要代表人物之一。

如果说康有为和梁启超等人在这场维新变法的运动中，主要是以发动者和组织者的姿态出现，那么，严复在这场运动中则主要是以维新派思想家的身份出现。他在这一时期所撰写的一系列政论文章，全面而又系统地介绍了近代西方资产阶级的政治学说，在批判中国传统的封建专制制度、传播资产阶级维新变法思想等方面，起了十分重要的作用。

1895 年，严复在天津《直报》上接连发表《论世变之亟》《原强》《辟韩》和《救亡决论》等多篇政论性文章。这些文章的中心内容，基本上与同一时期康有为、梁启超等人的思想相同，即支持维新，反对封建专制。但是，从立论的角度、观察问题的方法、特别是理论体系等方面来看，又不尽相同。康有为、梁启超等人早年所接受的教育，全都是旧式的封建教育，他们没有去过西方资本主义国家，没有亲眼目睹西方资本主义国家的社会政治制度，又不懂这些国家的语言文字，因而也不能直接阅读西方近代思想家们有关政治学说和思想理论方面的著作。因此，他们在批判中国传统封建专制政治体制时，主要是以中国的旧学为武器，如康有为在鼓吹变法的重要著作《新学伪经考》和《孔子改制考》等著作中，基本上就是从儒家的“托古改制”立场，来论述维新的重要性，并把孔子改头换面，打扮成维新变法的首倡者。正因为如此，他们的思想往往互相矛盾，整个理论也常常有牵强附会之处。这一点，连梁启超本人也是承认的。与他们相比，严复则完全是另外一个路径。他没有系统地接受中国传统的教育，少年时代即在船政学堂学习西方的近代科学技术。稍后，又留学英国，醉心于英国的资产阶级政治制度和典章文物，阅读了亚当·斯密、边沁、孟德斯鸠、卢梭和达尔文等西方资产阶级学者的大量理论著作。因此，在当时的中国，就严复对西学的造诣之深和对于西方社会的实际了解来讲，不仅远非李鸿章、张之洞和郭嵩焘等洋务派人物可比，即使是曾经到过国外的早期改良主义者王韬、郑观应等人，以及后来的康有为、梁启超、谭嗣同等人，也无法望其项背。也正因如此，同是批判封建专制制度，同是倡导变法维新，严复所用的武器则是近代西方的资产阶级政治理论学说。对于近代的中国社会来讲，严复所运用的这一理论不仅是全新的，而且也是更富战斗力的。

严复在改革维新的过程中首先在《论世变之亟》一文中阐述自己的维新思想，他针对封建顽固派“天不变，道亦不变”的主张，从社会历史发展的动态进程中，来批判顽固派的迂腐。他认为，人类社会历史的发展，是不以人的主观意志为转移的，这个规律就是“运会”。他指出即使是圣人，也无法阻止社会的向前发展，而圣人只是能够看得清社会的发展方向并提出想法使社会和人民得到安定。他还郑重指出：西方列强近代以来对中国的侵略，是一个必然的历史趋势，是自秦朝以来中国必然会遭受的一场劫难。所以，严复觉得绝不能幻想阻止这场劫难，而只能在承认这个总形势的基础上，寻求救国自强的方法，使中国像西方资本主义国家一样富强起来。他说，顽固派企图阻止中国的进步，其目的是将封建的中国与世界隔绝开来，妄想闭关锁国、自给自足，似乎这样就可以千秋万代不受外界影响，而外界也不会来中国纷扰，似乎只要这样，世界从此便可太平无事了，这只是他们一厢情愿的幻想。严复进而指出：如果我们今天还没有看到西方列强的强大之处，没有认清楚世界形势的转变，还认为我们中国不需要去向西方学习，只是坚持五千年来走过的封建之道，那么中国必将任人宰割，最终灭亡。

批判了顽固派的言论之后，严复又在《原强》一文中，全面地阐述了自己的救国理论。他根据英国资产阶级学者斯宾塞的社会学说，认为一个国家的强弱存亡，决定于该国家国民的“血气体力之强”、“聪明智虑之强”和“德行仁义之强”——即力、智、德三者的高下。他说：“生民之大要三，而强弱存亡，莫不视此，一曰血气体力之强，二曰聪明智虑之强，三曰德行仁义之强。是以西洋观化言治之家，莫不以民力、民智、民德三者断民种之高下，未有三者备而民生不优，未有三者备而国威不奋者也。”① 根据这三个标准，他进而考察了中国近代社会的具体情况。他认为，中国自甲午战争之后，政治腐朽已到了极点。他说，当时的中国将领不去研究带兵打仗，学士不去思考社会改良方向，国家的军事力量又不能与世界先进力量相比，一旦遭遇强敌，必将被吞噬和侵略。至于各级官吏，各自为营，只顾自己切身的利益，对于国家的形势、民族的危机毫不关心；更为不肖的，利用国难发财，卖国求存，这样下去，中国周围的国家必将虎视眈眈。不要觉得这不太可能发生，看看印度和波兰，下一次就该轮到中国了。

虽然中国当时在方方面面都敌不过列强，但是严复认为，希望还是有的，关键在于自己能否与时并进，百尺竿头，发愤自励。他根据英国社会达尔文主义者斯宾塞的学说，认为中国当时虽然在力、智和德三个方面不如别人，但可以通过努力，迎头赶上。因此，对于中国来讲，要想谋求国家的富强，就必须从根本上改变人民的思想，从根本上奋发图强。正因为如此，他大声疾呼，要求进行社会改良，以救亡图存。

那么，如何才能救亡图存，致力于国家的富强？严复认为，主要的办法有三个：“一曰鼓民力，二曰开民智，三曰新民德。”所谓“鼓民力”，主要是禁止鸦片和禁止妇女缠足，以强化人民体质。所谓“开民智”，就是废除八股时文，提倡西学，以提高人民的智力。他认为，西方国家的学术，注重实验和应用，而且传授知识的时候，必须让学生亲眼目睹并亲手尝试，然后自己会有所感悟，贵在自己从中发现和找到事物的真理，提倡对科学的质疑而反对因循守旧地接受过去的理论和知识；相反，中国的传统学术，必然是把古训作为金科玉律不能质疑，古人所不对的地方不能够得到明确和修正，古人正确的地方也不能令学生了解它的由来。江河日下，如今还是以八股取士，实在是埋没了人才，这样如何去发展和富强？

---

① 王栻主编：《〈原强〉修订稿》，《严复集》第1册诗文卷（上），中华书局1986年版，第15页。

因此严复主张废除八股，向西方学习先进的技术，要有务实精神。至于“兴民德”，最主要的就是创立议院。他认为，中国之所以积贫积弱，主要的原因就是长期以来，一直把人当奴隶。他说：“诸君亦尝循其本，而为求其所以然之故欤？盖自秦以降，为治虽有宽苛之异，而大抵皆以奴虏待吾民”，“夫上既以奴虏待民，则民亦可奴虏自待，夫奴虏之于主人，特形劫势禁，无可如何已耳，非心悦诚服，有爱于其国与主，而共保持之也”。西方各国则不然，他们法令制于议院，人们都遵守政府的法令。“各奉其自主之约”，从而上下一心，“趋死以杀敌，无异自卫其室家”。[①] 通过中国与西方的这种尖锐对比，他主张：“居今之日，欲进吾民德以同力合志，联一气而御外仇，则非有道焉，使各私中国不可也。……然则使各私中国奈何？曰：设议院于京师，而令天下郡县各公举其守宰。”严复的所谓“新民德”，从根本上来讲，就是要用西方资产阶级的民主、自由、平等，来代替中国封建社会的宗法制度和伦理道德。《救亡决论》是《原强》一文的补充。在这篇文章中，他重点就开民智一事，痛快淋漓地批判了中国传统旧学和八股取士的危害性，进一步指出了西学输入的重要性。他认为，现在天下的形势已经很明了了，如今的中国若是再不变法，必定会亡国。如果废除八股，讲求西学，则必能致国家于富强。与严复较早的几篇文章相比，《辟韩》一文则集中地批判了中国的封建君主专制思想。严复认为，唐代韩愈所写的《原道》一文，是中国封建君主专制思想的渊薮，也是中国专制政治理论的集大成之作。在严复他看来，韩愈把封建历史当中出现的历代的“君主”，视为为民做主和谋利永不可缺少的万民之主，但是严复认为这些“君主”都是窃国大盗。因而，严复据此发问：这种窃国于国的行径，难道“天之意固如是乎？道之原固如是乎？”在猛烈批判封建专制制度的同时，他还提出了自己的资产阶级民主理论。从近代西方的资产阶级“民约”理论出发，他指出：“吾耕矣、织矣、工矣、贾矣，又使吾自卫其性命财产焉，则废吾事，何若使子独专立于所以为卫者，而吾分其所得于耕、织、工、贾者以食子给子之为利广而事治也。”[②] 也就是说，社会上的各行各业，都是人类分工的产物，耕者、

① 王栻主编：《原强》，《严复集》第1册诗文卷（上），中华书局1986年版，第5页。

② 王栻主编：《辟韩》，《严复集》第1册诗文卷（上），中华书局1986年版，第32页。

织者、工者和贾者，之所以要养活为政者，是要他们“卫其性命财产”，而不是要他们骑在自己的头上作威作福。

1895 年 3 月，李鸿章前往日本，准备接受日本强加给中国人民的“和约”。消息传来，举国哗然。严复深感形势危急，于是又在该月月底发表了《原强续篇》一文。在这篇战斗性论文中，他呼吁与日本继续作战，反对签署卖国条约。他公开指出，李鸿章之流“和之一言，其贻误天下，可谓罄竹难书矣”。“今日北洋之靡烂，皆可于和之一字推其原”。他反复强调一战到底，认为当时之事，舍战别无可言，唯有与日本进行战争才是良策，万万不可求和，求和意味着国亡，而与之战斗则有可能逐渐振兴。这篇文章不仅痛斥了清政府腐败无能和对外屈膝投降的政策，而且还洋溢着作者强烈的反帝爱国思想。

从 1896 年开始，严复就积极赞助梁启超等人在上海创办《时务报》，他自己发表的《辟韩》等论文，也在《时务报》上转载。为了贯彻开民智和兴民德的主张，1897 年 11 月，严复与王修植、夏曾佑等人，在天津正式创办《国闻报》。该报是一份日报，每天出八开新闻纸一张，登载国内外的时事，并经常发表社论。稿件来源，除了选择百余种国外报刊外，还派人到各地实地采访。除日报外，他们还另编一种旬刊，名为《国闻汇编》。严复创办《国闻报》的宗旨是：“阅兹报者，观于一国之事，则足以通上下之情；观于各国之事，足以通中外之情。上下之情通，而后人不自思其利；中外之情通，而后国不自私其治。人不自私其利，则积一人之智力以为一群之智力，而吾之群强；国不自私其治，则取各国之政教以为一国之政策，而吾国强。”[①] 也就是说，他创办该报的目的有两个方面：第一，就是能够让每个人发挥自己的聪明才智，合个人之智慧而成就一个国家的才智，达到开民智和新民德的目的；第二，就是试图以了解国外的社会政治制度和民情风俗，使中国的统治者“不自私其治”，进而能学习西方的“民主”，以自求自强，使国家立于不败之地。在当时的中国北方，严复等人创办的《国闻报》是最重要的一份报纸。该报创刊不及一月，便发生了胶州湾事件，当时德国强占胶州湾，而中国的守军未经抵抗就退了出来。严复闻讯后，当即在该报上撰文予以抨击。对德国的侵略行

---

① 王栻主编：《〈国闻报〉缘起》，《严复集》第 2 册，中华书局 1986 年版，第 455 页。

径，他认为是“盗贼野蛮”；至于清朝政府的文武官员不作抵抗，他更是斥之为无耻。他还就此事大发感慨议论，认为“中国官兵，大都奢华靡丽，日事酣嬉，以幸国家之无事。一旦有事，其不败者谁哉”。[①] 他进而指出，出现这种情况不是偶然的，而是中国政治发展的必然，“夫以数千年之教化，以成今日之风俗，而遂有如此之人才”。[②] 因此，要革除这种腐朽的政治，除变法之外，别无他途。

甲午战争之后，严复虽然成为一个重要的维新派思想家，但是，在日后的百日维新运动中，他却并没有直接参加。自甲午战争至戊戌政变的三年中，他自始至终守着北洋水师学堂校长的职位，他的活动区域也主要以天津为限，只是偶尔到过北京几次。严复之所以没有积极参加当时康有为等人的百日维新活动，是因为他的思想与当时康有为、梁启超等人的思想还有着相当大的不同。当时，康有为和梁启超等人，都主张走自上而下的资产阶级改良主义道路。他们都有一个共同的观点：中国的变法改良虽然千头万绪，但却有一个中心，即从政治改良入手，即通过皇帝自上而下的变法，实行英国式的君主立宪制，使中国成为一个资产阶级君主立宪制的国家。

1896 年，清政府曾命严复在天津创办一个俄文馆，并任总办。该馆以培养俄文人才为重点，其课程的设置、教师的聘请以及其他许多工作，都是严复亲自筹办的。同年，张元济在北京创办通艺学堂。这是一个提倡西学培养维新人才的机构，学生约有四五十人，其中还包括一部分在京的官僚。对于这个学堂，严复曾帮过很多忙。该校教员两人，分别教授英文和数学，其中的一人就是严复的本族侄子，校名“通艺”二字，也是严复代取的。

1898 年，严复还应该校的邀请，两次为这里的学生“考订功课，讲明学术”。同年 9 月，应光绪皇帝的召见，严复前往北京，也就住在该学堂内。召见后，他又回到这个学堂，为这里的学生“演讲西学源流旨趣，并中西政教之大源”。消息传开后，除了在本学堂没有毕业的学生外，京

---

① 王栻主编：《论胶州章镇高元让地事》，《严复集》第 1 册，中华书局 1986 年版，第 58 页。

② 王栻主编：《论胶州知州某君》，《严复集》第 1 册，中华书局 1986 年版，第 60 页。

城喜欢学习西方学术的人也不期而至聚集在严复的学堂，这些人听过严复的讲授之后，都称赞西方学术最精华的部分“乃至如此”，如果没有严复的讲授，根本没有机会去接触见识那些西方精妙的学术。严复在通艺学堂的演讲，获得了巨大的成功。

百日维新开始后，以康有为为首的新党掌握了政权。由于严复长期以来出色的理论工作，新党极力推荐他出山。当时的詹事府詹事王锡蕃就曾向光绪皇帝极力推荐过严复。他说，严复是一个“通达时务”的人才，国家应该“量才器使”。在推荐的按语中，王锡蕃还就严复的相关情况向光绪皇帝作了详细的说明：“北洋水师学堂总办严复，本船政驾驶学生，出洋学习，于西国典章名理之学，俱能探本溯源，精心研究，中学亦通贯群籍，著述甚富。水师情形，尤其所熟悉专习。久在北洋供差，奉公之外，闭户寡合，其立品尤为高卓。”[①] 就这样，光绪皇帝才叫严复来京觐见，严复于是到了北京。

在严复觐见光绪的过程中，光绪曾命他将此前发表在《国闻报》上的《上今上皇帝万言书》呈上。但这篇万言书后来并没有送到光绪那里，因为召见后的一个星期，政变就发生了，光绪成了后党的阶下囚，严复也连忙返回天津去了。

严复所写的“万言书”，从今天所能看到的有关片段来讲，主要是阐述他自己的变法主张。这一主张分“治标”与“治本”两个部分。治标方面，第一是“联合各国之欢”，他建议光绪巡游西方各国，考察他们的政治风俗，并和他们的首脑人物“联欢”，宣示中国的维新主张，这样使他们耳目一新，对中国的野心也就自然消弭了。第二是“结百姓之好”，他建议光绪，从各国“联欢”回来后，就应该到国内各地巡游，了解国内的民生利弊，从而破除过去主尊于上、民贱于下的弊病，激发人们的爱国爱君热情。第三是“破把持之局”，因为在变法过程中，自然会有许多人想侥幸取得功名富贵，对此必须预先防止。他认为，在变法尚未正式付诸实施之前，上述三个方面，应首先予以实行。

与治标相对应的，就是治本。他所说的治本，主要也就是“鼓民力”、“开民智”和“新民德”，学习西方的科学技术，废除科举、考据、

① 王栻主编：《拟上皇帝书》，《严复集》第1册，中华书局1986年版，第63—77页。

词章、义理、心性等空洞之学，使农、工、商等社会各个阶层都有接受良好教育的机会。以此来储备人才，开发民智，使政治改革一步一步走向深入，并最终使中国成为一个英国式的君主立宪制国家。

（五）变法失败后不断辗转

变法失败后，严复没有受到清政府追究，但戊戌政变的发生，还是深深地刺激着他。维新人士谭嗣同等六君子的被杀以及康有为和梁启超等人的流亡海外，使他感到无限的悲愤。他在当时的一首诗中写道：“伏尸名士贱，称疾诏书哀”①，表示出他对六君子被害和光绪被囚称病的愤懑。

戊戌政变后，严复回到天津，继续做北洋水师学堂的校长，但是，以前那种“奉公之仆，闭户寡合”的安静生活不复存在了。1900 年义和团运动发生后，直隶一带的反帝爱国斗争空前高涨。在这种情况下，他只能离开北洋水师学堂，自天津来到上海。从此，“水师学堂去不复收”，他也正式脱离了工作达 18 年之久的海军界。

此时的严复，虽然只是 50 岁不到的中年，但是，他自己却感到已经老朽了，对个人的前途感到十分渺茫。来到上海后，他曾参加过一些社会活动，但大多数情况下，都是并非自愿的被动之举。他曾开办学会于上海，专门讲授西方的逻辑学。1900 年 7 月，曾计划在长江两岸起兵“勤王”的唐才常，在上海张园召开中国国会，自任总干事，宣布“保全中国自主之权，创造新自立国”，拥护光绪帝当政，并准备在武汉再次发动“勤王讨贼”。

由于严复在此前已具有巨大的社会影响，故而被推为中国国会的副会长，正会长一职由容闳担任。

次年，开平矿务局的总办张翼邀严复赴天津，以主持该矿事宜。但是，当他来到天津后才得知，早在八国联军进犯京、津之时，张翼就曾将开平煤矿的产权偷卖给英国，名义上是“加入各国商股”，改为“中外合办”，实际上则完全置于英国人的控制之下。在这种情况下，严复虽身为

① 王栻主编：《戊戌八月感事》，《严复集》第 2 册诗文卷（下），中华书局 1986 年版，第 414 页。

总办，其实则事事受制于英国人，正如他自己所说："名为总办，其实一无所办，一切理财用人大权，都在洋人手里。"① 可见，让他主持开平矿务局事宜，事实上只是让他拥有一个虚名而已。

1902 年，吴汝纶任京师大学堂（北京大学前身）总教习。严复终生将吴汝纶视为第一知己，认为他既湛旧学，又乐闯新知，因此，每有著译脱稿，都先请吴汝纶过目，以提出意见。吴汝纶对严复也十分佩服，故而在出任京师大学堂的总教习之后，即聘严复为该学堂编译局的总办，以主持翻译事宜。然而，吴汝纶在到职不久就去世了，严复感到"伯牙死而钟期绝弦，自今以往，世复有能序吾书者乎"。② 因此，1904 年，他便辞去了翻译局的总办之职，回到了上海。

严复回到上海之后不久，张翼为开平矿务局的诉讼交涉事宜，请严复同去英国。当时，正在海外宣传反清革命的孙中山先生也自美国来到英国。听说严复住在伦敦，便前往拜访。言谈之间，孙中山向严复介绍了自己的革命主张，但严复表示自己不能同意，他说："中国民品之劣，民智之卑，即有改革，害之除于甲者，将见于乙，泯于丙者，将发于丁。为今日计，惟急从教育上着手，庶几逐渐更新矣。"③ 明确表示反对进行社会革命。尽管如此，孙中山还是对他表示出很大的尊敬，并告诉严复："君为思想家，鄙人乃实行家也。"④ 对严复长期以来出色的理论工作给予了极高的评价。由于严复在英国与张翼意见不合，因此在 1905 年，他就提前回国了。当他自英国回到上海后，马相伯正在筹办复旦公学（复旦大学前身）。马相伯此举，与严复长期以来的"教育救国"主张十分吻合，故而他极力协助马相伯的各项工作。

1906，马相伯去了日本，严复接替他，做了复旦公学的第二任校长，但只有几个月便辞职了。也就是在这一年，安徽巡抚恩铭聘他为安徽高等师范学堂监督，但不久又离了职。

1908 年，清政府的学部官员聘严复为审定名词馆总纂。自此，至辛

---

① 白寿彝总主编：《中国通史》第十一卷《近代前编》（下册），上海人民出版社 1999 年版，第 111 页。

② 王栻主编：《群学肄言译余赘言》，《严复集》第 1 册，中华书局 1986 年版，第 125 页。

③ 王栻主编：《侯官严先生年谱》，《严复集》第 5 册，中华书局 1986 年版，第 1547 页。

④ 同上书，第 1550 页。

亥革命发生的三年间，严复一直在此供职。1910 年，清政府施行“新政”，设立“资政院”，严复以“硕学通儒”身份，被征为资政院议员。

从戊戌政变到辛亥革命前的十多年间，严复虽然担任了一个又一个的职务，参加了一系列的政治活动，但对他本人来讲，他都没有尽心为之。在这十多年间，他用力最深、用功最勤的还是他的翻译事业。早在《天演论》出版一年后，他就认为：“有数部书，非仆为之，可决 30 年中无人为此者。”① 也就是说，在他自己看来，就西文的水平和对西学真谛的明了这一点讲，30 年以内，没有人能够超过他。

经过多年的艰苦努力，严复翻译出了大量的西方学术著作，其中主要有亚当·斯密的《原富》、斯宾塞的《群学肄言》、穆勒的《群己权界论》和《名学》、甄克思的《社会通诠》、孟德斯鸠的《法意》、耶芳斯的《名学浅说》等，译文和按语合计约 170 多万字。这些译著与此前翻译的《天演论》一起，被后人称为“严译八大名著”。它们对中国近代的思想和文化建设，都曾产生过重大的影响。

严复埋头于西学著作的翻译之时，也正是孙中山领导的反帝反封建的民族民主革命高涨之日。面对日益高潮的革命形势，他始则不满，继则公开反对，从而由一个思想理论界的巨人而沦为落后保守的人物。

1905 年，以孙中山为首的革命派，在日本联合成一个统一的、全国性的组织——同盟会，并与康有为为首的“立宪派”就革命还是保皇的问题展开了激烈的论战。此时的严复，虽然不赞同康有为等人的立宪主张，但对孙中山等人的革命主张，则更是反对。他认为，不论是立宪还是革命，都“为吾国前途之害”，认为这两派“其人既不通科学，则其政论必多不根”。在他看来，“中国之政，所以日形其绌，不足争存者”，正由于“不本科学，而与公例通理违行故也”。② 他的所谓“公例通理”，就是指先搞好教育，开发民智，然后再进行相应的政治改革。

1919 年的五四爱国学生运动发生后，严复也是横加指责。他说：“从古学生干预国政，自东汉太学，南宋陈东，皆无良好效果。”又说：“咄

① 严停云：《吾祖严复的一生》，见《严复国际学术研讨会纪念文集》，1993 年。

② 王栻主编：《与〈外交报〉主人书》，《严复集》第 3 册，中华书局 1986 年版，第 557—565 页。

咄学子，救国良苦。顾中国之可救与否不可知，而他日决非此种学生所能济事者，则可决也。”针对当时北京大学校长蔡元培支持学生的爱国举动，他认为，“人虽良士，亦……归于神经病一流而已，于事不但无补，且有害也”。[①] 可见其顽固、保守已到了何等的程度！1921 年，严复病逝。

从严复的一生来看，他自己早期政治实践与学说思想的矛盾以及后期与前期的矛盾，都是他那个时代的社会矛盾的反映。在近代中国，要想使国家独立、强盛，完全靠西学是行不通的，完全靠传统文化来救中国，也同样行不通。从这个意义上来讲，严复个人的悲剧，正是他生活的那个时代的悲剧。

第二节　严复自由主义思想的来源

严复可能不是第一位将国外的自由主义思想公开输入中国的人，但有一点是毋庸置疑的，那就是他对自由思潮的介绍。我们可以认为这个介绍在当时是最为深刻和系统的。

一　英国自由主义思想的影响

由于严复早年翻译了英国自由派思想家约翰·穆勒（John Stuart Mill，或译约翰·密尔）的 *On Liberty*，中译为《论自由》，而被一些学者称之为西方近代自由主义思想引进中国的“盗火者”。这本书的初名译为《自由释义》，后来又更名为《群己权界论》。这是近代中国第一本介绍西方近代自由思想的译作，它为严复以自由为精髓的思想的形成奠定了最终的基础。

严复通过对《群己权界论》《法意》和《原富》的翻译和引入，才使得这样的政治自由观念能在人民处于水深火热的这个时期较为深入地传入中国。所以，我们可以说，严复的“自由”思想，是中国近代自由主义发展十分关键的步骤。

---

① 王栻主编：《与熊纯如书》，《严复集》第 3 册，中华书局 1986 年版，第 696 页。

严复的自由主义思想的萌发始于1877—1879年留学英国期间。那时他逐步接触了穆勒、达尔文（Charles Darwin）、斯宾塞（Herbert Spencer）和赫胥黎（Thomas Henry Huxley）等一些维多利亚王朝时期的思想家的思想，同时亲身去英国的法庭听讼，遂得出一结论：“犹忆不佞初游欧时，尝入法庭，观其听狱，归邸数日，如有所失。尝语湘阴郭先生，谓英国与诸欧之所以富强，公理日伸，其端在此一事。”[①] 在中日甲午战争之后，严复首度提出了中西自由的观念，并把其视为中西文化最基本的差异。

一些学者主要从《群己权界论》出发，来论证严复的自由观。严复在《法意按语》中说：“特观我国今日所处之形，则小己自由尚非所急，而所以祛异族之侵横，求有立于天地之间，斯真刻不容缓之事。故所急者，乃国群自由，非小己自由也。”[②] 就是根据严复的这一段论述，他们得出结论认为，经过过滤的严复的“自由主义”，与形形色色的以个人权利、自由为本位的西方自由主义是根本不同的。[③] 严复过多强调、重视国群自由，而忽视了对个人自由的重视。即使到目前，仍有不少学者对严复关于如何处理个人与群体的关系问题提出了质疑甚至是批评，他们认为严复不是把“自由主义”视为富国强民的目的，而是把“自由主义”视为富国强民的手段。美国学者史华兹是这种观点的发起人，他指出：“如果在穆勒（即密尔）的著作中，个人自由经常被看作是一种目的；那么，在严复的译作中，个人自由则成为提高民德和民智，并最终为国家目的服务的一种手段。”[④] “作为西方思想评论家的严复，站在未经历近代化变革的中国传统文化立场上，发现欧洲著作中阐述的集体的能力这一主题，充分发挥人们全部能力和将其导向为集体目的服务的公心。”[⑤] 史华兹认为，自由的核心和要义还是表现在以个人为主的价值观之上，个人自由的本身就是目的，而在中国，在严复的自由主义思想里，个人的自由与国富民强

---

① 王栻主编：《〈法意〉按语》，《严复集》第4册，中华书局1986年版，第969页。

② 王栻主编：《〈群己权界论〉译凡例》，《严复集》第4册，中华书局1986年版，第969页。

③ 汪丹：《严复“伦理本位”的自由观》，国学网，2006—02—25。

④ ［美］本杰明·史华兹：《寻求富强：严复与西方》，叶凤美译，江苏人民出版社1996年版，第121页。

⑤ 同上书，第2页。

之间有着无法分割的联系。而实际上，史华兹引用了严复的一段文字，对严复的其他思想和言论并没有作解释。严复还曾这样说："求国群之自由，非合通国之群策群力不可。欲合群策群力，又非人人爱国，人人于国家皆有一部分之义务不能。欲人人皆有一部分之义务，因此生其爱国之心，非诱之使与闻国事，较之使洞达外情，又不可得也。然则，地方自治之制，乃可不容缓者矣。"① 从这段话中可以看出，严复没有提倡权威领导或集体主义的意图。相反，他强调的是每一个国民"与闻国事"、"洞达外情"的义务，也即是权力，最后归结到地方自治。

在严复心中目的个体自由，既以"洁矩"和"明德新民"为特质，而个人自由与国群自由本应是两个相互融通的领域。在严复的翻译与著作中，他从来没有说过要牺牲个人自由去成全国群利益的话。相反，他将个人自由视为国群独立与富强的前提。早在1895年严复提出自由观念的时候，他所了解到的自由便是一个以群体生存为中心的有限制的自由。所以，从一开始，严复便是把自由与群体紧密结合，这也是严复介绍自由的起点。严复在最初着重提出，小己自由以他人自由为分界线。即使这样，严复还是强调自由要分清楚"权界"，首先就是个人自由不能干涉其他个人与群体的自由。严复认为："自入群而后，我自由者人亦自由，使无限制约束，便入强权世界，而相冲突。故曰人得自由，而必以他人之自由为界。"

二　法国自由主义思想的影响

严复自由主义思想的形成还深受其他许多国外译作的影响。不能不提的是孟德斯鸠的《法意》和亚当·斯密的《原富》。这两部经典著作最早都是由严复完整地翻译并介绍到中国来的。在翻译这些著作期间，严复的思想产生了很大的变化，尤其是受到孟德斯鸠思想的深刻影响。

孟德斯鸠虽然是一个法国人，却大力颂扬英国的君主立宪制度。他认为行政、立法、司法必须分权并相互制衡，这是公民自由的保障。孟德斯鸠还认为，中国以皇权为中心的权力构造与西方的宪政是完全对立的，所

① 王栻主编：《严复集》第1册，中华书局1986年版，第981页。

以他强调保障人民的自由和民主权利。这些无疑对严复产生了重大的影响。所以当严复看到当时中国的国情之后，明确地提出只有实行宪政，才能使中国走出当时的困境，才能使中国独立，使人民过上幸福美满的生活。

严复在思索这个问题的过程之中，古典自由主义的思想又为他提供了很多的思想资源。严复主要借鉴了亚当·斯密和大卫·休谟的古典自由主义理论。他们主要认为，满足社会需要的最有用的手段是个人自由，虽然个人的判断容易出错，但是让一个容易出错的人来作判断比让愚蠢无知和挥霍的政府代替个人作决断仍然要明智得多。政府需要履行一些职能，但政府职能是有限的，政府的权力也是有限的，政府最重要的职能是强调保障民权，“管理的最少的政府就是最好的政府”，简而言之，古典自由主义强调的是在有限政府的前提下保障个人自由的充分发展。

中国传统上的自由观念早就存在了，这种自由是指人内心生活的某种状态。孔子云：“为仁由己，而由人乎哉”。[①]“由己”指的就是一种自觉自主的精神状态，强调的是个体的自主性。我们看到在杜甫、白居易、李白等人的诗中也都出现过自由一词。以上的这些自由都是用来形容无拘无束、自由自在的身心感受和生活举止等状态。我们可以姑且将他们划分为自由的一种类型。而我们要叙述和表达严复的有关“自由”的思想，则指的是一种有制度保证、有法律保障、能免于独裁专制的外在自由或者是政治自由。

孟德斯鸠《论法的精神》中，专门用一章的篇幅节来阐述什么是“自由”。孟德斯鸠认为，自由是法律所许可的一切事情的权利。如果一个公民有能够做法律所禁止的事情的权利，他就不再有自由了，因为其他的人也同样会有这样的权利。从中可以看出，严复所阐述的自由既强调个人自由，又反对侵犯他人自由。同时，严复开始认为，群己权界不止存在于私人与私人的自由权利之间，更重要的是国家的公权力与个人的私权利之间的界限，亦即国家公权力应以公民私权利为界线。严复在其《法意按语》中多处强调国家公权力的界线这一观点。严复特别提出了自由与

---

① 《论语·颜渊》。

政制二者之间的关系。自由的原意本为“自我作主，为所欲为”。政制是对管理的技术的处理，管理者与自由的关系是根本对立的关系。所以严复的自由主义开始认为人生无完全十足的自由，假若有完全十足的自由，让自由发展到极点，那就是“无政府亦无国家，则无治人，治于人之事，是谓君臣伦毁”。[①] 关于政制，严复是坚决反对君主专制，否定人治，主张君主立宪的民主政制。在论及西方诸国之所以强大时，严复用一句话概括说：“盖彼以自由为体，以民主为用。”[②] 要想西方国家治国经验为我所用，不改革我国的政治体制这个“体”，只会是南橘变北枳。在严复的论著中，随处都可见其批判专制、提倡民主的论述。严复极其强调民权，保障小己自由。要求良法之治，痛恨中国刑法的苛刻。强调民主与自由的密不可分的关系。他认为自由更高于民主，强调自由时“生人所不可不由之理”。[③] 民主与自由相互依存，没有民主，自由就无法保障；抹煞了公民的自由，民主就只是欺骗。他不仅强调经济自由，同时更强调政治和思想上的自由。严复提出了“自立、自由、自治”，精确地描述了自由与民主的关系。

可见，严复受西方思想的影响，认为自由的权利是强调划分国权与私权的界限的，国权不得侵犯公民个人的权利与自由，特别是思想言论上的自由。同时国家和社会与个人即小己的关系上不是“己轻群重”，而是要强调“己重”。个人的权利和自由要高于国家的权力，但在特定的条件下，我们也不能严格划清小己和国群孰轻孰重。在通常情况下，我们可以强调“己重”，但在特定的情况下，我们也可强调己轻群重。或者是二者兼顾。但严复由西方启蒙思想影响认为，为了提高国民品质，人民能够享受自由，在初级阶段应该借助于国家力量的扶植。这就像一个人的成长过程一样，当“人之壮也，智识既开，则当特立独行，而不宜有所牵制。若其幼稚，百事未知，听其自然必至陨火，是赖有父母之教养焉”。[④] 所以站在自由的享受有其先决条件这个立场上，严复开始相信国家力量的扶

① 王栻主编：《政治讲义》第五会，《严复集》第5册，中华书局1986年版，第1287页。

② 王栻主编：《原强》，《严复集》第1册，中华书局1986年版，第6页。

③ 王栻主编：《〈法意〉按语》，《严复集》第4册，中华书局1986年版，第935页。

④ 王栻主编：《论中华教化之退》，《严复集》第2册诗文卷（下），中华书局1985年版，第481页。

植有助于国民品质的提高和心智的成熟。只有这样，才能享受到真正的自由。严复认同穆勒的观点：自由理论之事用于智力上已经成熟的人。穆勒认为，所包含的并不是儿童或未达到法定年龄的男女青年，那些在各个方面仍需要照顾的人，就必须在其自身的行动和外来的伤害方面同受保护。基于同样的理由，也可以不考虑那些落后的社会，因为那里的人种就可以被认为没有成熟。正因为如此，严复反对卢梭的天赋人权，而重视强调民智的高低之重要性。无论如何，在总体的倾向性上，严复是专制政府的坚定反对者，强调个人权利与自由高于国权，即国家权力要让位于个人权利。严复还在《法意》中强调，“强调小己的利益，不容国家以公益为由随意牺牲和剥夺”。[①] 他还特别强调，就公民个人而言，出于爱国之心，宁毁家以纾难，以求国家之安全，固然令后人顶礼敬爱；但就“主治当国之人，即执政者而言”，[②]“谓以谋一国之安全，乃可以牺牲一无罪个人之身价性命以求之，则为违天灭理之言。此言一兴，将假民贼以利资，而元元无所措手足。是真千里毫厘，不可不辨者耳”。[③] 因此，严复在这个时期看待国家权力与看待公民自由权利，是严加分辨、区别对待的。在对待个体权利本位和国家权力本位的关系问题上，严复的许多观点都映射出他本人所翻译的外国自由主义的著作对他的自由主义的产生有着深刻的影响，又结合当时他所看到的中国的问题而诞生出的自由主义。

“自由”的思想是严复思想的核心与精华部分。从严复时代至百年以后的今天，人们对自由的追求也从未有过间断，严复对于中国自由思想的启蒙和影响是巨大的。

第三节　严复自由主义思想作品介绍

一　严复自由主义思想的政论文介绍

中国近代系统介绍西方文化思想的，严复是第一人。1894 年甲午战

---

① 王栻主编：《〈法意〉按语》，《严复集》第 4 册，中华书局 1986 年版，第 935 页。

② 同上。

③ 同上。

争中国败于日本，日本作为一个在历史上一直不断向中国学习的国家，竟然在明治维新不到30年的时间里超越中国并打败中国，这对于严复是思想的一个重要转折点。清政府惨败、民族被奴役，严复看清了清军的失败不仅败于武器装备上的劣势，更是败于国家的制度和体制。因此，严复希望通过介绍西学、宣传西方资产阶级的社会政治学说，促使国人猛醒，改变当时的社会制度和国家腐败的状况，把中国从危机的边缘拉回来。

在1895年2月到5月的四个月时间里，严复先后在天津《直报》上发表了四篇对当时极具影响力的论文《论世变之亟》《原强》《辟韩》和《救亡决论》，通过四篇论文系统地阐述了自己的政治主张，同时也说明了其理论基础，是严复思想飞跃与扩大的一个里程碑。严复通过文教、政治、道德以及中西风俗的不同论其好坏，得出结论："今日中国不变法则必亡"，"用西洋之术，而富强自可致"。[①]

（一）《论世变之亟》

严复自由主义思想宣传的开端是在1895年2月发表的《论世变之亟》一文。这也是严复的第一篇政论文。这篇文章向国人介绍了西方的自由言论，阐明了在西方社会中个人自由神圣不可侵犯这一基本观点。这些观点对当时的中国人而言都是极为"大胆"的言辞，甚至是"大逆不道"之论。"彼西人之言曰：唯天生民，各具赋畀，得自由者乃为全受。故人人各得自由，国国各得自由，第务令毋相侵损而已。侵人自由者，斯为逆天理，贼人道。其杀人伤人及盗蚀人财物，皆侵人自由之极致也。故侵人自由，虽国君不能，而其刑禁章条，要皆为此设耳。"[②] 因此在严复看来，自由与生命的价值是相通的。严复从社会发展和社会自由的角度来发现中西方文化方面的巨大差异。他指出："尝谓中西事理，其最不同而断乎不可合者，莫大于中之人好古而忽今，西之人力今以胜古；中之人以一治一乱、一盛一衰为天行人事之自然，西之人以日进无疆，既盛不可复衰，既治不可复乱，为学术政化之极则。"[③] 从而找到根本上的差距：西

① 王栻主编：《论世变之亟》，《严复集》第1册，中华书局1986年版，第3页。

② 同上。

③ 同上书，第1页。

方人"力今以胜古"即求胜于古人而渐进步，日渐发达；而中国人时时流连忘返于古训，墨守成规，"好古而忽今"，因而国势江河日下。根据严复的观察，学术方面，"则黜伪而崇真"；政刑方面，"则屈私以为公"。[①] 这两个理论虽然在当时的西方国家行得通，但是在中国却是行不通的。严复通过研究得出结论，中国与西方之所以在各个方面差别如此之大，其根本在于中国本身的"自由与不自由"问题，包括经济、伦理道德、社会风俗等，中西方价值观差异导致了中西方人政治理念的不同，进而导致了中西方政治制度的不同。中国封建制度是行政、立法和司法三权合一，而西方则相反，崇尚三权分立。

"自由为体，民主为用"是西方国家在政治、经济、文化、学术等方面强于中国的最根本的原因，也是严复自由主义认识的主要观点。严复在西方留学期间深刻地认识到，西方之所以可以民主，是因为西方把自由作为国家的"体"和根本。严复看到，在西方，所有的人享受同等的自由权利，没有上下级之间的自由区分，没有苛捐杂税的区分，没有不同等级之间的势力悬殊，而是注重每个人的权利和自由，把民主作为统治国家的根本。因此，这与中国传统的政治哲学完全对立，在中国政治制度上是一种颠覆。

严复通过发表《论世变之亟》推行他的"维新"思想。他以惨痛的事实警示社会，警示国人：中国并不像过去那么强大，目前已经落后于世界，中华民族正处于危机边缘，任何顽固守旧都会令中国灭亡，所以要适应历史的发展规律改革维新，即所谓"运会"。严复从更深层次揭示出中国的危难处境并不是一时出现的社会政治危机，而是一种文化危机："今日之世变，盖自秦以来，未有若斯之亟也。""我四千年文物声明，已涣然有不终日之虑。""我国人不虚心以求西方真相，徒塞一己聪明以自欺。"[②] 只有清醒地认清楚当下的形势，不再做统治者的黄粱美梦，掌握历史的进化规律，顺应时代和潮流，奋发图强，才能把国家和民族的危机从边缘救回，否则国家必定灭亡。他说："运会既成，虽圣人无所为

---

① 王栻主编：《论世变之亟》，《严复集》第1册，中华书局1986年版，第2页。

② 同上。

力。"[①] 圣人的作用只在"知运会之所由趋，而逆睹其流极，……成成辅相，而置天下于至安"。[②] 严复否定守旧派主张的自我封闭、一厢情愿地将中国和世界隔绝，"使至于今，吾为吾治，而跨海之汽舟不来，缩地飞车不至，则神州之众，老死不与异族相往来，富者常享其富，贫者常安其贫"。[③] 这样必然会使中国失去与世界的交流与沟通，更加看不清社会和人类前进的方向，中国必然会灭亡。严复认为，如果今天中国再看不到西方的强大并向西方学习，还继续坚持八股举士、封建治国，必定会使中国永远失去强盛的机会。

自由是中西方差距的根本，严复通过论述，进一步剖析了中西文明的差异："今之夷狄，非犹古之夷狄也。今之称西人者，曰彼善会计而已，又曰彼擅机巧而已。不知吾今兹之所见所闻，如汽机兵械之伦，皆其形下之粗迹，即所谓天算格致之最精，亦其能事之见端，而非命脉之所在。其命脉云何？苟扼要而谈，不外于学术则黜伪而崇真，于刑政则屈私以为公而已。斯二者，与中国理道初无异也。顾彼行之而常通，吾行之而常病者，则自由不自由异耳。"[④] 严复指出，中国自古以来都是"历古圣贤"，统治者畏惧人民的自由，西方则认为自由是人与生俱来的权利，中西方差异很大。例如："中国最重三纲，而西人首明平等；中国亲亲，而西人尚贤；中国以孝治天下，而西人以公治天下；中国尊主，而西人隆民；中国贵一道而同风，而西人喜党居而州处；中国多忌讳，而西人多讥评。其于财用也，中国重节流，而西人重开源；中国追淳朴，而西人求欢虞。其接物也，中国美谦屈，而西人务发舒；中国尚节文，而西人乐简易。其于为学也，中国夸多识，而西人尊新知。其于祸灾也，中国委天数，而西人恃人力。"[⑤] 严复通过《论世变之亟》列举出中西不同进行对比，清楚地表明自己的观点，即：西方学术精神是"黜伪而崇真"，政治精神是"屈私以为公"，贯穿于二者之中的又是"自由"，可谓说透了"夷之长技"的根本，从而找到了中国富强需要走的正确道路。

---

① 王栻主编：《论世变之亟》，《严复集》第 1 册，中华书局 1986 年版，第 2 页。

② 同上。

③ 同上书，第 3 页。

④ 同上。

⑤ 同上。

（二）《原强》

严复通过《论世变之亟》揭示了中国社会危机的深层原因在于中西方文化的不同，而《原强》则是严复希望与国人共同找到改变文化和国民意识形态的方法。

严复在《原强》中写道：“民固有其生也不如死，其存也不如亡，亦荣辱贵贱，自由不自由之间异耳。”[①] 严复留学的经历使他看到自由原来是如此重要，而中国从古至今的圣贤们却并没有提倡过自由。中国自建立封建制度以来，各朝各代都是以统治和奴役国民为统治思想。一方面统治阶级以奴隶的眼光去看待人民；另一方面人民自己认为自己就是奴隶，并没有自由的任何认识。科举的最终目的是为统治者求得一些治理百姓的人才，至于谋求国富民强的人才，并没有得到重视和选拔。严复通过自己的落榜经历看清楚了这一中国教育制度上的缺陷，以及中国古圣贤宣传的“不争”、“平争”，导致了中国民智民力日劣日衰，逐渐失去了与西方列强抗衡的实力，而根源就是中国人本身没有意识到自由，也没有去争取自存的自由；西方人意识到了本身的自由而力争自由，国家从而逐渐变得强盛。严复在《原强》中写道：“所谓争自存者，谓民物之于世也，樊然并生，同享天地自然之利。与接为构，民民物物，各争有以自存。其始也，种与种争，及其成群成国，则群与群争，国与国争。而弱者当为强肉，愚者当为智役焉。”[②] 严复主张向西方学习，从政治到经济、到学术、再到民众的思想观念。通过总结，严复认为需要提高人民的智、力、德三个方面的因素，在严复看来，“生民之大要三，而强弱存亡莫大视此”。[③]《原强》一文中是这样描述的：“夫所谓富强云者，质而言之，不外利民云尔。然政欲利民，必自民各能自利始。民各能自利又必自皆得自由始。欲听其皆得自由，尤必自其各能自治始。反是且乱。顾彼民之能自治而自由者，皆其力其智其德诚优者也。是以今日要政统于三端：一曰鼓民力；二曰开民智；三曰新民德。夫为一弱于群强之间，政之所施，固常有标本缓

---

① 王栻主编：《原强》修订稿，《严复集》第1册，中华书局1986年版，第15页。

② 同上。

③ 同上。

急之可论。惟是使三者诚进，则其治标而标立；三者不进，则其标虽治，终亦无功，此舍本言标者之所以为无当也。”[①] 并认为“此三者自强之本也”。“鼓民力”，具体指的是要从经济、政治、军事上能够和世界同步，能够和列强进行竞争，而且严复主张应该严禁人民吸食鸦片和妇女缠足，认为人民必须有强壮的体格和精力。“开民智”，具体是指废除科举制度，提倡西学，从根本上改革教育制度及教育方式，把强国富民的人才培养选拔出来。“新民德”，最主要的办法是创立议院，希望把西方资产阶级的民主、自由、平等思想和意识引入中国。严复设想通过“鼓民力”、“开民智”和“新民德”，使中国的文化和社会得以复兴。

（三）《辟韩》

《辟韩》是严复在1895年发表于天津《直报》的批判封建君主专制、提倡天赋人权的政论文章。

严复在《辟韩》中着重阐述了“新民德”方面的思想。严复通过自己的自由主张和理论基础反驳了韩愈所作《原道》中专制思想，通过对古时封建思想的批判，进而达到批判当时中国封建专制主义政治制度的目的。严复通过列举韩愈《原道》中主张专制的典型理论，如“君者，出令者也；臣者，行君之令而致之民者也；民者，出粟米作麻丝、作器皿、通货财以事其上者也。君不出令，则失其所以为君；臣不行君之今，则失其所以为巨；民不出粟米麻丝、作器皿、通货财以事其上，则诛”，[②] 说明从古至今，中国百姓的自由权利并未从根本上改变过，而仅仅是一直被愚化、被奴隶化。通过揭示出君与民之间的关系问题的矛盾，提出了究竟是君为民而存在还是民为君而存在的讨论。《原道》中韩愈所认定是民为君而存在，君权神授。而严复认为，这不仅违背了孟子提出的“民重君轻”，也与近代西方的民主政治原则即民主原则相违背。“孟子曰：‘民为重，社稷次之，君为轻。’此古今之通义也。而韩子不尔云者，知有一人而不知有亿兆也。老子言曰：‘窃钩者诛，窃国者侯。’夫自秦以来，为

---

① 王栻主编：《〈原强〉修订稿》，《严复集》第1册，中华书局1986年版，第15页。

② 王栻主编：《辟韩》，《严复集》第1册，中华书局1986年版，第33页。

中国之君者，皆其尤强梗者也，最能欺夺者也。”[①] 中国历来崇尚专制的封建政治统治，西方则是专制与民主政治斗争统治。“是故西洋之言治者曰：‘国者，斯民之公产也，王侯将相者，通国之公仆隶也。’”[②] 既然如此，“西洋之民，其尊且贵也，过于王侯将相，而我中国之民，其卑且贱，皆奴产子也。设有战斗之事，彼其民为公产公利自为斗也，而中国则奴为其主斗耳。夫驱奴虏以斗贵人，因何所往而不败?”[③] 通过《辟韩》中的这段论述可以看出严复已经对中国传统政治的弊端分析得一清二楚，他认为中国的积弱就是由于封建社会的君主专制导致的，社会制度已经阻碍了社会的向前发展。《辟韩》中言词激烈，对封建君主专制的批判一针见血，很快招来守旧势力的反对。在它发表后两个月，张之洞就指使屠守仁作了一篇《辨辟韩书》，大骂严复说：“今辟韩者溺于异学，纯任胸臆，义理则以是为非，文辞则以辞害意，乖戾矛盾之端，不胜枚举。”[④] 由此可以看出这篇文章发表后对当时社会和统治者的极大影响。

严复通过自己所学和所看到的世界形势批驳了韩愈《原道》的专制思想，然后又进一步提出自己的民主政治理论。“民约论”是严复民主政治的理论构架，严复认为社会上“有其相欺，有其相夺，有其强梗，有其患害”，[⑤] 而普通民众忙于生产劳作，势不能兼顾，于是人民就会自然地根据“通功易事”[⑥] 的原则，“择其公且贤者，立而为之君”。[⑦] 严复认为国家的产生是由于人民的需要，是可以带动和领导社会发展的，这也是国家和君主诞生的根本需要。严复“民约论”的思想，是对近代西方启蒙思想与中国封建专制思想的思考并提出的新观点，构成了近代民主政治的主要理论基础。

但是，严复对君权的批判并不是彻底的，严复觉得中国社会的改革需要一个过程，循序渐进，而不是一朝一夕可以完全改革成为像西方一样的

---

① 王栻主编：《辟韩》，《严复集》第1册，中华书局1986年版，第33页。

② 同上。

③ 同上书，第34页。

④ 同上。

⑤ 同上书，第35页。

⑥ 同上。

⑦ 同上书，第36页。

民主国家，因此严复认为当时中国还不能立即废除君主制。“其时未至，其俗未成，其民不足以自治”,[①] 所以严复主张实行君民“共治”的君主立宪制。但总体说来，严复批判封建君权，宣传资产阶级民权思想，具有启蒙意义。

（四）《救亡决论》

《救亡决论》是严复在 1895 年发表的又一篇著名政论。1894 年，洋务运动在中国甲午战争的失败声中宣告破产，资产阶级的维新变法走上了历史的舞台。在这种社会形势下，严复在 1895 年 5 月 1 日至 6 月 18 日的天津《直报》分三篇陆续发表了《救亡决论》。在《救亡决论》中，严复激烈地抨击了八股取士制度，主张“大讲西学”，并推行其在《原强》中提出的“鼓民力、开民智、新民德”的政治和教育主张，提倡学习西方的自然科学和重视实证的科学方法。“科举”与“学校”之争、“中学”与“西学”之争在 1895 年日趋白热化，严复的《救亡决论》的发表，正是这一斗争的直接表现，也为中国这次教育上的争执作了一个明显的标记。

《救亡决论》一方面表现了新兴资产阶级的理论勇气；另一方面也振奋了新兴资产阶级忧国忧民的爱国精神，对当时的教育界和思想界以及政界都产生了足以振聋发聩的影响，推进了中国近代教育的改革进程。《救亡决论》反对闭关锁国、自我封闭，提倡向西方学习，促进中国各个落后的方面得以发展。但是《救亡决论》的本质在鼓吹“西学教育救国论”，认为西学完全适合中国，可以救中国。一方面，夸大了教育对于社会改造所能起到的作用，忽视了政治经济对教育的决定作用；另一方面，过分夸大了西学的作用，而没有冷静分析西学对于中国五千年来的文化背景的适应性和所能起到的作用。此外，《救亡决论》中所提倡的西学基本上指的是西方自然科学，而不包括西方的社会科学，这也就是《救亡决论》在西学问题上的狭隘性和局限性。由于严复的留学经历，所以从思想渊源上来看，《救亡决论》明显地带有英国实证主义教育思想的印迹。

---

① 王栻主编：《辟韩》，《严复集》第 1 册，中华书局 1986 年版，第 36 页。

严复在《论世变之亟》中提出政治和学术两点，在《救亡决论》中他只提到学术一点，这说明他认为学术的改变是最根本的。这不是他迂腐，二十多年后的新文化运动正是这样说和这样做的，文化是一个外来的名词，如果用中国的旧名词，那就是学术。严复的《救亡决论》中所提出的主张，如果发展为一个运动，就可以成为新学术运动。新文化运动提出“民主”与“科学”这个口号，指出此二者是西方“长技”的根本。上面所说的严复的四篇文章虽然没有说得这样明确，但有这个意思。

严复上述的四篇论文是他一生思想发展的重要界标，这些文章发表后，为戊戌维新思潮的兴起发挥了重要的先导作用。这四篇论文在整个近代文化学术史和民主发展史来看，为后人开辟了一条新的道路。

二　严复翻译的外国作品介绍

（一）《群学肄言》

《群学肄言》是严复翻译的社会学名著《社会学研究》，是英国社会学家斯宾塞所著，英文原名 *The Study of Sociology*，1873 年成书。1897 年严复开始翻译，1898 年在《国闻报》的旬刊《国闻汇编》上，发表《砭愚》和《倡学》两篇，题为《劝学篇》，1903 年上海文明编译局出版《群学肄言》足本，1908 年上海商务印书馆出版《订正群学肄言》，现在流行的是商务印书馆的《严译名著丛刊》本。

《群学肄言》主要研究和讨论社会方法学。严复所翻译的《群学肄言》不仅翻译了原文，还在原文的基础上结合自己所看到的社会现状进行了研究和再创作，从某种意义上讲，《群学肄言》也是严复的一部作品。严复试图通过翻译《群学肄言》学习其哲学思想，作为自己分析、解剖世界的理论武器，进而作为寻求国家富强的重要思想基础和动力。《群学肄言》通过描述生物学和生物规律来揭示和研究社会现象，而且严复试图运用其中的规律来论证中国社会的改革和变法。《群学肄言》分为 16 章：砭愚、倡学、喻术、知难、物蔽、智絯、情瞀、学诐、国拘、流梏、政惑、教辟、缮性、宪生、述神、成章。严复通过《砭愚》与《倡学》两章阐述了原著中所讲的社会研究必须有专门的学科，可以成为科学的观点和道理。《喻术》主要讲述了社会学的主要含义，阐述了人与社会相互影响的内在联系。社会学的内容在于说明社会的各种现象及其原因。严复在翻译中表达了这样一种观点，社会现象都是相互联系、相互作用的，是受天演规律所支配的。另外，社会犹如生物有机体，是不断进化的，因此严复认为生物学的规律可以用之于社会学。《知难》一章讲述治社会之难，一在物之难，次在心之难，三在心物对待之难，此章是全书的枢纽，提出了人与社会的关键问题讨论。《物蔽》以后各章探讨了社会研究中的客观困难与主观困难，即"物之难"与"心之难"。认为人们的思想观念受"所生之国、所业之流、所被之政、所受之教"的影响，并提出了治难、解惑的有关方法。《群学肄言》的翻译出版对社会学在中国的传播起了重要的推动作用。

（二）《论自由》

《论自由》是约翰·密尔①的著作，英文原名 *On Liberty*，发表于 1859 年。当时在英国早已确立了资本主义制度，资产阶级作为英国主要的统治者，在经济上已经基本上实现了自由，因此出现一批经济学家和社会学家对经济自由作了充分研究和论证。在这种背景下，密尔通过《论自由》论证了个人的思想、言论和行动的自由，也就是说，密尔通过这本书讨论的是政治自由而不是经济自由。严复在 1903 年把《论自由》翻译过来，定其名为《群己权界论》。严复通过这个书名很精辟地概括了该书的主要论题，即个人自由与他人的自由以及社会利益的界线划分，就是说个人的自由及其限制，相应的在社会、国家方面对个人自由的干涉的限度。

《论自由》全书共分为五章，密尔以公民自由为中心，对个人自由、国家自由和社会自由等问题进行了多方面的阐述。

第一章是引论，主要介绍全书重点讨论的公民自由，或称社会自由，并探讨社会对个人施用权力的性质和限度。宣布自由是在不剥夺他人自由的前提下，按照自己的道路去追求自己的好处的自由。

第二章论述思想自由和言论自由，认为人类应当自由形成意见，自由发表意见，否则便是人类理性与德性的毁灭。

第三章阐述个性的自由发展，认为这是人类幸福的首要因素，会使人

---

① 约翰·密尔旧译为约翰·穆勒，本书中统一采用当今的译法约翰·密尔。

对自由、对他人更有价值。主张容许不同的人过不同的生活，反对社会习俗的专制。

第四章讨论社会对个人自由控制的限度。提出个人对社会的义务源于社会对他的保护。社会成员的行为只要互不损害利益和权利，只要为保卫社会或其成员免受损害与妨碍而承担责任，就不受社会强制。

第五章重申自由的两条基本原则：个人行动只要不涉及他人利害，个人就不必向社会负责，他人也不得对之干涉；个人行动若有害于他人利益，个人要向社会负责，要承受社会或法律的惩罚。

密尔通过五章的篇幅论证了个人自由相关的问题，成为西方自由主义思想之中的经典思想家，该书也是西方自由主义的经典文本。《论自由》的核心要义有二，密尔通过此两点划分个人和社会之间的权力界限。一是个人的行动只要不涉及自身以外什么人的利害，个人就不必向社会负责。二是个人对社会负责的唯一条件：个人的行为危害到他人的利益。密尔认为，个人在追求某一合法目标时，无论在任何制度中，都不可避免地会产生对他人利益的影响，造成他人利益的损失。因此，是否对社会普遍利益造成危害是判断这种行为正当与否的标准。密尔所强调的个人自由是种社会自由，这体现了密尔对如何实现自由原则的思考。

密尔认为人格的价值不仅是形而上学的教条，而且是在实际条件下要实现的东西。《论自由》肯定思想和言论自由，并要求政府不仅要通过消极地不干预来保障公民自由，还须依靠立法来创造和增进公民自由。体制发挥作用的方式主要是社会，社会要素被引入密尔对自由的讨论之中。密尔认为，政治自由和社会自由本身具有价值，人们对自由的追求不仅于己有利，也能使社会从中得到好处。

通过密尔的论述，自由的范围更加广阔，自由主义哲学也更加贴近时代要求。自由原则和自由主义哲学无论在理论上还是在实践中都获得了更加广阔的发展空间。

个人与群体间的自由分寸是相辅相成又相互制约的，严复当年用文言语句翻译密尔的《论自由》时，以“自繇”二字，将密尔对个人尊严与自由的想法引介至中国，引领近代中国的知识分子对西方的自由思想有了一个开创性的认识，并强调群体和个人之间的互动与平衡。从个人的自由到群体的自由，再到一个派系，都必须明白小群和大群权限之间的划分，从而使不偏向于大的群体而压制小的群体或个人，也不袒护个人或者小群体的权利而不让大的群体权力受到损失，而且进一步强调自由民主制度的实施其实涉及一个国家的形势与国民程度。对于自由的内涵、个人与群体、公域与私域间的权界，论析分明。

（三）《社会通诠》

严复于1903年译出的《社会通诠》一书，英文原名 *A Short History of Politics*，就是英国学者甄克思于1900年出版的《政治简史》，严复首次把"totem"一词译成"图腾"，从此成为中国学术界的通用译名。《社会通诠》讲的主要是政治进化史。甄克思和严复都认为，在宗法社会和国家社会之间存在着一个"拂特之制"[①]的时期。通过历史发展阶段的观点，甄克思在这本书中把历史描绘成从图腾社会向宗法社会、再向军国社会发展的过程。他认为，在军国社会里，个人是组成社会的基本细胞，人民是平等的；而在宗法社会中，社会细胞由家族构成，个人归各自的宗族统领和管理，并受到祖宗之法的约束，完全没有自由。由于受到甄克思这种进化史观的影响，严复认为当时的中国已经进入军国社会阶段，属于七分宗法、三分军国性质的国家。

（四）《天演论》

《天演论》是严复翻译的最重要的一部著作，于1898年出版。这是英国赫胥黎的著作，英文原名 *Evolution and Ethics and other Essays*，英文书名直译应为《进化论与伦理学》，但严复根据他自己对本书的理解和中国文化的传统，将其译为了《天演论》。赫胥黎是英国博物学家达尔文的朋友，也是达尔文学说的支持者。此译著第一次引进"物竞天择、适者生存"的竞争观念，动摇了中国传统的"天人合一"、"天道不变"的封建哲学体系，开始用此竞争观念激励国人奋争于世，让"国弱种困"的中华民族能够在"弱肉强食"的残酷现实中奋争崛起。在翻译这部著作中，严复用精练准确的语言详细地介绍了西方自由主义思想的一个重要原

---

① "拂特之制"，feudelism，今译封建制度。

则：“人得自由，而以他人之自由为界。”① 并将这个原则称为“太平公例”②，假如每个人都能在一定的界限内使用个人的自由，而不会侵犯他人自由，那么人与人之间的冲突就会减少，天下就不会因自由竞争而发生动乱。所以，严复的自由主义所追求的不仅仅是个人自由或是群体自由，而且是建立在有限自由基础之上的天下太平。

《天演论》全书分为导言和正文两个部分。正文部分是赫胥黎在1893年的一次学术讲座上的讲稿，导言是他1894年在讲稿准备刊印前添加上去的，导言比正文还长。严复译述《天演论》不是纯粹直译，而是有评论，有发挥。在翻译过程中，严复将《天演论》导论分为18篇、正文分为17篇，并对其中28篇加了按语③。他在阐述进化论的同时，指出人类社会也像植物、动物界一样，都是同样的生存竞争，同样遵循适者生存、不适者淘汰的规则和原理，而且人类竞争其胜负不在人数之多寡，而在民族和实力各个方面的强弱对比。面对当时中国的民族危机，联系当时中国的社会状况，严复提出中国如果不振作自强就会亡国灭种的警告，一味大弹“夷夏轩轾”的老调，弄得不好，就会亡国灭种。虽然严复在《天演论》中告诫人们亡国灭种的威胁，但他不是无所作为的悲观主义，他的目的就是要通过“物竞天择，适者生存”的法则来警示当前的中国人民，提醒中国人民要具有竞争意识，不要妄自尊大，要通过强力竞争，通过努力，改变目前弱者的地位，变为强者。此外，严复还把《天演论》译稿给梁启超等人看过。因此，《天演论》正式出版虽在1898年，但其物竞天择的理论在此以前早已在思想界传开。

《天演论》从翻译到正式出版，经过了三年时间。这三年，即1895—1898年，是中国近代史上很不平常的三年，甲午海战惨败，民族危机空前深，维新运动持续高涨。与这个特殊时期同时诞生的《天演论》，向国人提出了物竞天择，引起了思想界的强烈震动。

“天演”、“物竞”、“天择”、“适者生存”等新名词很快充斥报纸刊

---

① 王栻主编：《〈群己权界论〉译凡例》，《严复集》第1册，中华书局1986年版，第132页。

② 太平公例，来源于斯宾塞的思想，即“同等自由法则”。

③ 这里所说的按语是注释性按语，主要是为稿件中读者不太熟悉的某些事情作简略的注释。如注释某些难懂的名称，注释文中提到的其他资料的情况等。

物，成为最活跃的字眼。有的学校以《天演论》为教材，有的教师以“物竞”、“天择”为作文题目，有些青少年干脆以“竞存”、“适之”等作为自己的字号。

胡适回忆说：“（在澄衷学堂）有一次，他（国文教员杨千里）教我们班上买吴汝纶删节的严复译本《天演论》来做读本，这是我第一次读《天演论》，高兴得很。他出的作文题目是‘物竞天择，适者生存，试申其义’。”[①] 这种题目自然不是这些仅仅十几岁小孩子能发挥的，但读《天演论》，做“物竞天择”的文章，都可以代表那个时代的风气。

第四节　严复的自由主义思想体系

“早在十九世纪六、七十年代，西方卢梭、孟德斯鸠等人的民主、自由思想就传入中国，如一八七九年，日本冈本监辅所著《万国史记》中就谈到孟德斯鸠，伏尔泰，卢梭等各著书排击政治，主张自主之说，欲以抑君权，伸民权，读其书者，无不激昂奋励，以生一变旧政之心。”[②] 可见，严复自由论的提出并非偶然，但他却是中国近代思想史上第一个最系统、最深刻地鼓吹自由思想的启蒙思想家。他在发表于1895年3月的《论世变之亟》《原强》《辟韩》《救亡决论》等著名政论文中，从本体论的角度提出了自由是科学与民主的根本，和“唯天生民，各具赋畀，得自由者乃为全受”[③] 的天赋人权论以及“自由为体，民主为用”等一系列理论主张。纵观严复思想的全貌，“自由为体”这个观点渗透在他思想的各个部分之中，正是这个核心观点统摄着严复的其他各个著作和文章内涵，同时这个观点也成为他对社会、政治、文化以及中西方差异进行评断的基本价值。1903年，严复翻译出版了约翰·密尔的《论自由》，1906年，严复在上海青年会作了题为《政治讲义》的演讲。从《论世变之亟》到《论自由》再到《政治讲义》，这一系列的有

---

① 胡适：《四十自述》，亚东图书馆1933年版，第49页。

② 黄霖：《中国近代文学批评史》，上海古籍出版社1993年版，第420页。

③ 王栻主编：《论世变之亟》，《严复集》第1册，中华书局1986年版，第3页。

关自由主义思想的著作和翻译作品，都表明严复在对自由主义思想进行自觉的思考。

如果把严复的思想置于当时的历史背景、语境当中来考察的话，更能显示出他的自由主义思想的明显特色。谭嗣同是以一种急切、激进的言辞和心态，表达了他对封建专制最具悲剧色彩的批判，喊出了“二千年来之政，秦政也，皆大盗也”和“冲决一切网罗”[①] 的惊世骇俗之论，但他的这种反专制的思想相对于自由主义思想来说，还是雏形和萌芽，还没有自由主义思想的要素和特征，因为这和明末清初的反专制思想并没有太大的区别。梁启超比谭嗣同更进一步，他说：“自由者，精神界之生命也”，[②] 并提出诸如思想自由、精神自由等主张，但他对自由主义的思考并没有构成一种整体性、系统化的理论框架。早期鲁迅的“个性自由”的思想浸润着他炽烈的精神体验，也不可能对自由作全面、客观的探讨和论述。严复的自由主义思想之所以是一个完整的理论体系，是因为它博览中西、融通古今，概括起来，主要包含三个方面的内容。

（一）思想言论自由

思想言论自由是西方自由学说的重要内容，对此严复表示完全赞同。他在《法意》按语中同意孟德斯鸠的观点，以为法律所针对的应为人们具体的行为，而非思想与言论：“国法之所加，必在其人所实行者，此法家至精扼要之言也。为思想，为言论，皆非刑章所当治之域。”[③] 因为思想言论属于道德修养的范围，所以统治者不应干预：“思想言论，修己者之所严也，而非治人者之所当问也。问则其治沦于专制，而国民之自由无所矣。”[④] 严复在《〈群己权界论〉译凡例》中指出，在压制言论自由方面，中国的纲常名教同西方历史上的宗教相比，有过之而无不及，因而从整体上否定了纲常名教。他说：“西国言论最难自由者，莫若宗教，故密

① 谭嗣同：《仁学》，《谭嗣同集》，辽宁人民出版社 1994 年版，第 37 页。

② 梁启超：《十种德性相反相成义》，《辛亥革命前十年时论选集》第一卷上册，三联书店 1963 年版。

③ 王栻主编：《〈法意〉按语》，《严复集》第 4 册，中华书局 1986 年版，第 935 页。

④ 同上。

尔持论，多取宗教为喻，中国事与相方者，乃在纲常名教。事关纲常名教，其言化不容自由，殆过西国之宗教。观明季李贽、桑悦、葛寅亮诸人，至今称名教罪人，可以见矣。”① 为此严复举出朱熹所说“虽孔子所言，亦须明白讨个是非”② 为榜样，公开倡导言论自由。从某种意义上说，思想言论自由关涉到自由与学术、真理的关系。严复认为，中西方在自由上的差异，造成学术上“中国夸多识，而西人尊新知”。③ 他指出：“夫以后人之智虑，日夜求有以胜于古人，是非决前古之藩篱无拘挛，纵人人极心力之所极者不能至也，则自由尚焉。”④ 这里，严复反对的是拘古、宗经，而崇尚自由思考、自由创造的学术精神。他说道：“须知言论自繇，只是平实地说话求真理，一不为古人所欺，二不为权势所屈而已。使理真事实，虽出之仇敌，不可废也；使理谬事诬，虽以君父，不可从也，此之谓自由。”⑤ 思想自由、言论自由，就是要坚持真理、实事求是，不盲从、不跟风、不随波逐流，敢于坚持自己的思考，坚持己见。但是在几千年的封建中国，君主专制制度及科举制的长期存在，严重影响了个人思想言论的自由表达，读书、学习和思考的结晶都要与封建意识形态相符合，并且不能随意发表自己的见解和思想，稍不注意自己就会成为因“文字”问题而遭受牢狱之灾。至于八股取士，严复认为这更是在摧残人才，造成莫大的祸害。对此，严复主张中国变法的当务之急在于废八股，培养具有思想自由的有用之才。

（二）经济自由

经济自由是西方自由学说的重要方面。严复指出，近代西方迅速富强的重要原因之一就是采用了英国经济学家亚当·斯密在《原富》书中所提倡的经济自由政策。他举英国为例说：“英债虽重，而国终以富强者……凡物皆有其所以然之故……英国自斯密氏所处之世以来，其所以富强之政策众矣。格致之学明于理，汽电之机达于用，君相明智，而所

---

① 王栻主编：《群己权界论》，《严复集》第1册，中华书局1986年版，第132页。

② 同上。

③ 王栻主编：《论世变之亟》，《严复集》第1册，中华书局1986年版，第3页。

④ 同上。

⑤ 王栻主编：《辟韩》，《严复集》第1册，中华书局1986年版，第32页。

行日新，然自其最有关系者言之，则采是书之言，……于是除护商之大梗，而用自由无沮之道商。”[①] 经济自由政策不仅适用于繁荣国家，还能使倾乱衰弱的国家起死回生：“自由平通之义，不独能使工商之业自无而为有，自困而为亨也，且能持已倾者使不至于覆，保方衰者使无及于亡。”[②] 在严复看来，整个社会的经济活动是一个不以人的主观意志为转移的客观过程，受不可违抗的经济规律的支配。因此，统治者必须尊重经济规律，顺应经济发展的自然趋势。

同时，还应当让人民在经济活动中享有充分的自主权：“民之生计，只宜听民自谋，上惟无扰，为裨已多。”[③] 如果统治者硬要干预社会的经济活动，必然使人民不得安居乐业，最终导致生产萎缩：“政烦者其国之岁殖必退也。”[④] 当然，严复也承认有些领域（如邮政、电报、铁路、教育等）的国家干预不能完全取消，否则会对经济发展不利。严复十分赞同自由竞争的经济制度，他说：“自由竞争，则物价最廉。以常法论之，其大例自不可易。”[⑤] 严复认为，自由贸易是使国家富裕的有效手段：“盖国之财赋必供诸民，必其岁入之利，仰事俯蓄之有所余，而将弃之以为盖藏也者。是故君上之利在使民岁进数均，而备物致用之权力日大。求其如是者，莫若使贸易自由。”[⑥] 而自由贸易的关键就是公平竞争，“（国内）自由贸易非他，尽其国地利民力二者出货之能，恣贾商之公平为竞，以使物产极于至廉而已”。[⑦] 因此，中国要达到民富国强的目标，就必须脱离封建主义的制约，实行自由经济和贸易政策，与官僚买办资本和外国资本相抗争，大力发展民族资本主义经济。总之，严复提倡经济自由并将这一思想与中国社会的实际相联系的见解还是十分深刻的，是符合当时中国国情的。

---

① 王栻主编：《〈原富〉按语》，《严复集》第4册，中华书局1986年版，第853页。

② 同上。

③ 同上书，第856页。

④ 同上。

⑤ 同上。

⑥ 同上。

⑦ 同上书，第853页。

（三）政治自由

政治自由是自由主义学说中最根本的内容，主要是指国民在政治方面享有的自由。严复指出，政治学中所讲的政治自由不同于伦理学中所讲的个人自由。前者系国民对于政府而言，后者系个人对于社会而言。在《政治讲义》中他说："自由与管束相对为义。自由者，不受管束之谓也；或受管束矣，而不至烦苛之谓也"，[①]"故释政界自由之义，可云其最初义为无管束、无管治。其引申义，为拘束者少，而管治不苛。此第二引申义，即国民所实享之自由"。[②] 可见，不受管束是政治自由的本义；但在实际上，只要有政府存在，完全不受管束是不可能的。追求绝对的不受管束就是无政府主义。"是故人生无完全十足之自由，假使有之，是无政府，即无国家。"[③] 因此，在现实政治中，人们使用的都是这个概念的引申义。严复反对管治过多，而主张"自治"，因为"自治"介于放任自流和强迫管治之间，是政治自由的最佳表现形式：政界之境诣，至于自治而极。

严复认为，同民主共和国家相比，中国政治自由的首要课题是："民对君上而争自由。"[④] 而这又具体表现为行君主立宪、开国会、制定一部限制君权、捍卫民权的宪法。严复认为民主共和制虽是一种最好的政治制度："民主者，治制之极盛也"、"民主者，天下至精之制也"，[⑤] 但是，只有在具备一定的"智、德、力"状况的国度里，才能实行之，"民主之制，乃民智最深民德最优时事"[⑥]。而当时中国"其时未至，其俗未成，其民不足以自治也"，"民之弗能自治者，才未逮，力未长，德未和也"。[⑦] 所以中国暂不宜建立民主共和制，而只能先实行君主立宪制。不过，严复又是一位渐进改良主义者，他认为中国不能一步到位行君主立宪，但可以

---

① 王栻主编：《政治讲义》，《严复集》第 5 册，中华书局 1986 年版，第 1241 页。

② 同上。

③ 王栻主编：《论世变之亟》，《严复集》第 1 册，中华书局 1986 年版，第 1 页。

④ 王栻主编：《〈群己权界论〉译凡例》，《严复集》第 1 册，中华书局 1986 年版，第 132 页。

⑤ 王栻主编：《〈法意〉按语》，《严复集》第 4 册，中华书局 1986 年版，第 935 页。

⑥ 王栻主编：《〈原富〉按语》，《严复集》第 4 册，中华书局 1986 年版，第 853 页。

⑦ 王栻主编：《辟韩》，《严复集》第 1 册，中华书局 1986 年版，第 34 页。

循序渐进，先行地方自治。他写道：“居今而为中国谋自强，议院代表之制虽不即行，而设地方自治之规，使与中央政府所命之官和同为治，于以合亿兆之私为公，安朝廷而奠磐石，则固不容一日缓者也。失今不图，行且无及。”[①]“地方自治之制，乃刻不容缓者矣！窃计中国即今变法，虽不必遽开议院，然一乡一邑，设为乡局，使及格之民推举代表，以与国之守宰相助为理，则地方自治之基础矣。”[②] 同时，还需通过教育，发展民众的德、智、力，培养具有自治力的国民。总之，严复的基本观点是通过教育和地方自治的实施，培养国民的“自立”精神，逐渐将君主专制政体改为君主立宪，再进而为民主共和。

第五节 严复对中国自由主义思想的深化

严复对中国自由主义思想的深化和发展，首先体现在他在具有近代意义上的“体用”思维框架上提出了自由本体论的思想。这是他与其他近代自由主义思想家不同的地方之所在，也是他超越梁启超等人的思想之所在。他在《论世变之亟》中为“五四”时期提出“科学”与“民主”的旗帜打下基础，并认为自由是“科学”与“民主”的根本，是一种天赋人权，不可侵夺，只有在自由当中才能生长出科学和民主的花朵。之后，他在《辟韩》中更明确提出“民之自由，天之所畀”[③] 的天赋人权论，从而确立了自由的本体论意义。在这种思想的基础之上，并在这一本体论框架内提出了“自由为体，民主为用”的理论。这是具有革命性内核的政治主张。也正是在这个意义上，严复的自由主义思想最鲜明地体现了近代启蒙主义的思想特征。自由本体论的诞生，无疑是在文化根本上对传统思想意识构成一次深刻的否定，它的意义在“五四”新文化运动中得到了更具历史内容的展现和发展。

除此之外，严复还接受了培根、洛克、密尔等英国哲学中的经验论。

---

① 王栻主编：《〈法意〉按语》，《严复集》第4册，中华书局1986年版，第935页。

② 同上书，第982页。

③ 王栻主编：《辟韩》，《严复集》第1册，中华书局1986年版，第32页。

反对“不实验于事物，而师心自用”[①] 的思维方式。严复自由主义思想的深化主要集中在以下几个方面。

（一）自由本体论

严复认为“自由”一词，在中国古代就有，但是与西方的“自由”这个概念区别极大，是在两种不同的文化语境、不同的思想传统以及不同的社会需求之下产生的。严复为了将中、西方两种自由的含义区分开来，他在翻译《论自由》时，特意把西方的“自由”改为“自繇”，并解释道：“由”、“繇”虽古今通假，但“由”字易流于虚空，而“繇”字则“非虚乃实”。[②] 严复的目的在于纠正西方学者对自由的形而上学式的玄空界定的方法，他认为，自由这个词所表达的含义并不富含善恶好坏的价值判断，自由“常含放诞、恣睢、无忌惮诸劣义，然此自是后起附属之话，与初义无涉”，[③] 自由的原始含义是不受阻碍、不受束缚，“初义但云不为外物拘牵而已”[④]。但是，严复认为，人是要受外界约束的，并不是孤立生存着，“真实完全自由，形气中本无此物，惟上帝真神，乃能享之”。[⑤] 现实生活中，原初意义上的自由是不可能存在的。同时，严复又指出，自由不是一成不变的，也不是伴随着生命一起出现的，随着社会的不断进化，人类可以在优胜劣汰的自然法则面前找回应有的自由，即“各尽其天赋之能事，而自承之功过者也”。[⑥]

（二）自由目的论

严复首先是从现实主义出发来思考自由主义的，他提出的自由主义思想也是为了解决中国现实所面临的困境和矛盾，所以他也是把自由主义当作一种工具来对待。他认为西方之所以迅速强大，并最终战胜中国，“推

---

① 王栻主编：《严复集》第 4 册，中华书局 1986 年版，第 1031。

② 王栻主编：《〈群己权界论〉译凡例》，《严复集》第 1 册，中华书局 1986 年版，第 133 页。

③ 同上书，第 132 页。

④ 同上。

⑤ 同上。

⑥ 王栻主编：《论世变之亟》，《严复集》第 1 册，中华书局 1986 年版，第 4 页。

求其故，盖彼以自由为体，以民主为用”。[①] 在自由体制下，西方国家能够“捐忌讳，去烦苛，决壅敝，人人得以行其意，申其言，上下之势不相悬，君不甚尊，民不甚贱，而联若一体者，是无法之胜也”。[②]

同时，中西方文明的差距并不在于物质的好与不好，而在于其“命脉”之遵违，“其命脉云何？苟扼要而谈，不外于学术则黜伪而崇真，于刑政则屈私以为公而已。斯二者，与中国理道初无异也。顾彼行之而常通，吾行之而常病者，则自由不自由异耳”。[③] “自由既异，于是群异丛然而生。”[④] 认为自由与否是其他一切差异产生的总根源，中国要想保种自强，必先改革弊症，学习西方。于是得出结论：“今日之治，莫贵乎崇尚自由。自由，则物各得其所自致，而天择之用存其最宜，太平之盛可不期而自至。”[⑤] 虽然这一把自由作为强盛之本的观点还存有争议，但毕竟已意识到自由对民族存亡的重大意义。

（三）自由主体论

严复认为自由有两个主体：国群和小己。关于国群自由，严复认为“国之独立自主不受强大者擎制干涉为自由”，[⑥] 因此必须抵御外侮，收回主权，自主国是。同时，严复又提出小己的自由权利神圣不可侵犯，“至于小己之所为，苟无涉于人事，虽不必善，固可自由。法律之所禁，皆其事之害人者。而风俗之成，其事常关于小己。……人人皆有行己之自由也”。[⑦] 并且认为要实现小己自由必须提高民之素质，为此，提出了以“三民”为内容的新民说，即：民力——血气体力，民智——聪明智虑，民德——德行仁义，认为今日之要政：一曰鼓民力，二曰开民智，三曰新民德。三者不可偏废，只有力、智、德俱全者，才能成为自由的主体。在

---

① 王栻主编：《原强》，《严复集》第1册，中华书局1986年版，第11页。

② 同上。

③ 王栻主编：《论世变之亟》，《严复集》第1册，中华书局1986年版，第4页。

④ 同上。

⑤ 同上。

⑥ 王栻主编：《政治讲义》，《严复集》第5册，中华书局1986年版，第1289页。

⑦ ［法］孟德斯鸠著，严复译：《法意》。

严复看来，“身贵自由，国贵自主”，[①] 国与民同命相连，群与己不可分割，同为国人奋斗的主题。“唯天生民，各具赋畀，得自由乃为全受。故人人各得自由，国国各得自由，第务令毋相侵损而已。”[②]

（四）自由权界论

严复在积极倡导自由的同时，也强调要预防自由权利的滥用。为此，他提出了自由权限界定的两个原则：一是，小己自由以他人自由为限。严复把该原则称为“太平公理”，“我自由者人亦自由，使无限制约束，便入强权世界，而相冲突。故曰人得自由，而必以他人之自由为界，此则《大学》絜矩之道，君子所恃以平天下者矣”。[③] 在追求个人自由的同时要尊重他人自由，发扬克己、宽容的美德，世界就会减少冲突，才能实现天下太平。二是，国群自由以小己自由为限。“夫泰西之俗，凡事之不逾于小己者，可以自由，非他人所可过问。”[④] “为思想，为言论，皆非刑章所当治之域。思想言论，修己者之所严也，而非治人者之所当问也。问则其治沦于专制，而国民之自由无所矣。”[⑤] 在国群与小己的关系上，严复强调要明确划分公权与私权的界域，事关公民的私权问题（如思想、言论等）国家公权不得干涉。

（五）自由阶段论

在宣传自由主义的过程中，严复吸收和借鉴了达尔文的进化论思想，认为“宇宙有至大公例，曰‘万化皆渐而无顿’”。并将其扩大到社会改革领域，强调变法维新也应循乎天演公例，“今日欲以旦暮之为，谓有能淘洗改革，求以合于当前之世变，……此其胜负通窒之数，殆可不待再计而知矣”。[⑥] 倘若操之过急，则会后患无穷，“夫人类之力求进步固也，而颠阶瞀乱，乃即在此为进之时，其进弥骤，其涂弥险，新者未已，旧者已

---

① 王栻主编：《〈原强〉修订稿》，《严复集》第1册，中华书局1986年版，第17页。

② 王栻主编：《论世变之亟》，《严复集》第1册，中华书局1986年版，第3页。

③ 王栻主编：《〈群己权界论〉译凡例》，《严复集》第1册，中华书局1986年版，第132页。

④ 王栻主编：《〈群学肄言〉按语》，《严复集》第4册，中华书局1986年版，第994页。

⑤ 同上书，第973页。

⑥ 王栻主编：《〈原强〉修订稿》，《严复集》第1册，中华书局1986年版，第27页。

亡，依依无归，或以灭绝”。[①] 于是，严复提出，中国的出路在于“相其宜，动其机，培其根本，卫其成长，使其效不期而自至”。[②] 认为自由制度的实现要受制于现实条件，在中国其时未至、其俗未成、其民不足以自治，国俗民群的进化要经历相当长的时间，目前，先要立足现实，因势利导，培植社会新机制的发育，主要是“鼓民力”、“开民智”、“新民德”，实现“气血体力”、“聪明智虑”、“德行仁义”的完美结合，具备了接纳新文明的土壤，自由自然会在中国不期而至。严复新的自由主义体系，顺应了世界民主发展的总体潮流，指引了内忧外患的特殊背景下中国人民争取自由的正义斗争，也有利于当时革命资源还不太完备的情况下，促成民众的渐次觉醒和社会的交融和谐，在不超出心理承受和体制容可的范围内，实现新旧文明的更替，因而在现代转型中扮演了承上启下的过渡角色。

第六节　严复自由主义思想中的困境和矛盾

在武昌起义打响，辛亥革命开始这新旧转型的重要关头，严复的自由主义却丧失了应有的锐气，陷入了难以摆脱的启蒙困境。

首先是国群至上与小己缺失的偏颇。群己关系是严复自由主义体系中的核心问题，但恰恰是在这一核心问题上，严复表现出犹豫不决、举棋不定，甚至前后矛盾的倾向。他曾借鉴古代欧洲经验，力图实现群己均衡，“古欧之民主，其存立必小己与大群之利害，得调燮而平均”。[③] 后发现这一理想在中国很难实现，便又把个人自由置于首位，“是故治国是者，必不能以国利之故，而使小己为之牺牲。盖以小己之利而后立群，而非以群而有小己。小己无所利则群无所为立”。[④] 他还举例说，生物有时为了保全生命，可以牺牲某个器官，然而“社会无此独重之特别主体也”。[⑤] 但随后这一思想又在严复的头脑中发生了逆转，提出了先群后己、损己益

---

① 王栻主编：《政治讲义》，《严复集》第 5 册，中华书局 1986 年版，第 1242 页。

② 王栻主编：《论世变之亟》，《严复集》第 1 册，中华书局 1986 年版，第 13 页。

③ 王栻主编：《述黑格儿惟心论》，《严复集》第 1 册，中华书局 1986 年版，第 217 页。

④ 王栻主编：《天演进化论》，《严复集》第 2 册，中华书局 1986 年版，第 315 页。

⑤ 同上。

群，甚至舍己为群的主张，并用动物舍己为群的事例来说明“是知舍一己以为其群，虽在飞走之伦，有如是者矣。至于人当何如?”[①]“特观吾国今处之形，则小己自由，尚非所急，而所以祛异族之侵横，求有立于天地之间，斯真刻不容缓之事。故所急者，乃国群自由，非小己自由也。”[②]这样，在民族危难之时，小己自由就又只能让位于国群自由。这种出尔反尔、自相矛盾的态度既是严复对时局变换的被动应对，也同时深刻地暴露出：在严复的思想中，自由并不是他所追求的价值目标，而仅仅是护国保种的利用工具和唤起民族觉醒的空洞口号，从而压抑了自由主义本应包含的个体价值的激扬。密尔早就指出，国家的价值，从长远看来，归根结底还在组成它的全体个人的价值。但严复在翻译密尔自由思想时没有按照作者本身的思想而是阐述了严复自己所理解的深刻内涵，结合当时中国的国情，用国家富强替换了个人幸福作为自由主义的宗旨。在民族危亡面前，一切个人私利都显得微不足道，所有国人都必须全力以赴，拯救国难。虽然这一思想可能在短时间内会成为振聋发聩的合理化口号，但因为个体价值的缺失，最终将失去人道主义的支撑，最终难以深入人心。

其次，严复强调精英主导与民众弱势的错位。为挽救危亡，严复提出过“以自由为体，民主为用”的主张。但实际上自由并没有获得本体价值的地位，而仅仅是保种的工具。严复所说的“民”并非劳苦大众，而仅仅是上层精英，使民主的内涵大打折扣。严复从进化论出发，论证愚者为智者所奴役的必然性，“所谓争自存者，谓民物之于世也，樊然并生，同享天地自然之利。与接为构，民民物物，各争有以自存。其始也，种与种争，及其成群成国，则群与群争，国与国争。而弱者当为强肉，愚者当为智役焉”。[③]他认为，中国民众在力、智、德等方面都极其低劣，还没有自治的能力，因此无法承担民主的重任，“顾彼民之能自治而自由者，皆其力、其智、其德诚优者也”。[④]那么，哪些人

① 王栻主编：《论胶州镇高元让地事》，《严复集》第1册，中华书局1986年版，第57页。

② 王栻主编：《〈社会通诠〉按语》，《严复集》第4册，中华书局1986年版，第981页。

③ 王栻主编：《原强》，《严复集》第1册，中华书局1986年版，第5页。

④ 王栻主编：《〈原强〉修订稿》，《严复集》第1册，中华书局1986年版，第27页。

才属于严复所说的"诚优者"呢?"自吾观之,则今日中国须有秦政、魏武、管仲、商君,及类乎此之政治家,庶几有济。"① 只有这样的政治"精英"才能安抚时局、拯救危亡,愚者只是乌合之众,即使联合成群也无法替代智者的作用,"合群愚不能成一智,聚群不肖不能成一贤也"。② 如果没有智者的教化,愚者不能行使自由,因为"自繇之乐,惟自治力大者为能享之"。③ 这样一来,民众连自由的权利都被彻底剥夺,所谓的民主也就无从谈起。在维新变法中,严复曾经靠扶持皇帝来收揽民心,推动变法。但是失败后,又把热衷复辟帝制的袁世凯当作稳定秩序的得力"精英",认为如果除掉袁世凯,"则天下必乱,而必至于覆亡"。④ 可见,严复的历史观带有精英主义倾向,虽然看到了民众落后的事实,但据此又把社会的发展完全归结于"精英"的贡献,彻底否定了作为社会主体的工农大众的能动作用和聪明才智,也没有找到由此及彼的沟通桥梁。

再次是激进主义与保守情结的纠葛。严复的自由主义是汇通中西、纵贯古今的结合,具有明显的折中调和意味,严复主张走渐进式的改革道路,但在那个时代,这恰恰既不为封建朝廷所欣赏,也不被革命志士所理睬。为探索自由主义在中国的可行性,严复只能不断变通自己的理论来寻找道路。严复首先是以激进者的身份出场,他从中西对比中深刻体会到中国的落后,于是积极著书立说,对顽固不化的封建保守主义展开猛烈进攻,使舆论界里响起不小变法图强的呼声,掀起了不小的波澜,深得热血青年的敬仰,然而令保守势力感到忧虑不安,"窃见迩来报馆林立,指摘时政,放言罔忌,措词多失体要。《国闻报》所登严复议论,亦时蹈此失"。⑤

但当群情激昂,革命的因子逐渐发育之时,严复又害怕局势大乱、一发不可收拾,于是把批判的重心又转向了刚刚勃发的激进主义。他反对民

① 王栻主编:《与熊纯如书》,《严复集》第3册,中华书局1986年版,第631页。

② 王栻主编:《天演论手稿》,《严复集》第5册,中华书局1986年版,第1343页。

③ 王栻主编:《〈群己权界论〉译凡例》,《严复集》第1册,中华书局1986年版,第133页。

④ 王栻主编:《与熊纯如书》,《严复集》第3册,中华书局1986年版,第631页。

⑤ 《戊戌变法档案史料》,中华书局1958年版,第448页。

主共和，认为“东南诸公欲吾国一变而为民主制治，此诚鄙陋所期期以为不可者”。[①] 反而主张以专制定天下，认为中国当今最急迫的事情就是稳定社会秩序，然后再谈富强，所以“天下仍须定于专制。不然，则秩序恢复之不能，尚何富强之可践乎？”[②] 袁世凯看到严复反对革命，就拉拢他帮助复辟，但袁世凯没想到严复其实是一个见识过西方文明的学者，追求的是自由主义。当袁世凯以武力威胁，严复为了活命又为了能“稳定大局”，参与了袁世凯复辟帝制，甚至公开赞赏和支持封建复辟，在洪宪帝制出台时称道“复辟之议甚佳”，并亲自参加筹安会，为专制助威。到张勋复辟时，他还继续认为复辟仍然是一件好事。最终，复辟闹剧昙花一现，严复意识到“凭藉骜张乱政之失，可以光复旧业，必不然矣”。[③] 本来自由与专制是势不两立的，但在当时特殊的历史背景下，严复迫于形势压力和自身局限，不得不既顺应潮流又迷恋过去；既想标新立异又对未来缺乏信心，致使自由主义丧失了应有的锐气，而只能在激进和保守的夹缝中艰难生存。

最后是伦理本位与世俗关怀的脱节。严复从“苦乐”、“善恶”的伦理观念出发，构织了自由主义的理想蓝图。他认为，趋乐避苦是人的本能天性，乐有“自乐”和“众乐”之分，“故人或终身汲汲于封殖，或早夜遑遑于利济。当其得之，皆足自乐，此其一也。且夫为人之士，摩顶放踵以利天下，亦谓苦者吾身，而天下缘此而乐者众也”。[④] 认为理想社会必须达到“自乐”与“众乐”的和谐统一，“然宜知一群之中，必彼苦而后此乐，抑己苦而后人乐者，皆非极盛之世。极盛之世，人量各足，无取挹注。于斯之时，乐即为善，苦即为恶。故曰善恶视苦乐也”。[⑤] 如果非要先“彼苦”而后才“此乐”、先“己苦”而后才“人乐”，这并非极盛之世。只有“众乐”和“自乐”同时满足，才能“乐即为善，苦即为恶”。那么如何达到这一理想境界呢？严复指出，

---

① 王栻主编：《与张元济书》，《严复集》第3册，中华书局1986年版，第556页。

② 同上书，第603页。

③ 王栻主编：《与熊纯如书》，《严复集》第3册，中华书局1986年版，第708页。

④ 王栻主编：《天演论》，《严复集》第5册，中华书局1986年版，第1359页。

⑤ 同上。

“仁心之用，发于至性之自然”。[1] 主张要重仁道，激发人的善良本性。严复对墨子的“兼爱”、孟子的“怜悯”完全赞同，“使人道必以仁为善长，则兼爱之说，必不可攻”。[2] 力图以“兼爱”、“怜悯”、“仁道”来实现“众乐”、“自乐”并重的“极盛之世”，这样，就使严复的理想社会陷入了由“善”及“善”的抽象的伦理反复。而且严复按照自己对《进化论》的理解，结合自己对中国社会的认识，又把“物竞天择，优胜劣汰”的进化论与主张“众生平等，博爱无差”大同思想糅合在一起，“大同者，不易之公理也；而天演者，又莫破之公例也。公理不可刹那弃，而公例不能瞬息离。公理固可宝爱，而公例又非能避弃。当事者亦惟循天演之公例，以达大同之公理耳”。[3] 按照这一理论，只有竞争中的优胜者才能达到极乐世界，处于劣势地位的劳苦大众会处于劣势地位，但是严复强调一个群体的理论，群体在社会中的进化是有优势的，所以讲究相互分工和合作，来抵御危难和提高群体生存能力。

严复试图告诉19世纪的中国人，今天的世界是一个种族竞争的世界，尤其是在甲午战争惨败的愁云惨雾的氛围当中，使很多中国人信奉严复的理论，就是物种进化，物竞天择。严复面对中国“一盘散沙”的社会状况，抓住了“集体的能力”这一主题，用自己的文字都指向如何使中国人凝聚起来，使这个群富强起来。群体的竞争力要比个体大得多，这就是他的理论。

尽管严复传播的自由主义遭到当时中国新旧两派的拒斥，这就注定它会陷入孤立无援的境地，因而难以避免失败的命运。但是我们并不能将其归咎于严复对西方自由主义学说的误解，从根源上说，自由主义在当时中国的失败乃是特殊时势与文化传统共同造成的结局。对于中国自由主义的先驱者严复及其建立的自由主义思想体系，后人应该作出客观、公正的评价。

---

① 王栻主编：《〈法意〉按语》，《严复集》第4册，中华书局1986年版，第1003页。

② 同上。

③ 张枬、王忍之：《辛亥革命前十年时论选》第1卷（下），三联书店1977年版，第824页。

第三章

胡适的自由主义思想

第一节　胡适生平介绍

胡适（1891—1962 年），安徽绩溪人。现代著名学者、历史学家、文学家、哲学家。原名嗣穈，学名洪骍，字希疆，后改名胡适，字适之，其中，适与适之之名与字，乃取自当时盛行的达尔文学说“物竞天择，适者生存”语典。

一　家庭背景

胡适父亲的名字叫胡传，字铁花，号钝夫，清朝贡生，官至淞沪厘卡总巡、台东直隶州知州，曾著有《台湾纪事两种》一书。胡适的母亲冯顺弟于 1889 年与胡传结婚，当时年仅 17 岁，而胡传却已 48 岁，两年后胡适诞生。1895 年 8 月 22 日胡传病殁于厦门，胡传去世时他的妻子冯顺弟才 23 岁。冯顺弟从 23 岁守寡，一直守了 23 年，受尽了人生的痛苦和折磨，其间最大的苦痛，莫过于她亲眼目睹许多亲人的相继离世。这 23 年间，仅婆家和娘家，共死去 7 个亲人。

1904 年，冯顺弟做主给胡适与江冬秀订立终身大事。江冬秀是一个旧式乡村女子，自幼缠脚，识字不多。1917 年胡适与江冬秀成婚，在当时自由恋爱风气兴起后，胡适并未像其他青年一样毁掉婚约，而是继续维持。对此，胡适在后来的日记中写道：“假如我那时忍心毁约，使这几个人终身痛苦，我良心上的责备，必然比什么痛苦都难受。”

胡适与江冬秀有两个儿子和一个女儿：长子胡祖望（1919—2005年），旅居美国；女儿胡素斐，早夭；次子胡思杜（1921—1957年），留在中国大陆，1954年被迫与胡适断绝父子关系，但仍被斗争，后于1957年“反右”中自杀身亡，遗体不予保留。胡适墓旁有其衣冠冢。

二 个人经历

胡适从5岁开始受到启蒙教育，在绩溪老家受过9年私塾教育，打下了一定的古文基础。早年在上海的梅溪学堂、澄衷学堂求学，初步接触了西方的思想文化，受到梁启超、严复思想的较大影响。

1904年，他到上海进新式学校，接受《天演论》等新思潮教育，并开始在《竞业旬报》上发表白话文章，后任该报编辑。

1906年他考入中国公学，1910年考取“庚子赔款”第二期官费生赴美国留学，在康奈尔大学先读农科，后改读文科。1915年入哥伦比亚大学研究院，师从哲学家杜威，接受了杜威的实用主义哲学。1917年回国后，任北京大学教授，先加入《新青年》编辑部，后又在《新青年》上发表《文学改良刍议》，主张以白话文代替文言文，且提出写文章“不作无病之呻吟”、“须言之有物”等主张，胡适因提倡文学革命而成为新文化运动的领袖之一。

1914年在美国小城绮色佳，胡适和韦莲司相识。此后更多的是在离别和相思中度过，往往是盼望了几年十几年才能见上一面。1927年，当韦莲司再见到胡适时，他们已经分别10年了，此时的韦莲司已人到中年，头上长出了白发。在胡适的一生中，除了发妻江冬秀之外，还有好几个“绯闻女友”。但胡适最终没有和这些人的某一人走在一起，而是和江冬秀走到了最后，难怪蒋介石先生评价胡适是“新文化中旧道德的楷模，旧伦理中新思想的师表”。在这些“绯闻女友”当中，和胡适关系最密切的当数韦莲司和曹佩声（又名曹诚英）了。

在这十年里，胡适的人生发生了翻天覆地的变化。结婚生子，事业上达到巅峰，成为中国新文化运动的领导人，中国现代自由主义的先驱。同时在这十年中，胡适的另一份感情开始了，他在杭州养病时，和小表妹曹佩声爱得死去活来，胡适称那段日子为“烟霞山月的神仙生活”。据说，

《尝试集》中后面的情诗大多为曹佩声所作。大陆很多学者一度曾为胡适与韦莲司到底有没有那种关系吵得不可开交，但谁也拿不出证据。很多胡适传的作者也因没接触到这些资料，对此总是语焉不详。

1999 年，周质平终止了这场争论。他将胡适与韦莲司的书信翻译，并公布于众，人们发现，他们不仅相恋了，而且非常的缠绵。让我们难以理解的是，韦莲司明明知道胡适和曹佩声的恋情，可在 1934 年，胡适请她去照顾在康奈尔大学深造的曹佩声时，她竟然答应了。事后证明韦莲司对胡适的爱，爱得大度，爱得彻骨。比如，1962 年胡适去世后，韦莲司竟和江冬秀成了朋友，并忙着整理胡适给她的书信，忙着为他成立出版基金。1971 年，空候一生的韦莲司在一个小岛上孤独地离世，遗物里竟然完好无缺地保存了胡适的书信和稿件。

胡适一生曾从事过多项职业，做过学术、任过校长、当过国民党的高级官员。他在 1920 年到 1933 年之间，主要从事中国古典小说的研究考证，作为学者他在文学、哲学、史学、考据学、教育学、伦理学、红学等诸多领域都有深入的研究。

胡适在北京大学教书之时，还差点被北京大学的学生赶跑，北大学生对教师素来挑剔，北京大学学生顾颉刚介绍傅斯年去听胡适上课，以决定要不要将这个新来的留学生从北大哲学系赶走。但傅斯年听了几次课以后，他评价胡适："这个人，书虽然读得不多，但他走的这一条路是对的，你们不能闹。"①

胡适深受赫胥黎和约翰·杜威的影响，胡适毕生宣扬自由主义，提倡怀疑主义，并以《新青年》月刊为阵地，宣传民主、科学才能救中国，毕生倡言"大胆地假设，小心地求证"、"言必有证"的治学方法。

胡适很喜欢"谈墨"，他认为"欲知一家学说传授沿革的次序，不可不先考订这一家学说产生和发达的时代。如今讲墨子的学说，当先知墨子生于何时"。② 其中的"兼爱"思想成了胡适一生的品德。胡适还认为"天人感应"是汉代儒教的根本教义，而这是受墨子"天志"的影响。胡

---

① 胡适 1952 年 12 月 20 日在傅斯年逝世二周年纪念会上的讲话《傅孟真先生的思想》，载《胡适言论集》甲编，华国出版社 1953 年 4 月版，第 95—96 页。

② 胡适：《中国哲学史大纲》，东方出版社 1996 年版，第 127 页。

适是个学识渊博的学者，在文学、哲学、史学、考据学、教育学、伦理学等诸多领域均有不小的造诣。在儒学研究方面：就对孔子和儒学的研究而言，在1919年出版的《中国哲学史大纲》（上卷）中，胡适首先采用了西方近代哲学的体系和方法研究中国先秦哲学，把孔子和儒学放在一定的历史条件下，用“平等的眼光”与诸子进行比较研究，破除了儒学“独尊”的地位和神秘色彩，具有开创性的影响。以后又发表长篇论文《说儒》，指出孔子的最大贡献在于把殷民族部落性的“儒”，扩大到“仁以为己任”的儒，把柔懦的“儒”改变到刚毅进取的“儒”。孔子不是“儒”的创造者，而是儒学的中兴者。孔子的学说强调个人在社会中的地位，强调教育和仁政，并以此来影响整个社会。胡适“大胆假说”的观点在当时是惊世骇俗的，他的论证不够充分，不过他假设“儒”在殷时代就有了被后来的甲骨文研究判为事实。胡适并不盲目崇拜孔子和儒学，他认为，“现在大多数明白事理的人已打破了孔教的迷梦”。辛亥革命后的中国社会进步，“不是孔夫子之赐，是大家努力革命的结果，是大家接受一个新世界的新文明的结果。只有向前走是有希望的，开倒车是不会成功的”。[①] 对儒家强调的“三纲五常”持批判态度，说：“三纲五常”的话，古人认为是真理，因为这种话在古时宗法社会很有点用处。但现在时势变了，国体变了……古时的天经地义现在变成废话了。胡适著作很多，又经多次编选，比较重要的有《胡适文存》《胡适论学近著》《胡适学术文集》《胡适自传》等，多部作品广为流传。

在哲学研究方面：胡适在中国现代学术方面，是较早引入西方方法来研究中国学术的。他首先采用了西方近代哲学的体系和方法研究中国先秦哲学。他以其博士论文《先秦名学史》为基础，编写了《中国哲学史大纲》（上卷），仅写到先秦，虽然一生也没有写下卷，被讥是“善著上卷书”，但却起到了抛砖引玉的作用。蔡元培赞扬胡适《中国哲学史大纲》的长处是“证明的方法、扼要的手段、平等的眼光及系统的研究”，称其为“第一部新的哲学史”，冯友兰多次肯定《中国哲学史大纲》，认为它

① 参见胡适《汪精卫在国民党中央党部举行的孔子诞辰纪念会上提倡尊孔的讲演词》，1934年8月27日。

表明“在中国哲学史研究的近代化工作中，胡适创始之功，是不可埋没的”。①

在古典文学研究方面：胡适在古典小说《红楼梦》《水浒传》《西游记》《三国演义》等十二部小说的研究皆卓然有成，著述六十万言，结集为《中国章回小说考证》出版。《红楼梦》研究是胡适古典文学研究的重点之一，其意义重大、影响深远，因而胡适也被认为是新红学的开山鼻祖。20世纪初期，新文化运动蓬勃发展，科学与民主两大思潮逐步深入人心。胡适是新文化运动的旗手，也是科学精神的传播者。胡适的《红楼梦》研究是其科学精神在古典文化领域的重要实践。胡适研究《红楼梦》主要运用的是科学的考证方法。他指出《红楼梦》应当重视史料的收集整理，从作者、作者家世以及《红楼梦》的版本进行研究考证。胡适《红楼梦》研究的成果十分丰富。比如《红楼梦》的作者是曹雪芹，曹雪芹祖父曹寅的情况，曹雪芹写作《红楼梦》的时间大概在乾隆初年到乾隆十三年。通行一百二十回本中后四十回是高鹗所作（当然这一观点还值得商榷）。诸如这些现在已为常识的问题都是胡适研究考证出来的。胡适的《红楼梦》研究意义重大，使红学的面貌为之一新。其成果极大地超越了以王雪香、张新之和姚燮为代表的题咏、评点派红学，也超越了以王梦阮、沈瓶庵、蔡元培等为代表的索隐派红学，将红学研究推到了一个前所未有的高度，真正地将其纳入了科学研究的范畴。胡适红学研究的著述颇多，其代表作有《红楼梦考证》《考证〈红楼梦〉的新材料》《曹雪芹家的籍贯》《谈〈红楼梦〉作者的背景》《〈石头记〉一材料》，此外胡适与顾颉刚、蔡元培、钱玄同、周汝昌等人还有大量讨论《红楼梦》的信件。胡适热爱《红楼梦》，可以说他有着深深的红楼情结。1949年他即将离开大陆时，许多珍贵藏书顾不上带走，但却将甲戌本《红楼梦》视若珍宝，催促周汝昌尽快还回以便带走，后来他从台湾到美国又将其远渡重洋带到美国。自1921年3月发表《红楼梦考证》初稿，到1962年逝世，胡适终生关注、追踪红学研究，胡适逝世前留下的最后一封信（1962年2月20日“致金作明”），还是谈《红楼梦》的。无论是研究红学，还是研究胡适，都不可轻忽“胡适红学研究”的价值与

① 冯友兰：《三松堂全集》第1卷，河南人民出版社1970年版，第213页。

地位。

在禅宗研究的方面：胡适在写《中国禅宗史》的过程中接触到神会与北宗辩论的记载，感到如果不写神会，就难以写好禅宗史。1926 年 8 月间，胡适奉派到英国参加中英庚子赔款全体委员会会议，顺便到大英博物馆与巴黎国家图书馆寻找被斯坦因和伯希和偷走的敦煌遗卷里的禅宗史料。他在伦敦和巴黎相继发现《神会和尚语录》和《菩提达摩南宗定是非论》三卷及一份残卷，约两万字有关神会和尚的资料。这些资料的发现使胡适欣喜若狂，一直以来他想做又不能做的事情终于找到了机会和条件，于是他决定不仅“要把禅宗史全部从头改写”，而且强调“这位大和尚神会实在是禅宗的真正开山之祖，是《坛经》的原作者”。胡适到了巴黎时，当时正在德国伯林大学的傅斯年特地也赶来和胡适共同研究敦煌遗卷，胡适承认他的很多想法都是受到傅斯年的影响。胡适的禅宗研究就是要肯定北宗神秀的“渐修”学说而否定南宗慧能的“顿悟”说，证明所谓“六祖坛经”里“五祖弘忍传慧能法衣”的故事，只是慧能的弟子神会和尚为了和北宗争夺皇室的供养所编造出的神话。

胡适的禅宗研究忽略了日本学者忽滑谷快天的部分，但在禅宗史的研究上，仍旧是有贡献的。他将当时禅宗史研究的问题点，由“西天二十八祖”的传承问题，转为禅宗革命家本身的问题。若无胡适的论断在先，日本学界不会有如此多的回应和研究成果，中国禅学研究将不可能达到今日之成就。是故印顺法师的研究成果实受惠于胡适的先前贡献。胡适曾说过：在中国有一千多年之中，几乎没有人知道神会在禅宗史上的地位，他还开玩笑认为历史上最不公平的事，莫过于这件事情了。1974 年日本学者柳田圣山收集胡适的讲词、手稿、书信等编成《胡适禅学案》。

1942 年，胡适卸任驻美大使后开始关注《水经注》研究，此后的 20 年间，在《水经注》版本研究上花费了巨大的精力。所谓“《水经注》案”，是指一百多年来，部分学者指责戴震偷窃赵一清《水经注》研究成果一事。对此，学术界普遍有两种看法：一种认为戴震抄袭了赵一清的成果；一种认为赵一清、全祖望、戴震各自独立研究，取得了大体相同的结果。在十几年内，胡适搜集了四十多种《水经注》的版本，抄写了一百多篇长篇文章和一些考证文字，用了千百个证据，推翻了“几成定谳”

的所谓戴震抄袭赵一清《水经注》校本的冤案。《戴东原的哲学》一书，是胡适的一部最重要的著作，主要内容是关于清代的思想史。胡适认为，清代思想史中存在一个反理学的大运动，这个运动有破坏和建设两个方面。前者是揭破理学的谬误，打破它的垄断地位；后者是要建设一种不同于理学的新哲学。戴震是胡适的徽州老乡。而胡适花了那么多功夫研究《水经注》来为戴震辩冤白谤，一方面是胡适一向有袒护安徽同乡的习惯，由胡适对李鸿章的评价就看得出来；另一方面也是为了要发扬戴震的“从一事一物”开始“训练那心知之明”，以“渐渐进于圣智”的做学问的渐进法门。

胡适一生的成就为他带来了无数的荣誉，在中国历史上，胡适被称为“新文化运动的主将之一、中国自由主义的先驱”。他拥有36个博士头衔。1927年3月，37岁的胡适由英国赴美国，向母校哥伦比亚大学补交了博士论文（著作）《中国古代哲学方法之进化史》（亚东书店版）100册，完成了哲学博士学位手续，得到了第一顶博士帽。胡适的第二顶博士帽由香港大学在1935年以法学名誉博士学位的名义授予。之后，1936年8月，哈佛大学授予胡适名誉文学博士学位；同年，美国南加州大学授予胡适名誉文学博士学位。胡适的其余博士学位头衔分别由哥伦比亚大学、芝加哥大学、韦斯尔阳大学、杜克大学、克拉大学、卜隆大学、耶鲁大学、联合学院、柏令马学院、宾州大学授予。对此胡适说：“这些玩意儿，毫无用处……一个是四年苦功得来的，十三个是白送的。”是年胡适50岁。1941年，胡适在美国又被授予博士学位5个，在加拿大被授予2个。1942年胡适又被授予十几个博士头衔。

胡适对后世的影响是多方面的。胡适是第一位提倡白话文、新诗的学者，致力于推翻两千多年的文言文，与陈独秀等同为五四运动的轴心人物。胡适提倡的实验主义的研究方法影响了一代人，顾颉刚先生认为，他的治学方法，看胡适的《水浒传考证》一文就可以完全明白。

20世纪30年代，胡适独具慧眼，提拔、任命了梁实秋并帮助他完成了日后号称是梁实秋对文坛的“三大功绩”之一的“翻译莎士比亚全集”。毛泽东建立的第一个中国共产党党校“湖南自修大学”就是由胡适的提议和倡导。季羡林虽然不是胡适的学生（他的老师是陈寅恪），但在他归国初期也曾受到胡适提拔。林语堂在留学时，清政府取消对留学生的资助，林语堂是靠着胡适的资助继续在国外读书的，等他回国从飞机场下来的时候，口袋里只有1毛钱。

雷震在国民政府迁台后，为了宣扬民主自由而创办的《自由中国》杂志，请胡适担任发行人。《自由中国》杂志曾经是蒋介石施行独裁、钳制言论自由的专制统治下唯一的民主思想重镇，但后来也因批评蒋介石与国民党并打算成立反对党并请胡适来领导而惹祸上身遭停刊，雷震也遭诬陷入狱，但《自由中国》推行的胡适所提倡的民主思想和言论自由，是台湾民主运动的播种者。

胡适既掀起了新文化运动，又是中国古典文化的研究大家。他还接受了西方文明的洗礼，蒋介石的挽联对其进行了高度评价“新文化中旧道德的楷模，旧伦理中新思想的师表”。鲁迅曾发表过《好政府主义》等文，实则抨击胡适的盟友梁实秋，也含蓄地批评胡适“软弱”的革命立场。

胡适晚年的思想，与他中年的思想没有什么出入，所以正如唐德刚先生所说，读过胡适《四十自述》的人，在这一本口述（《胡适口述自传》）中很难看到新东西。但是唐德刚先生在《胡适杂忆》提到：“所以吾人要了解晚年的胡适思想，只可在胡氏心到口到之际，于私人朋友谈笑之间求之。胡先生没有梁任公那样憨直。对自己思想挑战的文章，在胡氏著作里是找不到的。”①

余英时的《中国近代思想史上的胡适》称：“对于这样一个启蒙式的人物，我们既不能用中国传统‘经师’的标准去衡量他，也不能用西方近代专业哲学家的水平去测度他。”在《〈中国哲学史大纲〉与史学革命》说：“他没有深入西学固是事实，但也正因如此，他才没有灭顶在西学的大海之中。”在《从〈日记〉看胡适的一生》又称：“他在西方哲学和哲学史两方面都具有基本训练则是不可否认的。这一点训练终于使他在中国哲学史领域中成为开一代风气的人……我们也不能过分低估他的哲学知识，他在美国最后三四年所受到的哲学训练已达到了当时的一般水平，足够他研究中国哲学史之用了。”

唐德刚先生在《胡适杂忆》一书中给他相当高的评价，唐德刚认为

---

① ［美］唐德刚：《胡适杂忆》，华文出版社1990年版，第37页。

胡适的了不起之处在于他是中国新文化运动的开山宗师，同时经过50年的考验，他既未流于偏激，亦未落伍。胡适始终一贯地保持了他那不偏不倚的中流砥柱的地位。“开风气之先，据杏坛之首；实事求是，表率群伦，把我们古老的文明，导向现代化之路。熟读近百年中国文化史，群贤互比，我还是觉得胡老师是当代第一人！”[①]

1962年，胡适在台湾的一个酒会上突发心脏病去世。胡适墓志铭由知名学者毛子水撰文，金石名家王壮书写，其内容为：“这是胡适先生的墓，生于中华民国纪元前二十一年，卒于中华民国五十一年。这个为学术和文化的进步，为思想和言论的自由，为民族的尊荣，为人类的幸福而苦心焦思，敝精劳神以致身死的人，现在在这里安息了！我们相信形骸终要化灭，陵谷也会变易，但现在墓中这位哲人所给予世界的光明，将永远存在。”

三　生平和思想发展历程

（一）求学时期

胡适出身官僚地主兼茶商家庭，其父亲为清末地方官吏，其母亲为旧式妇女。1895年，胡适5岁就开始接受启蒙教育，在绩溪老家进私塾读书，受过“九年的家乡教育”；同时，课余广泛涉猎中国文学、尤其是古典小说，思想上还受到范缜《神灭论》的影响。

1904—1910年约6年间，胡适曾在上海梅溪学堂、澄衷学堂、中国公学、中国新公学学习。在梅溪学堂学习时，开始接触严复译本《天演论》，并受到梁启超启蒙思想的影响。在中国公学读书时，参加“竞业学会”，并曾一度担任学会创办的白话刊物《竞业旬报》的主编（从第24期至第40期）。在此期间，开始写作和文学创作，在《竞业旬报》上发表不少文章，其中包括长篇白话章回小说《真如岛》。与此同时，对旧体诗发生了浓厚兴趣，与同窗友好唱和，写过二百来首诗，被称为“少年诗人”。

1910年7月，胡适赴京参加清廷游美学务处举行的“庚子赔款”第

---

① ［美］唐德刚：《胡适杂忆》，华文出版社1990年版，第26页。

二次留美生考试，以第55名被录取。同年8月，怀着“愿得西乞医国术”的理想，胡适、赵元任等70名庚款留美生乘船赴美。9月入康奈尔大学农学院学习。1912年年初，胡适改换专业，转入康奈尔大学文学院，主修哲学、副修英国文学和经济。1914年6月，胡适本科毕业，获康奈尔大学学士学位，随即入该校哲学系攻读研究生课程。1915年9月，胡适中断在康奈尔大学的研究生学业，转往哥伦比亚大学哲学系攻读哲学博士学位。其间，更深刻地受到自由主义、科学主义、实验主义的影响。1917年5月，胡适完成《中国古代哲学方法之进化史》博士论文，但未能通过口试和答辩。同年6月离美返国。9月，胡适任北京大学教授；后担任文科研究所哲学门主任和英文科教授会主任。同年，与江冬秀结婚。

（二）“五四”时期

胡适是“五四”新文化运动和新文学运动的倡导者和领军人物之一。早在留美后期，胡适便开始与友人讨论“诗国革命”、“白话文”和“文学革命”问题，并于1916年开始了白话诗的写作尝试。1917年1月，胡适在《新青年》发表《文学改良刍议》一文，提出文学改良“八事”（即“八不主义”），同时主张把白话文学提到“中国文学之正宗”的地位。稍后，他又发表了《历史的文学观念论》《建设的文学革命论》《谈新诗》等文，继续鼓吹“语言文字文体等方面的大解放”、“诗体的解放”，提出文学革命就是创造一种“活的文学”，即“国语的文学”。1918年1月，胡适参加《新青年》编辑工作，与陈独秀、李大钊、鲁迅等6人轮流主持《新青年》编务。1918年6月，在《新青年》“易卜生专号”发表《易卜生主义》一文，借介绍易卜生的思想和作品，来主张“人的文学”，反对“非人的文学”；主张“真的文学”，反对“说谎文学”。1920年3月，出版了《尝试集》，这是中国诗歌史上第一部白话诗集。稍后，创作独幕话剧《终身大事》，这是在文学革命以来第一个用白话写的现代话剧。“五四”期间，胡适还发表了许多传记作品和杂文，出版了以《中国哲学史大纲》（上卷）和《红楼梦考证》为代表的一些著作。他所提出的“大胆的假设，小心的求证”，在学术界产生了一定的影响，尤其对古史辨派影响极大。

早在留美时期，胡适就奠定了其自由主义、改良主义的思想基础。1919 年 7 月，胡适在《每周评论》上发表了《多研究些问题，少谈些主义》一文，与李大钊为代表的马克思主义者就“问题与主义”展开论争。1921 年，《新青年》分裂和最终停刊（1922 年）。1922 年 5 月，胡适等人另行创办综合性的政治文化刊物《努力周报》。他在该刊发表了《我们的政治主张》《联省自治与军阀割据》等文，鼓吹“好政府主义”。1923 年，胡适发起组织“新月社”，随之成为“新月派”的政治领袖。1925 年，胡适参加了段祺瑞政府召集的善后会议；发表《爱国运动与求学》一类文章，反对学生参加反帝爱国运动。他还开列一大批“国学书目”和“青年必读书”，号召大家钻故纸堆，进研究室，“整理国故”。

（三）30 年代前后

1926 年 7 月，胡适辞去北大教授职务，以“中英庚款顾问委员会”委员的身份，经西伯利亚，取道苏、德、法等国去英国参加中英庚款会议，并到欧美各国出游考察。1927 年 4 月，胡适取道日本准备回国时，正逢国内蒋介石发动“四一二”政变。经过一段时间观察、犹豫，胡适终于做出认可蒋介石政府的选择，于次月回到上海。回国后，胡适一方面担任上海“新月书店”的董事长，同时开始逐渐介入国民党政府相关组织的工作。1927 年 6 月，他出任“中华教育文化基金董事会”董事并兼任秘书，后来又兼任该组织下属的“编译委员会”主任委员。同年 10 月，任国民党政府大学院大学委员会委员，参与筹备“中央研究院”。1928 年春，担任中国公学校长兼文理学院院长，同时为东吴大学法学院和光华大学兼职教授。1928 年 3 月 10 日，《新月》月刊正式发刊，胡适参与《新月》杂志编辑工作。1929 年，他为英文《基督教年鉴》写的一篇文章《今日中国的文化冲突》（英文稿）中，提出了“全盘西化”的主张，在当时思想文化界引发了一场激烈的争论。同年 3 月，胡适同新月社中几位对政治尤感兴趣的人，如罗隆基、叶公超、潘光旦、张禹九、梁实秋、丁西林以及徐志摩等，发起组织了旨在“平心而论”政治的“平社”，并计划创办专门议政的《平论》周刊。因为各种原因，《平论》虽未能如期出版，但平社成员为《平论》所写的议政文章，如胡适的《人权与约法》《知难，行亦不易》和《新文化运动与国民党》，罗隆基的

《专家政治》等，却陆续在《新月》上刊登出来。于是，胡适等人，包括《新月》杂志，便受到了国民党上海党部以及蒋介石集团愈来愈大的压力。随着新月派与国民党之间矛盾的加剧，胡适于1931年5月辞去中国公学校长职务，11月离开上海到北京任北京大学教授。次年出任北京大学文学院院长兼中文系主任。国民党当局对胡适和新月派的打压，直至这年10月以后才渐显松动。重要原因之一，是胡适经由宋子文、陈布雷等人协调，开始了同蒋介石最高当局的直接联系。于是，以1931年底前后为界，胡、蒋双方的态度都开始发生重大变化，胡适也愈来愈加强同蒋介石政府当局的合作。1932年5月，他跟丁文江、蒋廷黻等创办综合性政治文化周刊《独立评论》，公开支持国民党当局的政策。1933年，他与宋庆龄、蔡元培主持的中国民权保障同盟决裂；从此他完全成了国民党当局的“文化班头”（鲁迅语），在青年（尤其是进步青年）中丧失了他的影响。

（四）抗日战争前后

抗日战争爆发后，胡适被委任为国防参议会参议员，并以非正式的外交使命赴欧美争取援助。1938—1942年出任国民党政府驻美国大使。大使任后，继续留在美国从事研究和讲学，并被国民党政府聘请为行政院高等顾问。1943年应聘为美国国会图书馆东方部名誉顾问。1944—1945年，应聘在哈佛大学讲“中国思想史”。1945年春，担任中国出席联合国会议代表团代表。

抗战胜利后，国民党政府任命他为国立北京大学校长（1945年9月被任命后，先由傅斯年代理校务，翌年9月才到任），并先后主编上海《大公报·文史周刊》和《申报·文史周刊》。1946年10月参加国民党政府“制宪国民大会”，为大会主席团成员。1947年，蒋介石曾几次想让胡适出任“国府委员”、“考试长”和“行政院长”，被胡适婉言谢绝。1948年3月当选为“中央研究院”院士。在同年3、4月召开的所谓“国民大会”上，蒋介石甚至还有请胡适参加“总统竞选”的动议。北平和平解放前夕，即1948年12月中旬，蒋介石派专机将胡适接往南京，拟派其赴美寻求援助。1949年1月，胡适被聘为国民党政权“总统府”资政。同年4月，胡适去美国定居。6月，国民党政府“代总统”曾公布其为

“外交部长”，未就任。11 月在台湾创办《自由中国》杂志，担任发行人。1950 年 5 月，被聘为美国普林斯顿大学葛思德东方图书馆馆长兼教授，为期两年。1954 年 7 月，蒋介石委任其为所谓“光复大陆设计委员会”副主任委员。1957 年 11 月，被台湾当局任命为“中央研究院”院长，暂由李济代理院务。1958 年 4 月，胡适返回台湾就任“中央研究院”院长。次年 2 月，又兼任台北“国家长期发展科学委员会”主席。胡适晚年在学术研究方面的主要工作之一是重勘《水经注》。1962 年 2 月 24 日，胡适病逝于台湾。

第二节　胡适自由主义思想的来源

中国社会和文化由传统向现代转型过程中，胡适是一位极其重要的历史人物。从文化思想领域中到社会政治舞台上，从传统国学研究到近代西方文化译介中都能见到他的身影。他被誉为“中国文艺复兴之父”，他卷入了“五四”以来文化思想的多次论战，力图以“实验主义”和“世界主义”来把握中国的文化前途。他活跃于政治领域，主张“好政府主义”，坚持民主政治，反对独裁，并因此与北洋军阀、国民党政府和各种极权政治展开极为紧张的政治冲突，是中国自由主义最具影响力的发言人。然而，胡适不是一个清纯一色的现代人物。正如他所处的时代所呈现出的转型特征一样，胡适又是传统文化与现代文化相互冲突相互联合的矛盾体。从他本人的自由主义思想主张中我们也能窥见一二，那么笔者就从胡适个人性格特征、国内教育和去美留学经历这三个方面来探讨胡适自由主义思想的来源。

一　胡适的性格

胡适被称作是一个“爱惜羽毛”的知识分子，也是“不自由时代的一个自由主义者”。他是一个未脱书生意气的学者，游离于政治决策之外，与其自身的性格息息相关。胡适对自由主义的理解也体现了这一特点，由此笔者对胡适的人格，尤其是性格的形成进行详细探讨，来分析胡适自由主义思想的形成特点。总体而言，对胡适的人格特点可以作出很多概括，如宽容而富于牺牲精神，强烈的社会责任感，平等独立精神，理性精神，怀疑的品格，良好的人际沟通能力，等等。但最能够体现胡适的性格的主要表现在他的宽容与温和稳健方面。

周国平先生曾言：“岁月陶冶性情，绚烂归于平淡。”[①] 胡适的性情因素，必然与其自由主义思想有着千丝万缕的联系；而其性情之塑就，又促使我们追溯胡适的悠悠童年岁月，诚如此言所述，“胡适在晚年时仍那样依恋着他的童年。那里蕴蓄了太多的内容，太多啊，水一样悠悠……”[②]

徽州文化与徽商精神在胡适性情上的投影是隐性与显性的二元统一。胡适在其口述自传中的第一章“故乡和家庭”中，对此有所叙述，尽管出生在上海，他坦言，“我是安徽徽州人”。[③] 胡适对于徽州文化是有深厚感情与极强的认同感的。徽州文化的凸显部分，为徽州学派及其求是精神。徽州学术以徽州经济为依托，自成一派，卓有成效，彰显怀疑与求是的治学理念。维新骄子、饮冰室主人梁启超在《清代学术概论》《近代学风之地理分布》中先后称道“绩溪诸胡之后有胡适者……”“绩溪诸胡多才，最近更有胡适”。[④] 胡适性情在徽州文化地理格局下，表现出开拓进取之精神风貌与怀疑求是之治学态度，并隐性或显性地反映在其自由主义的特立言行上。徽州文化的精髓部分还包括徽商文化。俗谚有云：“无湘不成军，无徽不成商。”又说：“从政要读曾国藩，经商要品胡雪岩。”可见，徽商文化是极其富有魅力与影响力的；胡适性情上反映了徽商文化的特色，也在情理之中。徽商崇尚敦厚信义，富有开拓进取精神，群体意识与乡党观念交互作用，又使得徽商“在性格机制上，常形成进取与保守的矛盾统一体”。这一点也投影在胡适的性格中，显现在他的自由思想主张之中。[⑤]

---

① 徐虹主编：《北大四才子》，东北师范大学出版社 1997 年版，第 382 页。

② 同上。

③ 胡适口述，唐德刚译注：《胡适口述自传》，广西师范大学出版社 2005 年版，第 13 页。

④ 沈卫威等编著：《速读中国现当代文学大师与名家丛书·胡适卷》，北京蓝天出版社 2004 年版，第 5 页。

⑤ 沈卫威：《胡适传》，河南大学出版社 1988 年版，第 2 页。

安徽绩溪是一个有着自身经济、文化特色的地区，是朱熹的出生地，所以宋明理学很自然地就成为徽州人的信条。“在其文化心理结构中积淀下最基本的因素便是‘徽州学派’的基本治学精神——实事求是，敢于怀疑，敢于推翻旧籍”。[①] 胡适早年受到严格的旧学教育，饱学古典文献，身上明显体现出清代朴学的治学风气，因而梁启超称赞道：“绩溪诸胡之后有胡适者，亦用清儒之方法治学，有正统派遗风。”[②]

（一）宽容的个性

宽容，即容忍，是胡适性格的重要特点之一。简单地说就是不计较、原谅他人的错误和伤害，包容他人。

胡适宽容性格的形成受其母亲影响甚大，就像他自己所说的那样：“我在我母亲的教训之下住了九年，受了她的极大深刻的影响。我十四岁（其实只有十二岁零两三个月）就离开她了，在这广漠的人海里独自混了二十多年，没有一个人管束过我。如果我学得了一丝一毫的好脾气，如果我学得了一点点待人接物的和气，如果我能宽恕人，体谅人，——我都得感谢我的慈母。”[③] 容忍是母亲给予胡适性格的最大禀赋。“（母亲）气量大，性子好，又因为做了后母后婆，她更加事事留心，事事格外容忍。”[④] 母亲对胡适最大的影响就是这种容忍的禀赋，这是形成胡适容忍美德的生活基础。

胡传 1895 年病逝于厦门，胡适那 23 岁的母亲就成了名义上的一家之主，除了她的亲子胡适（3 岁零 8 个月）外，这个家庭当时还有她丈夫第二次婚姻中所生的几个孩子，其中有比她大 7 岁的女儿、比她大两岁的大儿子、比她小 3 岁的女儿、一对比她小 4 岁的孪生兄弟。可以想象，一个年少后母，主持这样一个家庭，维持一大家人的生活，要付出巨大牺牲。长子洪骏比他的继母长两岁，带着一个妻子和自己的儿子。而且在某种意义上讲他是个浪荡哥儿，一个其所要总是超出他在这个家庭日渐衰竭的资

---

① 沈卫威：《无地自由——胡适传》，安徽教育出版社 2005 年版，第 9 页。

② 梁启超：《清代学术概论》，商务印书馆 1934 年版，第 12—13 页。

③ 欧阳哲生编：《四十自述 · 九年的家乡教育》，《胡适文集》第 1 册，北京大学出版社 1998 年版，第 56 页。

④ 同上书，第 55 页。

财中的份额的大烟鬼和赌棍。因而，自然就要靠次子洪骓（双胞胎中的弟弟）来接管经营胡家赖以为生的设在上海和汉口的小买卖。这样胡适的母亲为了自己和她的孩子的生活，不得不完全靠她的继子。除了某种人格的力量以外，她对于这种困难的局面几乎无能为力。这种人格综合了所有中国妇女的美德：勤俭节约，公平公正，和善容忍，待人仁慈温和，以及对那些子女的强烈责任感。胡适回忆：“先母内持家政，外应门户，凡十余年。以少年作后母，周旋诸子诸妇之间，其困苦艰难有非外人所能喻者。先母一一处之以至诚至公。子妇间有过失，皆容忍曲喻之；至不能忍，则闭户饮泣自责；子妇奉茶引过，始已。”①

在这样的情况之下，胡氏母子相依为命，在胡适后来的回忆中，他总是用一种毫不掩饰的感情来谈他的母亲，“我的母亲只因为还有我这一点骨血，她含辛茹苦，把全副希望寄托在我的渺茫不可知的将来，这一点希望居然使她挣扎着活了二十三年”。② 冯顺弟用自己的行动在胡传死后的艰苦环境中所树立的榜样，把一种在对个人亲戚关系中的节制与中庸的持久性的尊重传给了她的儿子。在这个旧式大家庭中度过了幼年和童年，这也在一定程度上让胡适在思想和精神上渐趋早熟。这也为其日后的自由主义思想所彰显的宽容精神，提供了基本营养。胡适从他父母恩亲遗传与学到了率性的表达与宽容的处事原则，因而，其性情上表现出率性与宽容的禀质。率性与宽容两种品格，决定了胡适的自由主义是富有“张力”的。

胡适善于从书中吸取心得，容忍精神还受儒家思想影响。胡适曾说：“我至今还记得我做小孩子时代读的朱子《小学》里面记载的几个可爱的人物，如汲黯、陶渊明之流。朱子记陶渊明，只记他做县令时送一个长工给他儿子，附去一封家信，说：‘此亦人子也，可善遇之。’这寥寥九个字的家书，印在脑子里，也颇有很深刻的效力，使我三十年来不敢轻用一句暴戾的辞气对待那帮我做事人。”③ 留学美国后，胡适不但接触了自由

---

① 欧阳哲生编：《先母行述》，《胡适文集》第2册，北京大学出版社1998年版，第599页。

② 欧阳哲生编：《四十自述·九年的家乡教育》，《胡适文集》第1册，北京大学出版社1998年版，第55页。

③ 胡适：《领袖人才的来源》，《独立评论》1932年8月7日第12号。

主义，还接受了它，并且受到了基督教的影响，对容忍的认识变得更为深刻和全面。胡适在给韦莲司的信中就说："容忍是对他所爱的人或爱他的人的一种体贴或尊重。要是我们在突然之间摧毁对我们来说已经死亡，而对他们来说却极为重要的神圣事物，这对他们是个大痛苦。在观念上，我们年轻并富有创造的能力，但是他们已经过了人生之中成形的时期，所以他们已无法接受我们的新偶像来取代他们的旧偶像。正是在这个基础上，我们本着自己的自由意志，容忍他们的信仰和观念。但这样的容忍以不至于造成对自己的个性和人格的发展有害为限度。这不是懦弱，也不是伪善，而是利他的，是爱。"①

胡适的容忍还表现在宽容别人对自己不敬的方面。自从"暴得大名"后，胡适就一直处在紧张、激烈的争论旋涡当中，正所谓"誉满天下，谤亦随之"。对来自周遭的各种批判甚至是侮辱和攻击，胡适不仅没有唇枪舌剑般地回击，而且始终能采取容忍的态度，笑迎各种意见。胡适曾经说："我受了十余年的骂，从来不怨恨骂我的人。有时他们骂的不中肯，我反替他们着急。有时他们骂的太过火了，反损骂者自己的人格，我更替他们不安。如果骂我而使骂者有益，便是我间接于他有恩了，我自然很情愿挨骂。如果有人说，吃胡适肉一块可以延寿一年半年，我也一定情愿割下来送给他，并且祝福他。"② 胡适这样形容自己不知道是否完全是真，但是纵观胡适的一生，他的确有容忍别人的美德，他自己的确做到了"很情愿被骂"，有时还"替他们不安"的地步。

胡适在多个场合强调过容忍的重要性，并将容忍作为自由主义四要义之一，按照他的话来说，就是"容忍比自由更重要"。胡适的宽容性格在多方面得到体现，不论是在言论上，还是在处理家庭和人际关系上，都体现了他容忍的性格特点。

比如在处理自己的婚姻方面，胡适毫无怨言地接受了他母亲为他安排的包办婚姻，成就了一段留学博士与乡村小脚姑娘的姻缘。

胡适的宽容性格也感染到了身边的人。蒋复璁（他的学生之一）认

---

① 胡适：《致韦莲司》，周质平编译：《不思量，自难忘：胡适给韦莲司的信》，安徽教育出版社 2001 年版，第 1 页。

② 《胡适致杨杏佛》，《胡适来往书信选》中册，中华书局 1979 年版，第 11 页。

为，胡适论学明辨是非，毫不假借，对人则一切宽容，无论别人如何对待他，他一律宽容，从不计较。在学术上，胡适也强调宽容的态度，他认为在遇到与自己不同甚至相悖的观点时，应该采取积极的态度，不要总以为真理在自己这一边，自己所倡导的就是正义，要容忍而不要武断。

（二）温和稳健的个性

胡适留给后人最多的就是那种温文尔雅、面带微笑的学者形象。他为人谦和，平易近人，稳健进取，不走极端。胡适的好脾气与他幼年的大家庭生活有较大的关系。在大家庭生活中，他"渐渐明白，世间最可厌恶的事莫如一张生气的脸；世间最下流的事莫如把生气的脸摆给旁人看。这比打骂还难受"。[①] 胡适深刻地体会到看别人的脸色带来的痛苦，因此，他终生都是用温和的方式待人处事，平易近人。梁实秋说："胡先生，和其他伟大人物一样，平易近人。'温而厉'是最好的形容。我从未见过他大发雷霆或盛气凌人。他对待年轻人、属下、仆人，永远是一副笑容可掬的样子。就是遭到挫折侮辱的时候，他也不失其常。'其心休休然，其如有容'。"[②] 在胡适离开家乡求学于上海的中国公学时代，在革命氛围浓厚的校园里，许多学生都剪掉了象征清朝臣民的辫子，而胡适虽然对清王朝恶感较多，但是他始终没有剪掉辫子，也没有加入任何革命党派。在后来的几十年里，虽然胡适有过建立党派的想法和冲动，但是最后没有将这一想法付诸实施。胡适可以说是一个彻底的无党派人士，一个文人言政的鲜活体现。不走极端是胡适一生的真实写照。1915 年，日本向北洋政府提出灭亡中国的"二十一条"，广大民众群情激奋，纷纷主张对日作战，而在美国留学的胡适却要求留学生们"各司其职，执笔报国"。胡适的稳健个性深刻地体现在他的改良政治思想上，他始终提倡通过一点一滴、渐进的方式去解决社会问题。

---

① 欧阳哲生编：《四十自述·九年的家乡教育》，《胡适文集》第 1 册，北京大学出版社 1998 年版，第 55 页。

② 梁实秋：《怀念胡适先生》，罗尔纲：《师门五年记·胡适琐记（增补本）》，三联书店 2006 年版，第 286 页。

二　国内教育

（一）童蒙时期

胡适在家乡绩溪度过了幼年和童年时代，也受到了严格而系统的传统文化教育。胡适天资聪慧，到 3 岁时虽然还爬不上学堂的高凳子，但已经识得近千字。胡适的启蒙老师是他的父亲胡传，他读的第一部书是其父编的四字韵文《学为人诗》。直到胡传病逝，胡适还只是个不满 4 岁的幼童。胡传对胡适的影响大概有两个方面："一方面是遗传，因为我是'我父亲的儿子'。"[①] 即胡传那种认真治学的精神。"一方面是他留下了一点程朱理学的遗风"，"我小时候跟着四叔胡玠念朱子《小学》，就是理学遗风，四叔家和我家的大门上都贴着'僧道无缘'的条子，也就是理学家庭的一个招牌"。[②] 这为胡适后来接受"无神论"，成为一个终身的无神论者做了有益的启蒙，也为他日后追求科学、崇拜科学做了良好的铺垫和准备。胡父去世前立下遗嘱让胡适继续念书，胡母也是望子成龙，因此胡适四岁时就被送去私塾读书。从 1895 年到 1904 年，胡适在家乡绩溪接受了九年的传统蒙学教育。这期间他广读经史古书，如《律诗六抄》《孝经》、朱子《小学》《诗经》《书经》《易经》《礼记》《论语》《孟子》《大学》《中庸》《纲鉴易知录》《资治通鉴》等；通俗的白话小说、弹词、传奇，包括《水浒传》《三国演义》《正德皇帝下江南》《七剑十三侠》《红楼梦》《儒林外史》等；还有诸家杂学，内有《学为人诗》《原学》《幼学琼林》《姚庄钞传》《联语类编》等。[③] 这些书籍浸润着胡适的心灵，打开了他的思想天窗。他由《资治通鉴》中范缜反对佛教的故事，尤其是"形者神之质，神者形之用也。神之于形，犹利之如刃，未闻刃没而利存，岂容形亡而神在哉"的议论，解放了思想，打破了他原有的宗教虔诚，成为一个终身的无神论者。他从一大堆古典小说中不知不觉

---

① 欧阳哲生编：《四十自述·九年的家乡教育》，《胡适文集》第 1 册，北京大学出版社 1998 年版，第 58 页。

② 同上。

③ 胡适：《四十自述》，安徽教育出版社 2006 年版，第 21 页。

“得了不少白话散文的训练”，帮助他“把文字弄通顺了”，为他十年后发动白话文运动奠定了文字基础。在读书方面，母亲对儿子的期许很高，并不惜出高价学费培养。他母亲要求教师像他父亲那样，给他解释课文的意义，而不是死记硬背。对于这种额外的教育，他母亲要给教师多付两块钱学费。胡适良好的国学基础，其中部分得益于这种早期的训练。

（二）新式学堂的教育

随着西方殖民者入侵，在近代中国出现了大批的通商口岸，上海就是其中最具代表性的一个，到了清末逐渐成为中国一个对外开放、对内吐纳的重要新兴城市。这里是中西文化的交汇地，海陆交通十分发达，商业贸易十分兴旺。这得天独厚的条件使得各种信息在此交汇、各种政治力量在此汇集。1904 年，胡适由其三哥带到上海求学。他先后在梅溪学堂、澄衷学堂、中国公学等学堂接受了中西结合的新式教育，初步领略了近代自然科学和社会政治思想，逐渐形成了其政治取向和人生价值观。

梅溪学堂由胡适父亲的老同学张焕纶先生创办。在这所学堂里，除了汉语，他又开始学习英语和数学。然而，有趣的是，传授西方文明的基本知识不完全是西学课程学习的各门教材的任务，古典学业也是研究这个令人感兴趣的问题的。例如，在“经义”这门课中，要求学生们讨论与现代中式进攻战略形成鲜明对比的古代对防御战略的偏好，以及其他的时务问题。胡适在梅溪学堂接受的首批作业中，他写了一篇《原日本之所由强》的作文，作这篇文章之时正值日本人在日俄战争中取得节节胜利的时期。而胡适对日本一无所知，“日本在天南地北，我还不很清楚”[①]，正是这次应付作文的偶然机会，胡适在二哥的帮助下，阅读了梁启超主编的壬寅年《新民丛报》和《明治维新三十年史》等新书刊。胡适曾说：“我个人受了梁先生无穷的恩惠。现在追想起来，有两点最分明。第一是他的《新民说》，第二是他的《中国学术思想变迁之大势》。”[②] 梁启超给他开

---

① ［美］格里德：《胡适与中国的文艺复兴》，江苏人民出版社 1996 年版，第 18 页。

② 欧阳哲生编：《四十自述》，《胡适文集》第 1 册，北京大学出版社 1998 年版，第 71 页。

辟了一个新世界，让他认识到了在中国之外还存在其他文化和民族，让他知道中国之外还有其他学术思想。

胡适受严复和梁启超的影响很大，他从严复翻译的《自由论》和《天演论》当中学到了很多西方有关的知识，后来他又从梁启超的著作当中了解了笛卡尔、霍布斯、卢梭、斯宾塞、康德、达尔文等西方思想家。梁启超在经历了一系列改良政治运动后得出的结论是：要救国，就必须革新政治，唤起民智，革新民德。而他认为中国人最缺乏而且也是最急需的是公德和国家思想，以及有关进取冒险精神、权利思想、自由观念、自治、进步、自尊、合群、生利的能力、毅力、义务思想和政治能力等等。那时的胡适还很年轻，对这些文字兴奋不已，说："他（梁启超）在这十几篇文字里，抱着满腔的血诚，怀着无限的信心，用他那枝'笔锋常带情感'的健笔，指挥那无数的历史例证，组织成那些能使人鼓舞，使人挥泪，使人感激奋发的文章。"① "《新民说》诸篇给我开辟了一个新世界，使我彻底相信中国之外还有很高等的民族，很高等的文化。"②

严复和梁启超介绍的西方自由主义思想对胡适产生了极大的影响，特别是西方个人主义的基本价值，如自由、民主、平等、博爱、宽容的理念对胡适影响深远。

在近代中国，进化论是主宰 19 世纪末 20 世纪初思想界的世界观，它强调进化，追求发展，深受致力于实现民族独立、国土完整、社会繁荣的中国知识分子所欢迎，进化论已内化于近代中国人的文化心理结构中，成为近代中国独特的精神传统。包括自由主义在内的三大思潮都为进化论所引导，进化论成为影响中国政治与社会的重要的思想观念。自由主义思想在中国的发展和传播也是建立在进化论的基础之上的。胡适在上海求学期间即接受了进化论思想，并在他的治学过程和历史分析中自觉地运用了这一思想方法。进化论在 19 世纪末 20 世纪初的传播为胡适在美国接受杜威的实验主义哲学、提倡渐进的改良道路做了思想铺垫。胡适曾经说过："我的思想受两个人的影响最大：一个是赫胥黎，一个是杜威先生。赫胥

---

① 胡适：《胡适自传》，黄山书社 1986 年版，第 49 页。

② 同上。

黎教我怎样怀疑，教我不信任一切没有充分证据的东西。杜威先生教我怎样思想，教我处处顾到当前的问题，教我把一切学说理想都看作待证的假设，教我处处顾到思想的结果。”[①] 正是严复把赫胥黎的《天演论》带入中国，严复于胡适的影响主要的来说就在于《天演论》中的“进化论”思想；从他把自己的名字由洪骍改为适之并且终身使用胡适（之）这一名字，也可以看出进化论对他的巨大影响。达尔文之进化论，不仅是对胡适，甚至是对胡适那一代有志之士都产生了较大影响。

1906年秋，胡适求学于革命氛围较为浓厚的中国公学，经同学介绍加入了爱国青年学生组织的进步团体——竞业学会，并参与了该会的一个刊物，即《竞业旬报》的创刊和编辑，后来甚至发展到任该报主编。这是胡适在中国公学所参与的最重要的社会活动，这也使他的才华得到施展，锋芒初试。胡适在这期间受到了各种思想冲击，思维更加活跃，眼界更加大开，为其后来在美国留学期间接受自由主义做了铺垫。“从他在《竞业旬报》上发表的大量政论、杂评和文艺作品来看，我们可以窥见他这时期的思想是当时各种流行的主义、思潮，诸如自由主义、民主主义、民族主义、进化论、社会改良思想的混合体。”[②]《竞业旬报》的撰稿、主编经历对胡适影响甚巨，他本人曾对此有过颇为详细的“夫子自道”[③]：

> 这段文字（注：《地理学》一文中“地球是圆的”论述）已充分表现出我的文章的长处和短处了。我的长处是明白清楚，短处是浅显。这时候我还不满十五岁。二十五年来，我抱定一个宗旨，做文字必须要叫人懂得，所以我从来不怕笑我的文字浅显。这几十期《竞业旬报》给了我一个绝好的机会，使我可以把在家乡和学校用得着的一点点知识和见解，整理一番，用明白清晰的文字叙述出来。《旬报》的办事人从来没有干涉我的言论，所以我能充分发挥我的思想，

---

① 胡适：《介绍我自己的思想》，《胡适文存》第四集，黄山书社1996年版，第452页。

② 欧阳哲生：《自由主义之累——胡适思想之现代阐释》，江西教育出版社2003年版，第9页。

③ 胡适：《四十自述》，安徽教育出版社2006年版，第80—85页。

尤其是我对宗教迷信的思想这种夸大的口气，出在一个十七岁的孩子的笔下，未免叫人读了冷笑。但我现在回看我在那时代的见解，总算是自己独立想过几年的结果，比起现在一般在抽象名词里翻筋斗的少年人们，我还不感觉惭愧。《竞业旬报》上的一些文字，我早已完全忘记了。……今年回头看看这些文字，真有如同隔世之感。但我根本诧异的是有一些思想后来成为我的重要出发点的，在那十七八岁的时候已有了很明白的倾向了。这几十期的《竞业旬报》，不但给我了一个发表思想和整理思想的机会，还给了我一年多白话文的训练。……我不知道我那几十篇文字在当时有什么影响，但我知道这一年多的训练给了我自己绝大的好处。白话文从此形成了我的一种工具。七八年之后，这件工具使我能够在中国文学革命的运动里做一个开路的工人。

这时期胡适的写作作风开始逐渐显现出来了，同时他的许多观点也在这个时期萌芽，这时候的胡适的想法很多，思考的问题也很多，除进行写作之外，胡适还养成了其他的一些好习惯，思想自由、言论自由以及其他的自由主义思想都是在这个时期奠定的。可以说这段时间是胡适人生当中的重要转折点，他以后对这段时间的回忆也说明了这一点。可以说《竞业旬报》是胡适成长的大舞台，为胡适提供了发挥自己能力的现实条件，胡适也很好地抓住了这样一个难得的给予，在这个舞台上胡适展示了他的才华和智慧。形成于《竞业旬报》时期的“浅显清楚”的文风、“社会不朽论”等思想观念都是胡适在这段时间养成的，独立思考、自由表达的习惯，在他此后数十年的文字生涯中都未曾放弃。在傅君剑的慧眼赏识之下，胡适努力写诗，在《竞业旬报》上发表了26首古体诗词，成为蜚声中国公学全校的“少年诗人”，这对他后来的学问方向以及事业性质影响深远。《竞业旬报》真可谓是胡适的“重要出发点”，能称之为其“思想之胚芽，文笔之摇篮”。

三　留美经历

1910年，时值第二次留美庚子赔款官费生考试。胡适以平均59.4

分、第55名（共录取70人）的成绩，金榜题名，折桂步蟾宫，踏上了赴美留学的邮轮——前方浪花激越飞溅，迎接胡适的是美国精神的灌输与领悟，自由主义思想的熏陶与洗礼！

初到美国，胡适开始了康奈尔大学的学生生活。美国是个自由之邦，崇尚自由宽容，提倡个性解放。胡适在康奈尔大学就读期间，有幸与绮色佳地区的基督教家庭接触，从而与不同种族和不同信仰人士接触。在康奈尔大学学习时，适逢美国大选，胡适选修了奥兹教授的美国政府和政党专题课。“我记得就在这个大选之年（1912—1913），我选了他的课。”[①] 威尔逊、塔夫托、老罗斯福分别充当民主党、共和党和进步党的候选人，奥兹教授则要求学生读三份报纸，即《纽约时报》《纽约论坛报》《纽约晚报》（这三份报纸分别支持威尔逊、塔夫托、老罗斯福），写出札记与研究心得，一并交上，作为期终作业。这使胡适对于政治产生了不感兴趣的兴趣。后来，胡适转学哥伦比亚大学，时值1916年美国再次大选，胡适支持的威尔逊在大选中获胜，当时胡适激动得热泪盈眶。胡适对于美国政治的关注，为其自由主义思想的形成提供了实践依据。胡适指出：“我对政治始终采取了我自己所说的不感兴趣的兴趣（disinterested—interest）。我认为这种兴趣是一个知识分子对社会应有的责任。”[②] 胡适美国求学，其青年时期的政治训练有三：其一，公开讲演的训练；其二，学习议会程序；其三，对世界主义、和平主义和国际主义的信仰。这些所谓的“政治训练”，对于胡适自由主义思想的形成产生了不可估量的作用。1915年，袁世凯接受日本以武力相威胁的不合理的“二十一条”，华夏震惊，神州色变！霎时，留美的中国留学生群情激奋；偏于安静的胡适此时正醉心于“不争哲学”，特立独行地在《中国学生月报》上发表了《致留学界公函》，其文曰：“在我个人看来，我辈留学生如今与祖国远隔重洋；值此时机，我们的当务之急，实在应该是保持冷静。让我们各就本分，尽我们自己的责任，我们的责任便是读书学习。”[③] 这与其日后的为祖国之崛起图强“造新因”的自由主义言论，

---

① 胡适口述，唐德刚译注：《胡适口述自传》，广西师范大学出版社2005年版，第42页。

② 同上书，第46页。

③ 同上书，第56页。

是具有千丝万缕的联系的。

胡适自由主义思想的哲学基础是其恩师杜威的实验主义哲学。胡适坦言，“杜威对我其后一生的文化生命既然有决定性的影响……”①

杜威对于胡适的影响首先表现为实证主义的思维方式，胡适创造性地发展为其独特的治学方法，即“大胆的假设，小心的求证”。这使胡适以后的一系列文字都以其为哲学依据——坚持怀疑精神，不盲信任何主义，其《多研究些问题，少谈些主义》一文的方法论依据亦在此处。胡适认为，一切主义、一切学理，都应该进行研究。人们不能把这些当作放之四海而皆准，无论在什么情况之下都是万能的真理的主义和学理，一切都必须有待人们的考证和检验。

另外，杜威的实验主义哲学认为发展是渐进的，即受进化论思想的影响，运用于社会政治层面，则表现为温和的改良主义色调。胡适指出，实验的方法要求人们注重三点：“一是从具体的事实与境地下手”，为的是可以去掉许多无用的假问题和免去许多没有意义的争论。“二是一切学说理想，一切知识，都只是待证的假没，并非天经地义”，为的是能够解放许多“古人的奴隶”。“三是一切学说与理想都须用实行来试验过，实验是真理的唯一试金石。”“实验主义只承认那一点一滴做到的进步——步步有智慧的指导，步步有自动的实验——才是真进化。”② 以杜威哲学为基础的胡适自由主义思想彰显出怀疑精神与改良主义的理性。

第三节　胡适自由主义思想作品介绍

胡适一生留下的专著、书信、日记、译著等有很多，在此只将与胡适的自由主义思想有关的专著、文章等作品加以介绍（丝毫不违反作者的愿意而加入笔者自己的思想和评判）以供读者欣赏和鉴别。

---

① 胡适口述，唐德刚译注：《胡适口述自传》，广西师范大学出版社 2005 年版，第 98 页。

② 《胡适全集》第一卷，安徽教育出版社 2003 年版，第 362 页。

一　《易卜生主义》

《易卜生主义》一文原载 1918 年 6 月 15 日《新青年》第 4 卷第 6 号。其主要观点和内容如下。

（一）易卜生主义的根本方法

对于易卜生主义的根本方法，胡适认为易卜生最后所作的《我们死人再生时》一本戏里面有一段话可以很好地表达出易卜生所作文学的根本方法。胡适通过引用一出戏的主人翁，且这个主人翁是一个美术家，他费了全副精神雕成一尊像，他称其为“复活日”。这位美术家是这样说他自己的这尊雕像的：

> 我那时年纪还轻，不懂得世事。我以为这“复活日”应该是一个极精致，极美的少女像，不带着一毫人世的经验。平空地醒来，自然光明庄严。没有什么过恶可除。……但是我后来那几年，懂得些世事了，才知道这“复活日”不是这样简单的，原来是很复杂的……我眼里所见的人情世故，都到我理想中来，我不能不把这些现状包括进去。我只好把这像的座子放大了放宽了。我在那座子上雕了一片曲折爆裂的地面。从那地的裂缝里，钻出来无数模糊不分明、人身兽面的男男女女。这都是我在世间亲自见过的男男女女。①

胡适就认为，“那个美术家所说的关于这个雕像的话就是易卜生主义的根本方法，那不带一毫人世罪恶的少女像，是指那盲目的理想派文学。那无数模糊不分明，人身兽面的男男女女，是指写实派的文学。易卜生早年和晚年的著作虽不能全说是写实主义，似我们看他极盛时期的著作，尽可以说，易卜生的文学，易卜生的人生观，只是一个写实主义”。②

接下来，胡适将社会中的现实情境与易卜生所描写的情景联系了起

---

① 欧阳哲生主编：《再读胡适》上册，大众文艺出版社 2006 年版，第 3—4 页。

② 同上书，第 4 页。

来，认为人生的大病根在于不睁开眼睛来看世界的真实现状。易卜生的长处就在于他肯说大实话，他敢于把社会种种腐败龌龊的实在情形写出来让大家看。易卜生在写近世社会中都说了很多的老实话，首先是关于家庭的老实话。

易卜生所写的家庭，是极不堪的。家庭里面，有四种人恶德：一是自私自利；二是依赖性，奴隶性；三是假道德，装腔做戏；四是懦怯没有胆子。做丈夫的便是自私自利的代表。他要快乐，要安逸，还要体面，所以他要娶一个妻子。之后胡适以《群鬼》戏中的阿尔文夫人和《娜拉》戏中的娜拉夫人为例，说明了易卜生所描写的家庭是何等的不公平、不公正，对此胡适发表评论认为，这种极不堪的情形，何以居然忍耐得住呢？

胡适认为这主要是因为：一是人都要面子，不得不装腔作势，做假道德遮着面孔。二是因为大多数的人都是没有胆子的懦夫，因为顾面子，故不肯闹翻、不愿声张，奉行的原则是家丑不可外扬，奉行的是以和为贵，宁可自己私下解决也不可诉诸公堂。因为要面子而假装仁义道德，因为没胆子故忍受家庭的暴力、丑陋和悲惨境况。最后胡适仍然是以《群鬼》戏中的阿尔文夫人为例，说明了这种家庭的悲惨结局而又让人愤恨的家庭。

易卜生论说了家庭之后，又描写了社会当中的三大势力，分别是：法律、宗教和道德。

1. 法律

易卜生说法律的效能在于除暴去恶，禁民为非。法律有好处也有坏处。好处在于法律是无有偏私的；犯了什么法，就该得什么罪。坏处也在于此。但法律是死板的条文，是死的教条，不通人情世故；不知道一样的罪名却有几等几样的居心和几等几样的境遇情形；不知道犯罪的人有不同的知识程度。法律只规定某人犯了某法的某某篇某某章某某节，该得某某罪，全然不管不顾犯罪人的知识、境遇和居心有何不同、有何差别，这就是法律的消极方面。《娜拉》戏里有两件冒名签字的事：一件是一个律师做的，一件是一个不懂法律的妇人做的。而那律师犯这罪全由于自私自利，那妇人犯这罪全因为她要救她丈夫的性命。但是法律全不问这些区别。以下是这个“罪人”讨论这个问题的原话：[①]

---

① 欧阳哲生主编：《再读胡适》上册，大众文艺出版社 2006 年版，第 8 页。

(律师) 郝夫人，你好像不知道你犯了什么罪，我老实对你说，我犯的那桩使我一生声名扫地的事，和你所做的事恰恰相同。一毫也不多，一毫也不少。

(娜拉) 你！难道你居然敢冒险去救你妻子的命吗？

(律师) 法律不管人的居心如何。

(娜拉) 如此说来，这种法律是笨极了。

(律师) 不问他笨不笨，你总要受他的裁判。

(娜拉) 我不相信。难道法律不许做女儿的想个法子免得他临死的父亲烦恼吗？难道法律不许做妻子的救她丈夫的命吗？我不大懂得法律，但是我想总该有这种法律承认这些事的。你是一个律师，你难道不知道有这样的法律吗？柯先生。你真是一个不中用的律师了。(《娜拉》一幕)

2. 宗教

易卜生眼里的宗教久已失去了那种可以感化人的能力，已变成了无生机、无活力的仪节信条，只配口舌念得烂熟，已经失掉了振兴世人、鼓舞人心的作用了。而现代的宗教虽没有精神上的价值，却极有物质上的用途。现代的人利用宗教，是使人发财的工具，而不再是人们心灵的归属和日常的信条。现在宗教的兴旺，并不是因为宗教真有兴旺的价值，仅仅是因为宗教有可以利用的好处才得以兴旺，假如宗教失去了这个被人利用得以获利的用途，那么宗教有可能完全被抛弃。

3. 道德

在易卜生看来，社会上所谓“道德”不过是许多陈腐的旧习惯。合于社会习惯的，便是道德；不合于社会习惯的，便是不道德。这种不道德的道德，在社会造出一种诈伪的伪君子。面子上都是仁义道德，而骨子里都是男盗女娼，易卜生最恨这种人。

(二) 易卜生笔下的个人与社会的关系

易卜生的戏剧中，有一条是说社会与个人的关系，认为个人与社会互相损害；社会偏爱专制，往往用强力摧折个人的个性，压制个人自由独立的精神。易卜生说等到社会把个人的个性都消灭了，自由独立的精神也就都完了，那么社会自身也就到了最后的尽头，社会不再有生气，也不再会有进步了。社会中有许多陈腐的习惯，老朽的思想，极不堪的迷信，而个人却不得不生活在这样的社会之中，不得不受这些势力的影响。胡适拿易卜生所写的一本戏——《雁》中的雁作比喻，认为个人在社会里，就同这雁在人家的阁上一般，起初未必满意，久而久之也就习惯了，也渐渐地把黑暗世界当作安乐窝了。理想家是既不懂事又不安本分的，他们处处反对社会的风俗、习惯，这样的人是应该受重罚的。执行这种重罚的机关，就应该是“舆论”，是大多数的“公论”。世间有一种最通行的迷信，叫做“服从多数的迷信”。人都以为多数人的公论总是不错的，易卜生绝对不承认这种迷信。

胡适以易卜生的一本戏《国民公敌》中的主人公斯铎曼医生为例讲述了“特立独行”所造成的恶果，讲述了大多数人惩罚少数“捣乱分子”的毒辣手段。

（三）易卜生的政治主义

胡适认为易卜生的喜剧很少讨论政治问题，所以需要用易卜生的《尺牍》来论述他的政治主义。易卜生起初完全是一个主张无政府主义的人，当普法之战（1870—1871 年）时，他的无政府主义最为激烈。易卜生的纯粹无政府主义，后来渐渐地改变了。因为他亲自看见巴黎“市民政府”（Commute）的完全失败，他明白了无政府主义暴力的可怕性和局限性，所以他主张无政府主义的热心减了许多。到了 1884 年，易卜生写信给他的朋友说，如果在本国内有机会，一定要把国中无权的人民联合成一个大政党，主张极力推广选举权。同时提高妇女的地位，改良国家教育，要脱除一切中古陋习（《尺牍》第一七八）。这就不是无政府的思想了。但同时易卜生自己表示他不愿意加入政党。在此，胡适也是采用隐喻的手法表达了他自己的观点，他自己在内心里也不愿意加入任何政党，不管是胡适自己还是胡适描写的易卜生，他们都是自相矛盾、自命清高的，既想改变社会实现自己的理想，而自己又不想投入其中，反而认为加入政党是很下流的事，最恨的就是政客。虽然如此，易卜生从来不主张狭义的国家主义，从来不是狭义的爱国者。最后胡适表示易卜生到晚年临死的时候（1906 年）一定已进到了世界主义的地步。

（四）易卜生主义

胡适在开篇时说过易卜生的人生观只是一个写实主义。易卜生把家庭社会的束缚、黑暗、专制等情形统统都如实地写了出来，让人看了不得不同情，不得不承认家庭社会的黑暗腐败，不得不革命——这就是“易卜生主义”。胡适认为易卜生把中国的实际现实都说出来了，把中国的黑暗腐败之处揭示了出来，认为易卜生虽开了许多脉案，但是却不肯轻易开药方，因为易卜生知道人类社会是极复杂的组织，知道人类社会有种种绝不相同的情况，知道“千古无同局”的道理，所以他只好开个脉案，说出病情，让病人各自去寻医病的药方。胡适的这一思想猛一看很有道理，但是如果具体地、辩证地、历史地看的话，胡适的话就没有任何的道理可言了，因为胡适完全忽视了中国的实际国情，而是在空谈、抽象地谈、脱离实际地谈。

最后胡适指出，社会国家是时刻变迁的，所以不能指定哪一种方法是救世的良药：十年前用补药，十年后或者须用泻药了；十年前用凉药，十年后或者须用热药了。各地的社会国家都不相同，适用于日本的药，未必完全适用于中国；适用于德国的药，未必适用于美国。[①] 文章的最后，胡适借用易卜生的话表达了他自己的意思：若要保卫社会的健康，须要使社会时时刻刻有斯铎曼医生一般的类似人体血液中的白细胞所发挥的功能一般的白细胞分子。但使社会常有这种白细胞精神，社会绝没有不改良进步的道理。[②]

二　《个人自由与社会进步——再谈五四运动》

这篇文章原载于 1935 年 5 月 12 日的《独立评论》第 150 号。胡适在文章开头提出 1935 年 5 月 5 日《大公报》中所载张熙若的《国民人格之修养》这篇文章，胡适说他读了很受感动、很有感想。张熙若是政治哲

---

① 欧阳哲生主编：《再读胡适》上册，大众文艺出版社 2006 年版，第 22 页。

② 同上。

学的教授，说话不离本行，他指出五四运动的意义就在于它使人们的思想得以解放，打破传统思想的束缚和约束，使人们的潜在能力和真实面貌得以释放，这样就会产生表达自己观点和思想的氛围，从而产生所谓个人主义的政治哲学。他充分承认个人主义在理论上和事实上都有缺点和流弊，尤其在经济方面。但张熙若指出个人主义的优点在于：它承认个人是一切社会组织的来源，个人拥有思想自由和言论自由。

胡适赞成张熙若所说的“这种忠诚勇敢的人格在任何政制下都是有无上价值的，都应该大量培养的”，因为这种品质、这种人格是促使个人和社会进步的最大动力，欧洲的事例证明了爱真理胜于爱生命的特立独行的品格所造就的文明世界。但是胡适认为张熙若的所谓“个人主义”，其实就是“自由主义”（Liberalism）。胡适在这里高度赞扬了张熙若的文章，但是胡适也并不是完全接受张熙若的观点，并认为张熙若把五四运动和民国十五、十六年的国民革命运动相提并论联系在一起，并大胆地认为这两个运动走的方向是相同的。这个观点胡适认为是不正确的。民国十五、十六年的国民革命运动至少有两点是和民国六年至八年的新运动不同的：一是苏俄输入的党纪律，一是那几年的极端民族主义和苏俄输入的铁纪律含有绝大的“不容忍”（Intoleration）的态度，不容许异己的思想，这种态度是和我们在“五四”前后提倡的自由主义很相反的。

最后胡适对“五四”运动的意义做了总结，认为这场运动不仅仅是一个很纯粹的爱国运动，不是狭义的民族主义运动，而是一场思想启蒙的运动。思想的转变是在思想自由、言论自由的条件之下个人不断努力的孕育下产生的。个人如果没有自由，何谈思想转变，又何谈社会进步，更何谈革命成功？①

三　《自由主义》

这篇文章是1948年9月4日胡适在北平电台的广播词，原载1948年9月5日北平《世界日报》。胡适指出“自由主义”可以有种种说法，人人都可以说他的说法是真的。在这篇文章里，胡适表示他也说说他自己关

① 欧阳哲生主编：《再读胡适》中册，大众文艺出版社2006年版，第210页。

于自由主义的看法，请大家指教。

首先胡适指出自由主义最基本的意思是就是强调要尊重自由。接着胡适为自由主义如果没有自由打了一个绝妙的比喻，令人一读难忘。他说自由主义里没有自由，那就好像长坂坡里没有赵子龙，空城计里没有诸葛亮，总有点叫不顺口罢！胡适的比喻不可谓不精彩，不可谓不贴切。他认为，自由主义就是人类历史上那个提倡自由、崇拜自由、争取自由、充实并推广自由的大运动。“自由”在中国古代的意思是“由于自己”，就是不由于外力，就是外力不能够影响自己、不强迫自己，是自己随心所欲，是“自己做主”的意思。而在欧美国家里，“自由”还有两种意思，其中之一就是“解放”之意，就是“Liberty”这个英文单词的含义，是指从外力的裁制之下解放出来，“自己作为自己的主人”。在中国古代思想里，“自由”就等于自然，“自然”是“自己如此”，“自由”是“由于自己”，都是不受外力拘束的意思。我们现在所讲的“自由”，不是那种内心境界，我们现在说的“自由”，是一种不受外力拘束压迫的权利，同时也是在某一生活的方面不受外力限制束缚的权利。我们所要是不受外力限制的宗教信仰自由、思想自由、言论自由和出版自由。然而这些自由都不是与生俱来的，不是上帝主动赐给我们的，而是一些先进民族用长期的奋斗努力争出来的。胡适在这里的解读还是比较有见地的，他看到了无论中国还是西方社会，人民群众的权利自古以来都是自己主动抗争争取过来的，而不是统治者所主动给予的。人类历史上那个自由主义大运动实在是一大串解放的努力。宗教信仰自由只是解除某个宗教威权的束缚，思想自由只是解除某派正统思想威权的束缚。在信仰与思想的方面，东方历史上也有很大胆的批评者与反抗者，虽然在中国历史上没有人用自由这个词汇表达要争取的自由，但是中国历史上的各种思想运动、政治运动、农民起义等，都可以视为某种争取解放的运动。

胡适论述说中国思想史上的第一个开山时代，就是春秋战国时代，在这个时候就有争取思想自由的意义。古代思想的第一位大师老子，就是一位大胆批评政府的人。他说：“天下多忌讳，而民弥贫”、“法令滋彰，盗贼多有”。和老子在同时期生活的邓析，就是因为批评政府而被杀的。另一位更伟大的人就是孔子，胡适认为他是一位思想偏左的“中间派”，他对于当时的宗教与政治，都有大胆的批评，而孔子最大胆的思想、最具有争取自由意义的思想是在教育方面。这是因为孔子提出了有教无类的思想。胡适解释说“类”是门类，是阶级民族，“有教无类”就是说：“有了教育，就没有阶级民族了。”

胡适认为从老子、孔子打开了自由思想的风气之后，两千多年的中国思想史、宗教史，时时都有争自由的急先锋和不顾自己的生命而牺牲的殉道者。胡适认为孟子的政治思想是全世界自由主义最早的一个倡导者。孟子的“大丈夫”是“贫贱不能移，富贵不能淫，威武不能屈”，代表着中国经典里自由主义的理想人物，代表着中国自由主义者的独立的精神和人格象征，几千年来孟子的这一思想被中华民族一直传承，每一个知识分子、每一个有独立思想的人都从孟子这里汲取营养。在两千多年历史上，中国每当走到了宗教与思想的黑暗时代，总有大思想家、大人物、大英雄以及不畏死的仁人志士起来奋斗、批评和改革令人无法忍受的社会和统治。

胡适认为汉朝的儒教太过黑暗，于是一大批思想家和大英雄不畏自己的生死，出来对儒家作大胆的批判。桓谭、王充、张衡就是其中的杰出代表。之后，有齐梁之间的范缜，唐朝初年的傅奕，唐朝后期的韩愈等人，大胆批评佛教，攻击在当时盛气凌人、非常傲慢的佛教。但是遗憾的是，东方自由主义运动始终没有抓住政治自由的特殊重要性，始终没有走上建设民主政治的路子。而西方的自由主义正是抓住了民主政治的关键环节，产生了适应他们各个国家的民主政治制度，使人民得以掌握政权，监督国家和政府官员，人民的自由、生命、财产得到很好的保障。代议制度、无记名投票、选举制度、政党制度等这都是政治的自由主义应该包含的意义。除此之外，胡适还指出现代的自由主义，还有“和平改革”的意思。

和平改革有两个意义，第一就是和平地转移政权，不使用革命的、暴力的手段夺取政权。这个思想被现在的很多西方学者所继承，如亨廷顿就认为一个政权是不是民主政权，衡量的标准之一就是看两届政府的上台能不能和平交接政权。第二就是用立法的方法，一步一步地做具体改革，一点一滴地求进步。容忍反对党，尊重少数人的权利。胡适的这一思想也正是与共产党思想、与马克思主义理论的最大差别之一。胡适认为这是和平地进行政治社会改革的唯一基础。反对党的对立，第一是为政府树立最严格的批评监督机关，第二是使人民可以有选择的机会，使国家可以用法定的和平方式来转移政权，严格地批评监督，和平地改换政权，都是现代民主国家走向和平革新的大路。胡适还认为有许多没有忍耐心的年轻人也许听了不满意。认为年轻人要“彻底改革”，不要那一点一滴的立法，他们要暴力革命，不要和平演进。[①] 胡适郑重地指出，凡主张彻底改革的人，在政治上到最后都会走向绝对专制的道路，因为只有绝对的专制政权可以铲除一切反对党，一切反对阻力，也只有绝对的专制政权才能够不择手段、不惜代价，用最残酷的方法做到他们认为根本改革的目的，而不用顾忌他们是否侵犯人权，是否违法，是否超越了他们的权限，是否是大众的意愿。所以他们绝对不能容忍异己，也绝对不能容许自由的思想与言论。最后胡适坦白地说，自由主义为了尊重自由与容忍，当然反对暴力革命与暴力革命必然引起来的暴力专制政治。[②]

最后胡适总结了自由主义的四个意义——自由、民主、容忍和渐进和平的改革。

四 《容忍与自由》

胡适在文章中说，他在十七八年前最后见到他母校康奈尔大学的史学大师布尔先生，那次聊天他们两个人聊到英国的阿克顿勋爵要写一部《自由之史》的书，结果阿克顿没有写完就过世了，在闲聊的过程中，布尔先生说的一句话一直使得胡适难以忘怀——“我年纪越大，越觉得容忍比自由还重要。”下面就是胡适自己所写的具体内容。

康奈尔大学的史学大师布尔先生去世十多年了，但他的这句话“容忍比自由还重要”让胡适越想越觉得是一句不可磨灭的格言。胡适自己也有“年纪越大，越觉得容忍比自由还更重要”的感想，有时也觉得容忍是一切自由的根本、自由的根源：没有容忍，就没有自由。胡适在17岁的时候（1908年）曾在《竞业旬报》上发表过几条《无鬼丛话》，其中有一条是痛骂小说《西游记》和《封神榜》的。那时候胡适就已经是

---

① 欧阳哲生主编：《再读胡适》下册，大众文艺出版社2006年版，第410页。

② 同上书，第412页。

一个无神、鬼论者，所以才对封建迷信给予了莫大的讽刺，想要摧除迷信的狂论。

胡适自己说他也没有想到他在说过这些话后的15年之后（1923年）会很热心地给《西游记》作两万字的考证！更没有想到他在二三十年后还时时留心搜求可以考证《封神榜》的作者的材料！更完全没有想到《王制》那句话的历史意义。50年前，胡适没有完全懂得“诛”这个词在中国专制政体之下的特殊意义，没有明白实际上“诛”就意味着禁止国人的新思想、新学术、新信仰、新艺术的经典的根据。胡适之所以要重新叙述50年前所主张的“假于鬼神时日卜筮以疑众，曰杀”的故事，为的是要说明他年纪越大，越来越认为“容忍”比“自由”更重要，也越来越体会到了布尔先生为什么要那么说，原来并不是人越老才会这么说，并不是人越老思想越保守的缘故。

胡适一直坚持自己是一个无神论者，不信有一个有意志的神，不信灵魂不朽的说法。但是胡适说他的无神论与某些无神论却有一点最根本的不同，那就是——“我能够容忍一切信仰有神的宗教，也能够容忍一切诚心信仰宗教的人。”在宗教自由史、思想自由史和政治自由史上，我们都可以看见容忍的态度是最难得、最稀有的态度。人类的习惯总是喜同而恶异的，然而这个习惯是极其可怕的，是一切不容忍思想的根源。因为这些人相信自己是万能的上帝，相信自己是百分之百的正确，当与别人或别的宗教发生冲突时，从不怀疑自己有可能出现问题或者自己的不正确性，而是毫不客气地把原因归咎于对方，对对方采取极端的惩罚措施，这在某种程度上也就是极权主义的起源。

宗教自由史给我们的教训容忍是一切自由的根本；没有容忍“异己”的宽宏气量，就不会承认“异己”的宗教信仰可以享自由。但因为不容忍的态度是基于“我的信念不会错”的心理习惯，所以容忍“异己”是最难得、最不容易养成的雅量。如果胡适活到今日，看到波普和罗蒂的著作的话，一定会把他们引为知音，因为他们两个在告诉人类人们决不可太相信人类自己的理性的理论，要随时随地地抱着“我有可能是错的”这样的思想，要成为一个“反讽主义者”。

胡适还论述到在政治思想上、在社会问题上，他也感觉到不容忍是常见的事情，而容忍总是很稀有的、罕见的。胡适曾说过，他想用容忍的态度去报答社会对他的容忍之情。他要不断地提醒自己，警戒自己，如果要想别人容忍谅解我们自己的意见，首先我们自己要先养成能够容忍谅解别人的见解的胸怀和雅量。在这一点上我们应该向胡适学习，让我们不要再武断地认为我们自己是绝对的正确，而对他人没有一丝一毫容忍之心。

胡适的自由主义思想较为分散，没有专门论述自己系统的自由主义思想，他自己只是在不同时期通过发表不同的文章、演讲来表达自己的自由主义思想。在《易卜生主义》一文中，他的个人主义理念就已经充分表达，“社会最大的罪恶莫过于摧残个人的个性，不使他自由发展”。因此，胡适认为，发展个性必须具备两个必要条件才能使每个人的个性得到充分发展，同时个性的发展是社会进步的前提，这便是胡适对于易卜生的个人主义的全面认识，从而也逐渐形成了自己的初步的个人主义思想。后来胡适又经过自己的修正和反省，发展出了他自己的健全的个人主义。到了20世纪40年代之后，胡适的自由主义思想表现出更多的宽容、包容和容忍的性质。如果说胡适在1940年前的自由主义思想是激进的话，1948年9月《自由主义》的广播词就是胡适自由主义容忍思想的标志，他提出的自由主义的四个层面的含义——自由、民主、容忍、和平的渐进的改革，就是其自由主义思想的最好概括。在《自由主义》这篇广播词中，胡适对自己的自由主义思想进行了认真的分析、总结和概括，在坚持自由、民主和改良道路的同时，胡适着重强调了容忍的重要性，并拿中西历史上的例子加以深刻的论证、说明。

那么，胡适为什么会强调容忍的重要性呢？为什么他越老越会和布尔先生一样觉得容忍比自由还重要呢？从历史的角度上来分析的话，当时国民政府正处于兵败之际，由于民主秩序被打破再加上胡适自身的防卫心理，因此他提出这样的“容忍”的自由观。他认为在近代民主国家里，宽容、忍耐反对党，保护少部分的权利，每个公民拥有自由、财产等权利都已成了完全合理、不容怀疑的政治作风，都已形成了稳定的政治制度，但是在当时的中国，“无论是东风压了西风，是西风压了东风，都是不能容忍，都是摧残自由”。可见胡适对于当时的国民政府打破民主秩序，不能容忍多党合作体制所造成的局势的一种失望，故此他一方面借用布尔的话来表达自己内心的真实感受，另一方面也是对国民政府的讽刺和建议。

但是国民政府专注于自己的利益，置中华民族的整体利益于不顾，对于人们的建议和其他党派毫无容忍性，这让胡适流露出了更多的无奈。在《容忍与自由》的一文中，胡适进一步阐述和总结了自由与容忍的关系。在 1959 年 11 月 20 日台北《自由中国》十周年纪念会上的发言，胡适再一次提出了他的容忍自由观，可见容忍与自由的关系，是胡适晚年思想中极为重要的一部分，是胡适自由主义思想的核心，也可以说是其自由主义思想趋于成熟的一个标志，这也表现出了胡适从学理化的自由主义思想向政治妥协的一种微妙变化。

五　其他的自由主义思想文章

胡适在不同时期都写过阐述自己自由主义思想的文章，除了上述提到的文章外，胡适还写了另外一些文章来表达他的自由主义思想，尽管这些文章的主题并不是专门探讨自由主义思想，但这些文章合在一起却构成了胡适整体的自由主义思想。这些文章主要有：《思想革命与思想自由》《“宁鸣而死，不默而生”——九百年前范仲淹争自由的名言》《学生与社会》。下面我们来介绍胡适的这三篇文章。

（一）《思想革命与思想自由》

这篇文章原载于 1934 年 12 月 2 日的《大公报·星期论文》。以下是胡适的思想：建设时期中最根本的需要是思想革命，没有思想革命，则一切建设皆无从谈起。而要完成思想革命，第一步即须给予人民以思想的自由。胡适指出，本文的题目主旨是建设，现在他在文中谈思想革命，这是不是有些太自相矛盾了呢？胡适自问自答说，实则建设与革命，皆除旧布新之谓，无建设不是革命，无革命不能建设，思想革命与建设的本旨是并不违反的。

思想为什么需要革命呢？

这是因为中国的传统思想、传统的思想方法和思想习惯有许多不合于现代的需要，非把它铲除不可，否则无法形成现代的思想。

中国古来思想之最不适合于现代的环境的，就是崇尚自然。这种思想，历经老、庄、儒、释、道等之提倡，已经根深蒂固，成为中国人的传统思想。胡适把这些传统思想分析归纳如下：

第一，无为。老庄等思想皆主清净无为，以为自然比人为好，即儒家亦有此种倾向，如说“夫何言哉。四时行焉，百物生焉”。然而这种思想，却与现代环境的需要相反背。①

第二，无治。现在的社会需要法律和纪律，而老庄之流则提倡无政府的思想，一切听诸自然、顺其自然，这种思想影响人民的生活者很深，驯致养成“各人自扫门前雪，莫管他人瓦上霜”的态度。

第三，高淡性理。现在的人们需要征服自然，而传统思想则令吾人听天由命。服从自然的摆布，不提倡改造自然、改造环境，进而有意识地改善人类的生存和发展。

第四，无思无虑。胡适认为惟有思虑，才能有新知识，才能得以进步，传统思想则令吾人减少思虑，以不求知为大智，因此导致科学的不发达，社会进步如此缓慢，人们也如此的慵懒不堪，生活无忧无虑，毫无进取之心。

第五，不争不辩。现在的环境，需要人人参与政治，敢于发表舆论，主张公理。传统思想则令吾人得过且过，忘怀一切。“此亦一是非，彼亦一是非”，无所用其争辩。以实行唾面自干为无上的美德。这种思想与时代精神根本不能相容。

第六，知足。不知足乃进步之母，崇拜自然者使人随遇而安。胡适举例说断了腿、失了臂，也听其自然，但是这种顺其自然的社会还有进步的可能吗？这实际上是胡适对传统思想的误读。中国传统思想讲的顺其自然不是指生理、身体上的突然受到的伤害。

以上几种传统思想，与现在中国的环境根本上不相容，故需要思想革命以铲除。至于传统的思想方法和习惯，也有很多不合现代需要的地方，胡适总结了很多中国式的思想方法和思想习惯，主要有：镜子式的思想、根本上不思想和高谈主义而不研究的思想。

胡适所说的第一种思想方法——“镜子式的思想”，主要指“寂然不动，感而遂通”的思想方式，是指自己不主动、有意识地去思考，物来则顺应之，这样可谓镜子式的思想。其流弊便是不求甚解，不加深思，只

① 转引自欧阳哲生编《再读胡适》，大众文艺出版社 2001 年版，第 184 页。

拾人牙慧，随声附和。

第二种中国式的传统思想弊端就是根本不动脑子，用今天的话来讲就是听到的、看到的都认为是理所当然的，都认为是真的，从不去质疑、思考为什么是这样。思想之所以能够解决问题，必须要搜集材料，寻求证据，提出反证，再加上分析试验的工夫。然而从前的思想方法，并没有这些步骤，根本上竟是不思想，因此学术不能猛进。

第三种思想方法是指中国人大都只停留在空谈上，而没有去实际行动，去好好的研究。胡适认为当今世界各种思想正处于杂然繁兴的时候，而中国人的思想方法仍沿旧时的习惯，于是发生了种种不良的现象。其他国家的人经多年的研究、探讨、修正，最终成立一种学说，一种主义，到了我国国内，便被我国国人生吞活剥，提出几个标语口号，胡行妄为起来。而对其实质根本不了解，对其如何而来、经过怎样的演变、发展和修正而来，根本不管不顾，只是喊口号片面地空谈。在此胡适还以社会思想为例，各国的社会主义者都研究本国经济发展的过程，社会上种种制度的沿革，以寻求一个改良的方案。反观我国，这样潜心研究的有几人呢？

胡适在指出国人所犯的错误之后，也提出了解决的方案，就是要纠正前述的弊病，今后必须尊重专家，聘请专家去顾问政治，解决难题；对问题没有专门深入研究的人，不配担负国家和社会的重要责任。从前袁世凯废止科举，把我国千余年来仅有的一种用人标准从根本上推翻了，袁世凯没有深入思考改良考试的标准以及一系列的问题，没有对问题进行深入的细致研究，就贸然地把考试制度给推翻了，弄得现在没有一种用人的标准，都是不深思之过。

胡适认为，现在要讲思想自由了，从前的弊端既在于不思想，或没有深的思想，那么纠错的办法就是对各种问题要好好地仔细地认真地思考、再思考，不能贸然行动。而思想自由就是鼓励思想的最好方法。无论中西还是古今，凡思想可以自由发表、言论不受限制的时候，学术就能进步，社会就能向上，反之则学术必要晦涩，社会必要退化。所以我们要社会进步的话就必须要有思想和言论上的自由，要有对这两种自由的真正成熟思想，更要的是对问题有针砭时弊的思想，还要的是能够解决问题的一针见血的思想，而不是谄媚阿谀和牢骚怨愤的思想。这两种思想只能起到破坏的作用，不能起到建设性的作用。所以我们要坚决抛弃这种思想。

“总之，思想和技术的性质一样，非经过锻炼不可，没有思想自由，就没有思想革命，没有思想革命，就无从建设一切。即使有了建设也只是建在沙土之上，决无永久存在之理。”① 胡适这样总结道。

(二)《“宁鸣而死，不默而生”——九百年前范仲淹争自由的名言》

这篇文章发表于1955年4月1日《自由中国》第12卷第7期上，是胡适在美国纽约上学读书笔记的其中一篇。

胡适说，曾在几年前有人问他，美国建国前期争自由的名言“不自由，毋宁死”，在中国有没有相似的话。胡适说这话肯定有，但是他一时记不清是谁说的了，只记得在一个叫王应麟的《困学纪闻》里说过类似的话，但这几年他也没有机会再去翻查《困学纪闻》，所以，他具体记不得是哪句话了。在1955年，他偶然买得一部影印元本的《困学纪闻》，在卷十七有这一条：②

范文正《灵乌赋》曰：“宁鸣而死，不默而生。”其言可以立儒。

“宁鸣而死，不默而生”，当时往往专指谏诤的自由，胡适认为我们现在可以叫做言论自由。这就是我们中国争自由的名言。范仲淹生性耿直，看到朝政恶人当道、弊端丛生他就严厉批评，曾连上四道奏折告发吕夷简，结果被吕夷简怀恨在心，蛊惑当时的皇上把范仲淹贬到了当时饶州去做知州。结果范仲淹的妻子李氏病死在饶州，范仲淹自己也得重病。在饶州附近做县令的梅尧臣写了一首《啄木》和《灵乌赋》给范仲淹，劝他不要再批判朝中奸臣，不要多事，以免再惹祸上身。范仲淹看到梅尧臣的信后也写了一首相同题目的《灵乌赋》给梅尧臣。胡适在此援引范仲淹《灵乌赋》中的自序，“梅君圣俞作是赋，曾不我鄙，而寄以为好。因勉而和庶几感物之意同归而殊途矣”。因为这篇赋是中国古代哲人争自由的重要文献，所以胡适多摘抄引用了几句：③

灵乌，灵乌，

① 欧阳哲生主编：《再读胡适》，大众文艺出版社2006年版，第331页。

② 同上书，第342页。

③ 同上书，第467页

尔之为禽兮何不高飞而远翥？
何为号呼于人兮告吉凶而逢怒！
方将折尔翅而烹尔躯，
徒悔焉而亡路。
彼哑哑兮如愬，
请臆对而忍谕：
我有生兮累阴阳之含育，
我有质兮虑天地之覆露。
长慈母之危巢，
托主人之佳树。
母之鞠兮孔艰，
主之仁兮则安。
度春风兮既成我以羽翰，
眷高柯兮欲去君而盘桓。
思报之意。厥声或异：
忧于未形，恐于未炽。
知我者谓吉之先，
不知我者谓凶之类。
故告之则反灾于身，
不告之则稔祸于人。
主恩或忘，我怀靡臧。
虽死而告，为凶之防。
亦由桑妖于庭，惧而修德，俾王之兴；
雉怪于鼎，惧而修德，俾王之盛。
天听甚迩，人言曷病！
被希声之凤皇，
亦见讥于楚狂。
彼不世之麒麟，
亦见伤于鲁人。
凤岂以讥而不灵？
麟岂以伤而不仁？

故割而可卷，孰为神兵？
焚而可变，孰为英琼？
宁鸣而死，不默而生！
胡不学太仓之鼠兮，
何必仁为，丰食而肥？
仓苟竭兮，吾将安归！
又不学荒城之狐兮，
何必义为，深穴而威？
城苟坦兮，吾将畴依！
……
我鸟也勤与母兮自天，
爱于主兮自天。
人有言兮是然。
人无言兮是然。

胡适认为这就是九百多年前中国政治家范仲淹争取言论自由的宣言。这篇赋中的“忧于未形，恐于未炽”两句是范仲淹在十年后（1046 年）最后被贬谪之后之一年，作《岳阳楼记》，充分发挥成范仲淹最有名的一段文字：

嗟夫，予尝求古仁人之心。……不以物喜，不以己悲，居庙堂之高则忧其民，处江湖之远则忧其君，是进亦忧，退亦忧。然则何时而乐耶？其必曰“先天下之忧而忧，后天下之乐而乐”乎？噫，微斯人，吾谁与归？

胡适最后在这篇文中说，言论的自由可以鼓励人人肯说“忧于未形，恐于未炽”的正论危言，更有利于培养出“先天下而忧而忧，后天下之乐而乐”的志士仁人，来替代小人们天天歌功颂德、鼓吹升平的滥调。

（三）《学生与社会》

胡适的这篇文章原载 1922 年 3 月 10 日《共进》半月刊第 11 期，是他于1922年2月19日在贫民中学的演讲稿。这次演讲胡适谈的题目是“学生与社会”。这个题目可以分两层讲：一、个人与社会，二、学生与社会。现在先说第一层。[①] 这篇文章之所以也能说明胡适的自由主义思想观点，是因为胡适在阐述个人与社会的关系之中，表达了他自己的个人主义思想，倡导个人关注自己的个性，不要怕成为“怪物”，后来胡适的自由主义思想一直与这篇演讲有着密切的关系。

胡适首先阐述的论点就是：个人与社会有密切的关系。胡适指出个人就是社会的出产品。我们虽然常说“人有个性”，并且提倡发展个性，其实个性于人，不过是千分之一，而千分之九百九十九全是社会的。我们每个人说话所用的词汇、说话所发出的音调，都是社会在无形之中或者父母、学校在有意识之下传导给我们的；就连我们衣服的款式、样式和风格，也无不是按社会的风尚为式样；而我们自己的举手投足、言行举止也均受到社会的影响。更进一步说，就连我们称之为我们自己的思想习惯、信仰等都是社会的产品，在某种程度上，社会怎么说我们就习惯或者跟着社会怎么说，社会上有什么样的行为习惯，我们就有什么样的行为习惯，个人只是遵照社会的所谓“标准和模范”在生活、行动和思想。在某种程度上社会都说吃饭，我们不能改转来说“饭吃”。我们所以为我们，就是这些思想，信仰，习惯……这些都是社会的，那么除开社会，还能有我吗？胡适反问道。

胡适对于这个问题是这样分析的，他认为我之所以为我，在物质方面，是无数认识与不认识的朋友的。在精神方面，是社会的，所谓“人个”差不多完全是社会的出产品。在这里，胡适把人的物质生活与精神生活相区别，来认识自我与社会的关系。

其次，胡适认为个人——我——虽仅是千分之一，但是这千分之一的“我”是很宝贵的，是永不可替代的，是永不可忽视的。普通一般的人，差不多千分之千都是社会的，思想、举动、言语、服饰都是跟着社会跑。有一二特出者，有千分之一的我——个性，于跟着社会跑的时候，要另外创作，敢于说人家未说的话，敢于做人家不做的事，敢于走人家未走的

---

① 我们在此只介绍胡适所说的第一层即“个人与社会”，因为这一层的思想更多地体现了胡适的自由主义思想，而胡适所讲的第二层学生与社会的思想与他的自由主义思想基本无关，故不予介绍。

路，总之一句话，就是敢于“标新立异，特立独行”。社会就给这样一小撮人起了一个诨号，叫做“怪物”。

怪物有两种：一种是发疯的真怪物；另一种是个性的表现。这种个性表现的怪物，是社会进化的种子。因为人类若是一个人仿照着另一个人，一个群体仿照着另一个群体，一个时代仿照着另一个时代，不但不会有变更，更不会有差异，万事万物类同发展就相当于是今天的“复制”功能，这样的复制和仿照是可怕的，那么我会见到和自己长相一样的人，言行举止都和自己一样的人，自己想要的别人也想要，自己不需要的别人也不需要，这样的话人们就会失去自我的进步，失去社会的进步，到最后整个人类失去进步，进而走向灭亡。惟其有些怪物出世特立独行，做人不做的事，说人未说的话，行别人未行的举动，虽有人骂他打他，甚而逼他至死，他仍是不改他的怪言、怪行。这种人就是孟子所说的大丈夫“威武不能屈，富贵不能淫”的代表人物。当这种人创立了一套新的语言、行为以及其他的模范、规范或者道路之后，他们的私人创造刚开始人们会觉得难以接受，但是久而久之，随着时间和空间的推移，就会渐渐地有人模仿他们，由少数的怪，变为多数，更变而为大多数，社会的风尚从此改变，把先前人们所怪的视为正常了。

胡适也把宗教中的一些人物视为大怪物，耶稣就是“大怪物”之一。耶稣在当时说，“有人打我左脸一掌，我应该把右边的脸转送给他”。这样的言论和思想在当时人们的眼里，耶稣可谓是一个十足的大怪物，他的言语、行为、处处与当时的习尚相反，结果人们在当时不理解他，更不容忍他，把他钉死在十字架上。但是他虽死不改其言行，所以他死后就有人尊敬他，爱慕他，模仿他的言行，成为一个大宗教。直到今天基督教发展至此，不得不归功于耶稣这个“怪物”的坚持和怪劲，所以我们要正视“怪物”们的力量和作用，不可因为他们不同于我们而对其实施一些极端的行为，并且我们自己也要敢于为怪。

“怪事往往可以轰动一时，凡轰动一时的事，起先无不是可怪异的。比如缠足，当初一定是很怪异的，而后来风行了几百年。近来把缠小的足放为天足，起先社会上同样以为可怪。而现在也渐风行了。”① 可见不是

① 欧阳哲生主编：《再读胡适》，大众文艺出版社2006年版，第75—76页。

可怪，就不能轰动一时。社会的进化，纯是千分之一的怪物，以牺牲自己的名誉、性命，做可怪的事、说可怪的话得以进化、演变而成的。

社会的习尚，本来是革不尽，而也不能够革尽的，但是改革一次，虽不能达完全目的，至少也可改革一部分的弊习，能够起到一定的改进作用。胡适又用辛亥革命作为例子，认为辛亥革命本是一个大改革，但是以现在的政治社会发展情况看，就不能说它是完全成功的革命，不过可喜的是社会的弊习——如北京的男风、官家厅的公门等——附带革除了很多社会风俗的弊习的，所以要正确认识辛亥革命在这方面的作用。

胡适以这样的论述结尾，他说个人的成功，虽仅仅只占千分之一，但是这千分之一的个人，就是社会进化的原因和分子。人类的一切发明，都是由个人一点一滴的改良而成功的。个人可以改良社会，社会的进化全靠个人。

第四节　胡适的自由主义思想体系

胡适作为“海归派”，他的自由主义思想把个人的自由和个性的实现放在最重要的位置，以至于很多人都误把他的自由主义思想看成是个人主义。总体看来，胡适的自由主义包含四层含义，第一层是自由；第二层是民主；第三层是容忍；第四层是和平的渐进的改革。

一　健全的个人主义

个人主义是自由的基础和出发点，胡适的个人主义在提倡个人解放、人格独立的时候，有一定拯救、完善社会的倾向，但其还是以个性和个人脱离社会关系的羁绊为导向的。胡适对个人主义在一定程度上做了具有中国特色意义的调和，即理性个人主义。从这个意义上说，胡适的个人主义与西方的个人主义是有一定区别的。

学成归国后，立志做“国人导师”的胡适“打定二十年不谈政治的决心，要在思想文艺上替中国政治建筑一个革新的基础”，[①] 通过思想和

① 胡适：《我的歧路》，《胡适文存》第二集，黄山书社 1996 年版，第 330 页。

文艺的革新为国人世世代代打下良好基础。胡适看到了家族、宗族本位观念束缚压迫人性、扼杀个人独立自由精神的弊病，“西方之个人主义犹养成一种独立之人格，自助之能力；若吾国‘家族的个人主义’，则私利于外，依赖于内，吾未见其善于彼也”。[①] 他认为中国的个人主义是以家族为本位的，是一种家族个人主义，以牺牲个人为代价的。个人之独立自由精神在家族和宗族面前很难得到体现，“曰扬名也，曰显亲也，曰光前裕后也，皆自私自利之说也；顾其所私利者为一家而非一己耳”。[②] 虽然经过三次革命的国内还是死气沉沉，没让他感觉到任何新气象，“你看着二十年前的旧古董，在二十世纪的大舞台上做戏；装上了二十世纪的新布景，却偏要做那二十年前的旧手脚！这不是一副绝妙的中国现势图吗？”[③] 国人应该怎样过有意义的生活？又该怎么样解放思想？

胡适提出了易卜生式的个人主义。《易卜生主义》一文被誉为“个性解放”宣言，是胡适 1914 年在美国留学期间用英语写的一篇文章，曾在康奈尔大学哲学会上宣读过，胡适回国后将其翻译并完善。论文主旨就是提倡易卜生式的健全个人主义，以人格独立自由、个性价值尊严为精神核心，来树立新的人生观，改造思想，打破束缚。一场个性解放思潮也随之高涨，这也是胡适提出社会改革方案的最初尝试。胡适的易卜生式个人主义的核心观点是“把你自己这块料铸造成器”的“为我主义”，[④] 它包含两个层面的意思：第一，个体的自己。个性受到摧折的社会是罪不可恕的，应充分发展自己的天性和自己的个性。“这种‘为我主义’其实也是最有价值的利人主义”，[⑤] 把一个个不同的个己打造成器了以后，社会才是好的没有罪恶的社会。“救出自己”方能改变社会，方能发展独立的个性，“发展个人的人格”。第二，成器与社会。为了发展个性，“需要有两个条件：1. 须使个人有自由意志。2. 须使个人担干系，负责任”。[⑥]

为了实现个人自由必须实现个人的解放，发展个性，形成独立之人

---

① 参见曹伯言整理《胡适日记全编》卷四，安徽教育出版社 2001 年版，第 205 页。

② 同上。

③ 胡适：《归国杂感》，《胡适文存》第一集，黄山书社 1996 年版，第 450 页。

④ 胡适：《易卜生主义》，《胡适文存》第一集，黄山书社 1996 年版，第 465 页。

⑤ 同上。

⑥ 同上书，第 466 页。

格。但是个人必须对自己的行为负责，“自治的社会，共和的国家，只要个人有自由选择之权，还要个人对于自己的所行所为都负责任”。[①] 胡适很赞赏易卜生《国民公敌》戏剧里塑造的像斯铎曼医生那样“特立独行，敢说老实话，敢向恶势力作战”[②] 的独立个人；能够养成心智成熟、思想独立、辨别社会舆论、宗教等各种势力的真假，借此来完善社会。他将个人的“成器”比为“时刻与罪恶分子龌龊分子宣战的白血轮”，[③] 个性的解放与个人的发展成为社会健康之源。

胡适也借用杜威的观点来表示他对个人主义的认识。他说，个人主义包括假个人主义和真个人主义两种。假的个人主义实质上就是为我主义、自我主义，其性质是自私自利，只顾自己不管别人，只考虑自己的利益，不顾及群众的利益和国家的利益；真的个人主义是指个性主义，是指有独立思想又能够为自己的行为负完全责任的个性主义。除了借用杜威的观点来认识个人主义之外，胡适自己在这两种个人主义基础之上又增加了一种个人主义，即“独善的个人主义”。这种个人主义实质上是有渊源的，古有孔子“有道则现，无道则隐”的思想渊源和老子、庄子的逍遥游，后有陶渊明、竹林七贤等人。他们都表现为对社会现实的不满，但又无所作为，只好独善其身，逃离这个社会去寻找一种超现实的理想。胡适对假的个人主义和独善的个人主义给予了严厉的批判。他运用中国传统的儒家文化的精华构建个人主义的内核，强调个人主义是负责任的个人，是“有使命，有责任”、“有担子的人”，并突出它与中国传统的大丈夫人格是相通的，“挑得起人类的担子，挑得起天下的担子”。所以，胡适的个人主义侧重的是个性的自由发展，把自己铸造成器，从而救出自己，使自己成为一个具有特立独行的风范，有使命感、有责任感的有用于社会的新人。

（一）个性的自由发展

胡适的个人主义源自易卜生主义。易卜生主义有意夸大个人与社会的矛盾，认为社会往往摧残个人的个性，人的个性自由得不到发展，因而呼

---

① 胡适：《易卜生主义》，《胡适文存》第一集，黄山书社 1996 年版，第 476 页。

② 同上书，第 467 页。

③ 同上书，第 468 页。

吁要发展个人的个性，把自己这块材料铸造成器，并且强调发展个人的个性，首先个人要有自由意志。其次，个人需要为自己的行为负责任。胡适在这种易卜生主义的基础上引申指出：“世间只有奴隶的生活是不能自由选择的，是不用担干系的。个人若没有自由权，又不负责任，便和做奴隶一样，所以无论怎样好玩，无论怎样高兴，到底没有真正乐趣，到底不能发展个人的人格。”① 胡适借助易卜生的社会问题剧揭示各种社会势力对个人的压制，在易卜生的剧里，社会的道德、法律、宗教、家庭不是保护个人，而是压制个人的恶势力。家庭是虚伪的。他认为在家庭里面，有四种大恶：第一就是自私自利；第二是倚赖性，奴隶性；第三是假道德，装腔做势；第四是懦怯没有胆子。而做丈夫的就是私心很重，只为个人利益打算的杰出代表，因为做丈夫的可以随意淫乱其他女人，而对自己的妻子没有一点尊重，只准自己在外面拈花惹草，不准自己的妻子有丝毫的自由，稍微有一些举动都会被怀疑是可耻的，妻子只是男人的玩偶和奴隶。胡适在《娜拉》（又名《玩偶之家》）的社会剧中，描写了娜拉的丈夫要快乐，要安逸，还要体面。《娜拉》戏中的郝尔茂，他觉得同他妻子有爱情是很好玩的，他叫他的妻子做“小宝贝”、“小鸟儿”、“小松鼠儿”、“我的最亲爱的”等肉麻名字。他给他妻子一点钱去买糖吃，买粉搽，买好衣服穿。他要他妻子穿得好看，打扮得标致，做妻子的完全是一个奴隶。他丈夫喜欢什么，她也该喜欢什么，她自己是不许有什么选择的。她的责任在于使丈夫欢喜，她自己不用有思想，她丈夫会替她考虑和思想。她自己只不过就是丈夫的玩意儿，很像叫化子的猴子，专替他变把戏，逗人开心。丈夫要妻子守节，妻子却不能要丈夫守节。而在中国的家庭里，个人被牢牢地锁在家族的伦理规范下，以子女对父母的绝对服从为孝，以妻子对丈夫的绝对顺从为贞，从而造就了个人对家族、家庭的依附性。胡适从个人讲到家庭，再扩展到国家，强调世界上最孤独的人往往是最有力量的人，“救出自己”，把自己铸造成器是天底下最重要的事。一个人没有自由的选择权，又不能独立负责任，便和奴隶一样，绝对不可能有独立的人格，社会国家没有自由独立的人格，如同酒里少了酒曲，面包里少了酵母，人身上少了脑筋：那种社会国家绝没有改良进步的希望。这种个性

① 胡适：《易卜生主义》，《胡适文存》第一集，黄山书社1996年版，第456页。

的自由发展和个人的负责任紧密结合，意味着个人的主体地位的确立。

胡适除了在《娜拉》这部剧中讲述了个性的自由发展外，还在其他的著作、文章和演说中也讲述了个性的自由发展。总体而言，胡适认为外在制度、习俗强加给个人的束缚压抑了个人个性的自由发展，个人个性的发展外在环境是不能够塑造的，外在环境的发展只能为个性的自由发展提供成长的条件。所以，胡适特别注意反对传统观念、习俗和制度等因素对个人个性的压抑。胡适还认识到个人个性的自由发展是形成个人独立人格的基础，个人个性的自由发展有利于国家的强大、繁荣和文明，有利于社会的中坚分子——知识分子，形成独立健全的个人主义，进而为国家贡献自己的力量。社会里的每一个公民个性自由发展了，那么国家也就有了自由。每个公民具有了独立的自由个性，就争得了自己的人格，也为国家争得了人格，这里胡适深刻地解释了个人的个性自由发展和国家的繁荣昌盛之间的紧密关系。

（二）特立独行的风范

胡适标榜个人主义的真精神就是特立独行，并主张知识青年要学习易卜生戏剧里的人物斯铎曼，敢于坚持真理，不怕成为国民公敌，捍卫真理，做最孤独最强有力的人。易卜生所作的《国民公敌》一剧，写一名医生斯铎曼发现了本地浴场的水里有传染病菌，他还不敢相信，请一位大学教授代为化验，果然不错。他就想要去改良它，不料浴场董事和一些股东因为改造浴池要耗费资本，拼死反对，他的老大哥与他的老丈人也都多方地以情感利诱，但他总是不可软化。他于万分困难之下设法开了一个公民会议，报告他的发现。会场中的人不但不听他的老实话，还把他赶出场去，把他的裤子撕破，宣告他为国民公敌。他气愤不过，说："出去争真理，不要穿好裤子"、"世界最有强力的人就是那最孤立的人"。胡适认为，我们要改良社会，就要学这"争真理不穿好裤子"的态度，相信这"最孤立的人是最有强力的人"的名言。这种特立独行的人，在强大的社会舆论压力面前也不屈服。这也是胡适不遗余力地提倡易卜生主义的原因。胡适认为，知识青年敢于坚持真理，具有特立独行的独立人格，正是构成现代民主国家的最基本的因子。个人没有这种独立人格，国家的强大就不大可能，更不可能建设繁荣富国的民主社会。

那么，个人特立独行的人格具体又由哪些品质构成呢？胡适认为有两个方面：一是要有评判的态度，二是要掌握科学的思想方法。胡适认为，评判的态度是个人特立独行的重要基础。而且胡适强调，对青年的影响在一个国家来说是最重要的，青年要特立独行，必须要做一个“不受人惑的人”。“从前禅宗和尚曾说，‘菩提达摩东来，只要寻一个不受人惑的人’。我这里千言万语，也只是要教人一个不受人惑的方法。被孔丘、朱熹牵着鼻子走，固然不算高明；被马克思、列宁、斯大林牵着鼻子走，也算不得好汉。我自己决不想牵着谁的鼻子走。我只希望尽我微薄的能力，教我的少年朋友们学一点防身的本领，努力做一个不受人惑的人。”[①] 这种“不受人惑”的评判态度，胡适认为是自由独立人格所必备的“防身的本领”。但是，一个人只具有这种本领，还只能消极防范，还不能构成特立独行的风范。要构建自由独立的人格，还必须掌握科学的思想方法。胡适说：“在消极方面，我要教人怀疑……在积极方面，我要教人一个思想学问的方法。我要教人疑而后信，考而后信，有充分证据而后信。”[②] 胡适把怀疑的评判态度和科学的思想方法强调为特立独行的重要保障，并一再告诫知识青年要高度重视科学的思想方法，要学会运用科学的方法，并强调要教导知识青年“学得一点科学精神，一点科学态度，一点科学方法。科学精神在于寻求事实，寻求真理。科学态度在于撇开成见，搁起感情，只认得事实，只跟着证据走。科学方法只是‘大胆的假设，小心的求证’十个字。没有证据，只可悬而不断；证据不够，只可假设，不可武断；必须等到证实之后，方才奉为定论”。[③] 胡适认为这种思想方法很重要，是“创造的智慧”，掌握这种思想方法，可以使人获得“创造的思想力”。

胡适还认为，特立独行的风范还敢于反抗权威，不迷信强权，更不人云亦云，而必须具有独立的思想，独立的判断，不迷信教条，不崇拜权威，“尊重自己良心上的判断，不可苟且附和社会。今日我一个人的主张，明日或可变成三个人的主张，不久或可变成少数党的主张，不久或可

---

① 胡适：《易卜生主义》，《胡适文存》第一集，黄山书社 1996 年版，第 365—372 页。

② 同上。

③ 同上。

变成多数党的主张。……社会的改造不是一天早上大家睡醒来时世界忽然改良了，须自个人‘不苟同’做起；须是先有一人或少数人的‘不同’，然后可望大多数人的渐渐‘不同’”。[①] 因此，胡适强调，个人主义必须敢用“存疑的眼光”、“批判的态度”“重估一切价值”，坚持自己良心判断的同时要敢于负责，特立独行，即使在强大的社会压力面前也绝不退缩，坚信“今日我一个人的主张”，“不久或可变成多数党的主张”。胡适极为推崇这种特立独行的风范，认为它是人性的至高的理想境界。

周策纵曾这样论述胡适对易卜生个人主义的引进，“胡适向中国人介绍易卜生，促进了个人主义的传播。他向人们说明了易卜生反对法律、宗教、道德准则强制人们服从的理由。他说，易卜生认为：‘社会最大的罪恶莫过于摧折个人的个性，不使他自由发展’。易卜生理想中的人生是‘个人须要充分发达自己的天才性；须要充分发展自己的个性’。受易卜生的戏剧如《玩偶之家》《国民公敌》《群魔》的影响，胡适关注着中国社会中妇女的低下地位，鼓励中国妇女起而反抗。争取自身的解放，培养自立思想”。[②]

和易卜生一样，胡适以一种现实的眼光透视了中国的社会现实问题，他找到了社会的病根所在，他基于对中国传统文化的深入理解和对当时世界、中国现状的观察，就此提出个人要有独立思想、研究问题、以怀疑和评判的态度重估一切价值等主张。

（三）救出自己的行动

个人个性的自由发展虽不能由外部环境强加，但还是需要社会提供合适环境。中国受传统文化禁锢数千年，重宗法轻个人，社会上恰恰最缺少让个性自由发展的空间，因而胡适强调个人主义还必须同时是“救出自己”，因为“社会最爱专制，往往用强力摧折个人的个性，压制个人自由独立的精神；等到个人的个性都消灭了，等到自由独立的精神都完了，社会自身也没有生气了，也不会进步了。社会里有许多陈腐的习惯，老朽的思想，极不堪的迷信，个人生在社会中，不能不受这些势力的影响。有时

---

① 胡适：《易卜生主义》，《胡适文存》第一集，黄山书社 1996 年版，第 365—372 页。

② 胡适：《胡适文存》第一集，黄山书社 1996 年版，第 467 页。

有一两个独立的少年，不甘心受这种陈腐规矩的束缚，于是东冲西突想与社会作对”。[①] 娜拉的出走标志人性的复苏，个性的觉醒，但这也仅是“救出自己”的起点。要彻底“救出自己”，还必须“把自己这块材料铸造成器”。胡适这样强调：“娜拉抛弃了家庭丈夫儿女，飘然而去，只因为她觉悟了她自己也是一个人，只因为她感觉到她‘无论如何，务必努力做一个人’。这便是易卜生主义。易卜生说：‘我所最期望于你的是一种真实纯粹的为我主义，要使你有时觉得天下只有关于你的事最要紧，其余的都算不得什么。……你要想有益于社会，最好的法子莫如把你自己这块材料铸造成器……有的时候我真觉得全世界都像海上撞沉了船，最要紧的还是救出自己。’这便是最健全的个人主义。救出自己的唯一法子便是把你自己这块材料铸造成器。”[②] 这就是个人主义救出自己的行动宣言。个性要充分地自由发展，个人要充分地发展自己的能力，就必须把自己铸造成器。只有成器了，才能向一切恶势力作战。

胡适的个人主义高度注重负责任，所以，个人必须充分发展不受他人控制、自由自在的个性。个人自由、个人个性的张扬和发挥，才能引起一种新风尚，才能打破传统儒家的权威，从而才能显示出个人价值，才能为国家和社会作出贡献，获得国家和社会的承认。胡适对青年学生教导说，救国是一件大事业，排队游街，高喊着“打倒英日强盗”，算不得救国事业；甚至于砍下手指写血书，甚至于蹈海投江、杀身殉国，都算不得救国的事业。救国的事业须要有各色各样的人才；真正的救国的预备在于把自己造就成一个有用的人才。自己本身没有学习到一身的本领和知识，而仅仅在口头上空喊救国，在某种程度上不仅无法实现救国的理想，反而影响国家和社会的正常发展，也容易被别人所利用，更容易自身受到灾难。还是易卜生对个人主义描述得好：真正的个人主义在于把你自己这块材料铸造成个东西。他又说，有时候他觉得这个世界就好像大海上翻了船，最要紧的是救出自己。胡适认为在这个高唱国家主义的时期，我们要很诚恳地指出：易卜生说的“真正的个人主义”正是到国家主义的唯一大路。救国须从救出你自己下手和开始！

---

① 胡适：《胡适文存》第一集，黄山书社 1996 年版，第 460—462 页。

② 同上。

胡适除了强调救出自己与改造社会之间有密切关系外，还十分重视个人与社会的和谐关系，十分重视个人在历史这个大坐标轴的坐标，并不是单独地特别着重提出救出自己，而是把个人放在国家这个大环境里审视，凸显“救国须从救了自己下手”，并特别凸显“真正救国的预备在于把自己造成一个有用的人才”。

胡适的个人主义不但强调个人的个性的自由发展，培养个人的硬骨气，把自己从恶劣的环境救出来，而且强调个人还必须培养冒险进取的精神，要有不屈不挠的顽强斗志，并且“需要认定这个世界是很多危险的，是不太平的，是需要冒险的；世界的缺点很多，是要我们来补救的；世界的痛苦很多，是要我们来减少的；世界的危险很多，是要我们来冒险进取的，俗语说得好：‘成人不自在，自在不成人。’我们要做一个人，岂可贪图自在；我们要想造一个‘少年的中国’，岂可不冒险；这个世界是给我们活动的大舞台，我们既上了台，便应该老着面皮，拼着头皮，大着胆子，干将起来；那些缩进后台去静坐的人都是懦夫，那些袖着双手只会看戏的人，也都是懦夫；这个世界岂是给我们静坐旁观的吗？那些厌恶这个世界梦想超生别的世界的人，更是懦夫。”[①] 总而言之，胡适的“健全的个人主义”具有重大的历史意义。在理论上胡适的个人主义观实现了中国个人观从历史上向现代的转型，开启了一个个人主义的新时代。同时在现实上，它培育了个体意识、自由精神，促进了中国人自我意识的觉醒，破除中国人顺从的意识，解除了正统思想权威的羁绊，实现个人个性解放，塑造了具有现代主体人格的新国民，实现人的现代化，进而促进社会的现代化。

二 宪政主义思想

胡适秉承了他的老师杜威的民主思想，把实用主义科学实验的方法应用到了社会生活。他认为民主实质上是一种生活方式，是一种每个人都承认别人的言论和思想都有价值，每个人不认为自己的意见和思想是最终的

① 胡适：《天下无不可为之事：胡适笔下的人生恳谈》，中国国际广播出版社 2009 年版。第 24—26 页。

真理，用现在美国政治哲学家罗蒂的话来说就是，每个人都要具有“反讽意识”，不把自己的思想当作上帝。同时胡适还认为，自然科学离不开民主，每个人的个性发展离不开民主，建立现代的民主国家更离不开民主。“只有自由可以解放我们民族的精神，只有民主政治可以团结全民族的力量来解决全民族的困难，只有自由民主可以给我们养成一个有人味的社会。”① 胡适的这种思想来源于杜威对民主的认识，杜威认为，社会民主是需要人们不断地斗争去争取，靠对现存社会的改造来实现。教育则是维护和发展社会民主最重要的手段。根据杜威的理论和经验，教育在民主塑造的过程中起到的作用意义非凡，它的重要性是使人们形成民主意识即形成民主的生活方式。在胡适看来，民主理论不应仅仅停留在社会风尚当中，而应当渗透到个人道德和个人价值的层面之中，使之具有内在的道德性质。胡适认为，民主起点不妨很低，制度不妨简单，只要是朝民主方向发展，就是在建设和发展民主政治，那就不同于专制政治，也就是实行民主政治。“民主政治的好处在于不需要出类拔萃的人才；在于可以逐渐推广政权，有伸缩的余地；在于集思广益。”②“只需要那些有选举权的公民运用他们的选举权，这种能力是不难训练的。”③ 胡适认为民主制度的意义在于通过教育“训练”使民众真正地领会民主。因而，他认定民主政治制度是最符合中国当时国情的，最现实可行的。胡适还提出，要训练国民民主生活的能力，就需坚定民主主义的信念：首要的是要明白国民至多可以受欺于一时，但不能受欺于长久；其次，坚信制度与法律对人心的改造，而人心接受了法制，更可以长久维持法治；再者，民治本身就是一种公民教育，凡是具有公民资格的人都可以参与。

受西方政治制度和法律思想的熏陶，胡适一直希望国民党放弃一党专政，实行多党制，要求国民党容忍反对党的存在，给人民以结社自由。胡适在他的一篇《政制改革的大路》的文章里指出，国民党一党专政的腐败是一种必然，“今日党治的腐败，大半是由于没有合法的政敌的监督”。④

---

① 胡适：《胡适全集》第1卷，安徽教育出版社2003年版，第614页。

② 胡适：《一年来关于民主与独裁的讨论》，《胡适全集》第22卷，安徽教育出版社2003年版，第204页。

③ 同上。

④ 胡适：《胡适全集》第22卷，安徽教育出版社2003年版，第345页。

他认为，“树立一个或多个竞争的政党是改良国民党自身的最好方法”。[①]因此他提出建立多党制民主才是真正落实“实行宪政”的唯一途径。同时他要求国民党执掌政权必须以人民的意志为转移，以人民的利益为宗旨，“人民的福利高于一切，国家的生命高于一切”。[②] 为公道计，为收拾全国人心计，“国民党应该公开政权，容许全国人民组织政治团体”。[③]“该制定一个中华民国的宪法，至少也应该制定所谓的训政时期的约法。”[④] 向人民公开政权，抛弃专政，实行宪政。所谓宪政就是制定宪法和法律，所有的行政都以法律为出发点。宪法处于至高无上的地位，任何人、任何政党、任何机构、任何组织都不能违反宪法，各种法律的制定都必须以宪法为基础，行政、司法、立法若有违反宪法都视为无效。同时建立违宪审查制度，一切违反宪法的行为都当然地被否定。只有以法律为基础，以宪法为根本的准则，是保障民主和自由的基础。“政府的各机关不得逾越他们的法定权限，使他们不得侵犯人民的权利。”[⑤] 在这里，胡适倡导的宪法至上原则以及政府机构的运行原则都与美国的政治制度很相像，这可以归因于胡适在美国留学看到了美国政治制度的优点，所以他想模仿美国的政治制度在中国也建立一套。不过胡适强调的：一种真正的宪政必须以承认并尊重和保障个人的自由和价值为前提条件。就这一点来说还是非常具有长远眼光的。

三　容忍思想

“容忍”一直是胡适本人所遵循的为人处世的原则，同时也是他的自由主义思想的一条原则。他在 1948 年 9 月发表的《自由主义》一文中说：“我做驻美大使的时期，有一天我到费城去看我的一个史学老师布尔教授，他平生最注意人类争自由的历史，这时候他已 80 岁了。他对我说：

① 胡适：《胡适全集》第 22 卷，安徽教育出版社 2003 年版，第 345—346 页。

② 同上书，第 346 页。

③ 胡适：《政制改革的大路》，《胡适全集》第 22 卷，安徽教育出版社 2003 年版，第 346 页。

④ 胡适：《胡适全集》第 22 卷，安徽教育出版社 2003 年版，第 390 页。

⑤ 同上书，第 434 页。

‘我年纪越大，越觉得容忍比自由还更重要。’”在此之后的1959年3月，胡适发表《容忍与自由》一文。殷海光盛赞其为“近四十年来中国思想史上的一个伟大的文献”。胡适刚开始时把英文“tolerance”翻译成了容忍，后来意识把到tolerance翻译成宽容更精确，更符合与民主、自由相对应的关系和意义，宽容正是民主的精髓所在，所以又改译为宽容。胡适在这篇《容忍与自由》中说：“我要用容忍的态度来报答社会对我的容忍，因为我年纪越大，我越觉得容忍的重要意义。”他进一步就“容忍”的意义作了精辟的阐述，认为容忍是一切自由的根本，没有容忍“异己”的雅量，就不会承认“异己”的宗教信仰可以享受自由。他还说，他应该用容忍的态度来报答社会对他的容忍。我们要想别人容忍谅解我们的见解，我们必须先养成能够容忍谅解别人的见解的度量。至少我们应该戒约自己决不可“以吾辈所主张者为绝对之是”。胡适强调：“自己要争自由，同时还得承认别人也应该享受同等的自由：这便是容忍。”①

一个社会缺乏容忍的雅量，自由就得不到切实的保障。容忍是自由的前提，一个社会如果没有容忍那么自由就难以产生和维持，容忍是比自由更重要的品质。因为容忍是自由的根源，没有容忍，就没有自由可说了。社会如果没有或者缺少容忍，“无论是东风压了西风，是西风压了东风，都是不容忍，都是摧残自由。”② 胡适坚守自由主义立场，指出容忍至少要具备两个要素：第一，一定要尊重“新思想、新信仰”的人们。他们并不一定是我们的敌人，真正的敌人是成见、偏见和懒得进行“思想”的人，对信奉新信仰和保持旧信仰的人都不能有仇恨。容忍的第二个要素是：凡是肯用思想来考察他的成见的人，都是我们的同盟！对于新信仰的人们，他们有独立思考和独立判断的权利，我们必须像尊重自己一样尊重他们，必须敬重这种对独立思考、独立判断的忠诚。可以不同意别人的观点，不同意甚至反对别人的信仰，但也只能是很诚恳地请求旧思想和旧信仰势力之下的朋友们起来向“成见”和“不思想”开战。③

胡适认为：“在民主政治已上了轨道的国家里，自由与容忍铺下了和

① 《容忍与自由——胡适演讲录》，京华出版社2006年版，第240—251页。

② 胡适：《自由主义》，《世界日报》1948年9月5日。

③ 胡适：《〈科学与人生观〉序》，《科学与人生观》，亚东图书馆1923年版，第6页。

平改革的大路，自由主义者也就不觉得有暴力革命的必要了。”[①] 这种渐进式的改革，一是可以和平地转移政权，二是可以用立法的方法一步一步地改革。反之，暴力革命“只能浪费精力，煽动盲动残忍的劣根性，扰乱社会国家的安宁，种下相残害相屠杀的根苗，而对于我们的真正的敌人，反让他们逍遥自在，气焰更凶，而对于我们所应该建立的国家，反越走越远。”[②]

胡适强调“容忍是一切自由的根本”。[③] 实质上就是容忍不同的政见、思想、信仰，让不同的思想、政见、信仰有存在和发展的自由，“没有容忍‘异己’的雅量，就不会承认‘异己’的宗教信仰可以享自由”。[④] 如果每一个当权者及其政党都自以为本党的政治主张才是唯一的正确，不允许存在不同的政治思想，那自由就会被彻底扼杀，社会进入专制，思想变得僵化，人人都受奴役。自由的前提是容忍，“容忍‘异己’是最难得，最不容易养成的雅量”。[⑤]

由此可知，在胡适的自由思想中，容忍具有双重的内涵：一是当权的政党必须具有容忍的雅量，容忍负责任的批评；二是争取自由的知识分子也须具有容忍，允许政府逐渐的改进，切不可采取激烈的手段对抗政府。容忍是自由主义者和有权有势者双方面的事。胡适之所以这样阐释他的容忍思想，是因为他的动机和目的在于维护现存的政治统治秩序。他想以自由主义思想为指导，为自由主义者和政府约法三章，各自遵守协定，互相容忍，共谋一点一滴的进步。

四　渐进和平的改革思想

（一）反对暴力，提倡改革

在胡适的观念里，个性主义、自由与容忍是一个现代社会所必备的，在这样的基础上，他主张实行“和平渐进的改革”，反对暴力革命。他秉

① 《容忍与自由——胡适演讲录》，京华出版社2006年版，第230—231页。

② 胡适：《容忍与自由》，《自由中国》第20卷第6期，1959年3月。

③ 同上。

④ 同上。

⑤ 同上。

承英美经验主义传统，只承认真实可靠的进化，在于一点一滴地不断改进，中国的出路就在于认真研究一个个具体的问题，经此而“再造文明”。和平渐进的改革有两个意义，和平地转移政权和用立法的方法，一步步地改革、进步。胡适认为，社会进步有革命和演进两种形式，所以不能一概反对革命。他说：“变化急了，便叫革命；变化渐进，而历史上的持续性不呈露中断的现状，便叫做演进。但在方法上，革命往往多含一点自觉的努力，而历史演进往往多是不知不觉的自然变化。”[①] 在这一点上，“自觉的革命都优于不自觉的演进”。[②] 关键在于，推进变革的方式有和平演进的手段和革命暴力的手段。胡适认为，后者求诸武力解决，是没有明确目的的，只能产生混乱，只会造成杀戮和严重的犯罪行为。胡适不仅终其一生反对“暴力革命”，同时对革命思潮的“一揽子解决”倾向也是持保留态度的。当他提笔第一次为《努力周报》写《这一周》时，首先就写下了这样的话：“我们是不承认政治上有什么根本解决的。世界上两个大革命，一个法国革命，一个俄国革命，表面上可算是根本解决了，然而骨子里总是逃不开枝枝节节的具体问题。虽然快意一时，震动百世，而法国和俄国终不能应付那一点一滴的问题。我们因为不信根本改造的话，只信那一点一滴的改造……只存一个‘得尺进尺，得寸进寸’的希望，然后可以冷静的估量现实的政治上的变迁。”[③]

和平革命是自觉的改革，依赖的就是胡适所推崇的“实验主义”方法，即认清问题和问题中的疑难，一步一步地加以解决。胡适断言，在现代中国的社会进程中有五大仇敌要铲除，它们是贫穷、疾病、愚昧、贪污、扰乱，相对的是要建立一个治安的、普遍繁荣的、文明的、现代的统一国家。在达到这些目的的方法上，最要紧的就是要用改革代替“革命”。

（二）好政府主义

胡适一向主张崇尚科学民主，反对革命、暴力，主张一点一滴的渐进

① 胡适：《我们走哪条路?》，《新月》第2卷第10号，1930年12月10日。

② 同上。

③ 胡适：《这一周》，《胡适文集》（3），北京大学出版社1998年版，第401页。

改良。早期胡适在北洋政府时期曾经宣扬过“好政府主义”来实现它的改良路线，晚期胡适更是主张一点一滴的改良思想，提出了自由与“容忍”并对自己的自由主义思想做出了一个整体归纳。

胡适 1921 年 8 月 5 日在安庆一中做了一个关于《好政府主义》的演讲，正式提出了“好政府主义”这个概念。之后胡适又相继在上海、北京等地多次做过关于“好政府主义”的讲演，宣传他的“好政府主义”。直到 1922 年 5 月，由胡适主笔草拟，经蔡元培、李大钊、王宠惠、汤尔和、罗文干等 16 名知名学者连署的《我们的政治主张》一文在《努力》周报第二期上发表。《我们的政治主张》较为系统地阐述了对现实问题的意见，表明了如何具体地实现“好政府主义”，阐述了“好政府主义”的理论原则，标志着“好政府主义”系统理论的成形。当时国民党政权初创，军阀割据各自为政，政局腐败，并且无政府主义思潮泛滥，胡适就是在这一背景下思考他的政府架构的。这篇《政治主张》在当时曾引起不少的讨论，内容大致如下：一、政治改革应该有一个人人都能了解的目标，这个目标就是“好政府”。二、“好政府”含义有两个方面。好政府在所谓的“消极方面”的意思是指要有正当的机关可以监督防止一切营私舞弊的官吏；在积极的方面是指要充分利用政治的机关为社会全体谋福利，要容纳个人的自由，爱护个人个性的发展。三、对今后的政治改革，有三个基本的要求一个宪政的政府、公开的政府（包括财政的公开与公开考试的用人等）和一种有计划的政治改革。四、政治改革的第一步就是要让自命“好人”的人出来与恶势力作战。五、对于当前问题的意见：（一）要求一个公开的，代表民意的南北和会，早日正式解决南北分裂的问题。（二）我们深信南北没有不可和解的问题。对于南北议和的条件，我们要求（甲）南北协商召集民国六年解散的国会，（乙）和会应责成国会克期完成宪法，（丙）和会应该协商裁兵，（丁）和会一切会议都应该公开。（三）我们对于裁兵的问题，主张四点，其中一项“裁废虚额，缺额不补”，是在君主张最力的。（四）我们提出一个“裁官”的办法，并主张参酌各国文官考试法，规定“考试任官”与“非考试任官”的范围与升迁的办法：凡属于“考试任官”的，非经考试，不得委任。（五）对于现行的选举制度，我们主张废除复选制，采用直选制，并严定选举舞弊的法律。（六）对于财政问题，我们主张“彻底会计公开”，“根据我们国家的收入，统筹国家的支出”。

“好政府主义”首先假定的前提就是要有一个政府。政府的出现胡适认为有两种说法，一种认为政府的出现是一种人类社会发展趋向好的一面，另一种说法认为是一种坏的倾向。第一种观点认为政府是天生的，是神意的代表的。如中国古代所谓的“君权神授说”和西方古代的“神权政府观”。第二种观点认为政府有害无利，就算有利也是利少而害多。中国的老子、庄子主张此说，从西方的古希腊到现代也有许多人倡此说的。胡适指出，中国目前需要一种符合大众心理实际需要的公共的“目标”，这种“目标”就是“好政府主义。”

胡适提出：“好政府主义，既不把政府看作神权的，亦不把政府看作绝对的有害无利的，只把政府看作工具，故亦谓之工具的政府观。”[①] 胡适认为政府是人民需要的一种“工具”，是服务于人民的。而这种“工具”恰好适用于人民的生活需要，就是“好政府”了，他把这种“实用的学说叫做“好政府主义”，也叫“工具主义”。[②] 但是政府的这种工具性质是不可缺少的，并且是具有公共权力的一种公共工具。因为如果要没有政府的这种工具，公共秩序、公共组织、公共规则就不会形成，人们社会生活间的矛盾也不会得到解决，社会也不会向前发展。

第五节　胡适自由主义思想的深化和发展

胡适提出了许多与他之前的中国自由主义学者不同的思想，这也是胡适对中国自由主义思想的独特贡献。归纳起来，胡适对自由主义思想的贡献主要集中在以下几个方面。

一　通过法治保障健全的个人主义

胡适不仅主张健全的个人主义，而且为他主张的健全的个人主义通过

---

① 胡适：《胡适全集》第 21 卷，安徽教育出版社 2003 年版，第 257 页。

② 同上书，第 258 页。

人权和法治观提供理论支撑。提倡保障人权、确立健全的个人主义也是《独立评论》时期胡适政治思想的主旨与核心。他强调人权和法治的目的还是为了保护他的健全的个人主义，保护个人的独立精神不受任何党派和集团偏见的影响。1929 年之后胡适在《新月》杂志上发表《人权与约法》一文，锋芒有所收敛，不再像之前具有的火药味，但是他对人权和个人主义价值的关怀却更深切。

胡适一辈子倡导健全的个人主义，在新文化运动时期，胡适与鲁迅等一大批新文化知识分子一样，认识到了中国的旧社会是一个“吃人”的社会，个人的生命、价值和尊严受到全面的漠视、忽视，因此他们激烈地批判封建社会的糟粕文化，激烈地批判没有人权、人性的旧制度、旧道德和旧文化。在这个时期，胡适开始表达他的人权思想。胡适的思想蓝图是这样的，总目标和核心目标是健全的个人主义，而健全的个人主义要求首先要有人权，而人权的保障需要通过法治。所以胡适在提出健全的个人主义同时，也开始倡导他的人权思想。1929 年胡适在《新月》杂志上发表《人权与约法》的文章，开始揭露并谴责南京国民政府、国民党党部机关以及蒋介石本人侵犯人权的状况，明确提出要反对国民党的“党治”、“人治”制度，反对国民党在思想上、言论上压制人民的自由的专制政策，热切呼吁要切实保障人权，实行“法治”下的民主政治。经过胡适这篇文章的呼吁，久压之下的人们的情绪和人性力量爆发出来了，几千年未曾得到释放的力量猛然之间以火山爆发的形式突然井喷，掀起了 20 世纪上半叶中国思想家关于“人权”问题的大讨论，好似西方的启蒙运动一般在中国的历史上产生了人权启蒙的作用。

胡适之所以批判国民党的丑恶行径和虚伪嘴脸，是因为国民党上海特别市党部代表陈德征在国民党三全大会上提出“严厉处置反革命分子案”，要求南京国民政府的各级司法机关听命于国民党的各级党部，以保证国民党对司法权的完全控制。[①] 在 1929 年 4 月 20 日，南京国民政府为了混淆视听和掩人耳目，又发布“保障人权”的命令，宣称：“当此训政开始，法治基础亟宜确立。凡在中华民国法权管辖之内，无论个人和团体

---

① 《陈德征之档案（剪报）》，中国社会科学院近代史研究所中华民国史组编：《胡适来往书信选》（上），中华书局 1979 年版，第 508—509 页。

均不得以非法行为侵害他人身体、自由及财产。”国民党政府虽然在口头上、表面上宣讲保障人权，实则是借此契机控制司法机构，准备大权独揽，这样国民党就能够不顾人权的约束，可以任意侵犯人权。胡适一眼看穿了国民党的阴谋诡计和丑恶罪行，所以立即发表《人权与约法》一文，批判和揭露国民党的这个政策和命令，指出国民党提出的法治政策避而不谈“政府机关”守法，不谈政府机关侵犯人权的规定，认为“今日我们最感觉痛苦的是种种机关或假借政府与党部的机关侵害人民的身体自由及财产”。胡适列举了上述陈德征提案以及唐山军队拘禁商人、安徽刘文典案等例子来揭露国民党侵犯人权的铁的事实，指责国民党的暴行之下只有“人治”而无“法治”，根本不像国民党所宣传的那样有什么法治可以遵循，可以说国民党是借“法治之名”行“人治之实”，在国民党眼里根本无所谓什么“人权”。

法治在胡适的思想中到底代表什么含义呢？胡适认为，法治就是要政府官吏的一切行为都不逾越既有法律规定的权限和规定。法治只认法律，不认得任何人。任何人都必须在法律的范围内活动，任何权力也都必须在法律的范围内行使，任何人在法律的面前一律平等。胡适认为，当时如果要建立法治基础，第一件事情就是要制定一个中华民国的宪法，至少也应该制定一个临时过渡时期的宪法即所谓训政时期的约法，以此约法来规定人民的身体、自由及其财产，来规定政府的权限和范围，超越此权限就是非法行为。如果有侵犯人权的人民可以控告，被控告之人经过法律程序核查的确犯有罪行必须接受法律的制裁。经过上面的论述和对胡适法治、人权和健全的个人主义思想的考察，我们可以得知胡适的目的就是希望通过法治来保障人权，进而保护健全的个人主义。

但是需要注意的是，胡适虽然把法治作为人权的保障手段和措施，把法治作为国家、政府机关以及国民的行为准则和标准，但他并不把法治问题作为政治意义上的一个问题加以认识和决断。他坚持主张民权的保障是一个法律问题，应该在法律的范围内去寻求解决，而不能通过政治手段来解决。为什么这么说呢？这样论说有什么根据呢？这是因为，在 1932 年 12 月，宋庆龄、蔡元培、林语堂、杨杏佛等人在上海发起组织了“中国民权保障同盟”，由于胡适的影响力和众所周知的能力，胡适被推举为该组织北平分会的主席。胡适刚开始曾一直认真工作，也认同民权同盟的纲领、方针和政策，认为这个机构和组织能够为民权事业做出贡献，这与他的理想和想法是一致的，但是后来却因为“匿名控诉事件”和同盟的民权宗旨、性质等问题上与上海总部产生了重大分歧而退出了组织。在退出之前，胡适写了《民权的保障》这样一篇文章，在文章里他提出了很多自己的思想和看法，认为先进的民族所获得的民权不是君主给予的，更不是法律授予的，而是依靠无数的仁人志士和先知先觉们用力抗争、用血争取到的，若没有长期自觉的奋斗，就绝不会有法律规定的权利，即使有了法律的授予，若没有养成监护自己权利的习惯，若没有无数仁人志士和国民的监督就无法保障，就只是一纸长篇大论而无实用的空文。法律仅仅能起到规定权利的作用，决不能起到保障人们权利的作用，权利的保障还必须要人们的努力争取和养成一种不肯放弃权利的行为习惯。

胡适之所以会有这样的论断，与胡适对中国传统文化和传统社会的认识有关，胡适认为中国人总以和为贵，总以为家丑不可外扬，总不愿意诉讼，正是这种宁可吃亏而不愿诉讼的所谓品德、习惯和心理养成了中国人不重视权利的风俗，以及由此造成中国律师、法律的研究、学习以及职业相对匮乏，越是没有律师阶层，中国人的权利在侵犯时越是无法得以维护，越是不愿意找律师或诉诸诉讼、法律，这样越是导致律师、法律的从业人员缺乏以及由此产生的诉讼风俗习惯难以形成，两者互为影响、制约。胡适提到中国人提倡权利思想、法律教育，有法律公开辩护的日子太短，所谓的约法和宪法规定的人民权利都还是一纸空文。人民自己也不知道怎么享用和保护自己的权利，一旦等到自己的人权受到损害、侵害之时，人们只知道手忙脚乱地去走门路、托人情、行贿赂，即使这样却不肯走正当的法律途径，也不肯诉诸所谓的诉讼手段。所以胡适到最后认为，中国几千年来人民权利没有得到保护的绝大原因是因为中国没有形成律师阶级。由此看出，胡适受美国的影响太大，胡适片面地只看到了美国律师所发挥的积极作用，而没有看到律师们所发挥的消极作用。

胡适与中国民权保障同盟在关于民权保障的立场和出发点上的意见都是不同的，后者的目标是把中国民权保障同盟运动发展成为一个政治运动，但是这次运动也因杨杏佛的被暗杀而最终破灭。同样胡适欲通过法律的途径而谋民权之改善最终也仅仅证明是一个不切实际的幻想，但是我们并不能因这个思想不能实现就认为它没有价值，相反胡适的见解对于被压迫达几千年之久的中国人来说是一剂猛药，在当时掀起了关于人权问题的大讨论，在今天看来仍然具有很强的理论意义和现实价值，通过法治保障人权的思想也是胡适对中国自由主义发展的一个深化。

二 民主宪政思想

民主既是自由主义的重要价值观，也是自由主义价值观的实现形式和制度体现。胡适及其所代表的现代中国自由主义群体一开始就将其奋斗目标定位为民主，他们孜孜以求的就是用民主政治取代王权政治、君主政治，想把中国改造成为一个类似西方国家一样的名副其实的民主共和国。这种理想是胡适从他美国的老师杜威那里继承而来，他从美国归来时就已经显露出了他的这种政治志向。他反对“空谈”社会主义，反对当马克思主义思想的奴隶，他认为马克思主义思想排斥民主思想，马克思主义强调无产阶级专政，强调用暴力推翻资产阶级的政权，建立无产阶级专政的人民民主的国家，这都与民主制度所倡导的宽容、容忍以及渐进的和平改革思想相冲突和矛盾。所以他从美国归来之后，就与主张社会主义和无产阶级专政的陈独秀等人分道扬镳。20 世纪 20 年代末和 30 年代前期，他对自己的自由主义民主观进行了大量论述，他首先从民主的“教育”功能入手强调人民可以从民主的实践中提高参政能力。他认为，民主制度的本身便是一种教育，民主是一所大学校，是人民参政的训练、培养场所，民主制度就是提高人们的参与意识，让人们学习如何参政，让人们养成权利意识，养成参与政治的习惯。当然人们在最初参政时期，错误总不能免的，但我们不可因人们的参政经验不足或者参政所需要的知识不够便不许他们参政。实际上越是程度幼稚的民族越是需要政治训练，相反民主程度高的国家或地区却要保持一定的政治冷漠，没必要动员和要求每一个公民参政，这样才能使得政治制度和社会良性发展。总之，在民主制度发展的初期，一定要鼓励人们积极参政。为了证明民主这样的西方社会国家的政治体制和制度能够毫无变通地、毫无条件地适应中国这样落后的国家，胡适把与民主相关的其他条件统统忽略不计，尽可能地将民主简单化、通俗化，不顾民主的实现需要一定的文化传统、经济发展、识字率的提高、城镇化、工业化等一系列的条件和基础。他说，宪政不是什么高不可攀的理想，而是可以学得到的一种政治生活的习惯，宪政并没有多大奇妙，不过是建立一种规则来做政府与人民的政治活动的范围，在这个范围内，凡“国民都可以参加政治，他们的意见都有正当表现的机会，并且有正当方式可以发生政治效力”。胡适的观点在今天看来有些幼稚和可笑，但是所体现的都是胡适所追求的民主的政治理想。在当时看来，胡适的民主思想有一定的先进性和突破性，胡适希望从现在开始，从基础的方面做起，一步一步地把中国建设成为一个民主、宪政的现代国家。

三　个人主义的关怀

自古以来不论是西方的自由主义思想还是中国的自由主义发展都注重个人主义，个人的自由、权利是自由主义思想的特征。胡适作为中国第二代自由主义的代表人物，在对自由主义思想的个人主义的发展上有一些进步和深化。他的这些思想曾在《个人自由与社会进步》《易卜生主义》等文中有所体现。

在1935年的5月5日，张熙若在《大公报》“星期论文”发表《国民人格之修养》一文，纪念五四运动二十六周年，颂扬五四精神。在这篇文章里，张熙若指出五四运动的意义是思想解放，而思想解放使得个人解放，个人解放产生出的政治哲学则是个人主义的政治哲学。胡适对张熙若能够在五四运动的最不适宜发表自由主义思想的时刻，发表这样的文章表示很是惊喜，并且感到大有知音之感，胡适也借机说出了自己想说的话。于是胡适自己立即写出了两篇文章——《纪念“五四”》和《个人主义与社会进步》，对张熙若的观点做出正面的积极回应。胡适把张熙若所说的“个人主义”定义为“自由主义”来进行阐释。

第一，胡适认为新文化运动实质上是一场思想解放、思想启蒙与个人解放的运动，也可以称为一场自由主义的运动，并且这场运动更应该强调坚持自由主义的立场。第二，胡适指出当时他所说的个人主义有两种：（1）假的个人主义就是为我主义，它的性质仅仅是只顾自己的利益，而不关心他人的利益。（2）真的个人主义就是个性主义，它的个性有两种，一是独立思想，不肯把别人的思想言论当回事；二是个人对自己思想信仰的结果要负完全责任，不怕权威、监禁和杀身，只追求真理，不顾个人的安危。胡适认为这种个人主义才是“健全的个人主义”。易卜生的思想就是这种健全的个人主义的代表。同时这种个人主义有两个原则：一是充分发展个人的才能；二是要有独立的人格。综合起来来理解胡适的健全的个人主义，就是要有孟子般的独立的人格和自由的意志、易卜生般的独立自由精神和对社会的崇高责任感。第三，胡适认为个人主义是超越阶级性的。最后，胡适不同意张熙若把五四运动和民国十五、十六年的国民革命想提并论的说法，认为虽然五四运动是一场纯粹的爱国运动，但当时的文艺思想运动却不是狭义的民族主义运动，而是一场自由主义思想的运动。

胡适在《易卜生主义》一文中，曾阐述了自由独立人格和个人主义的深远意义，指出社会最大的罪恶是消灭个人的个性，使之得不到自由发展，还提出了发展个性所需要的两个条件（这两个条件我们在前文胡适作品介绍中已有介绍，在此不再赘述）。值得指出的是，胡适在强调个人主义的同时，也明确反对狭隘的国家主义。他认为，易卜生从来不是狭隘的爱国者和国家主义者，认为青年人应该学习易卜生笔下的娜拉和斯铎曼医生，努力铸造自己的个性和人格，学会特立独行、敢说敢做，敢于向恶势力、向权威挑战。这种独立自由人格的个人主义是为负责人的个人而培养的，胡适很明确地表示，个人相对于人类来说都是“小我”，可以说个人在整个人类社会当中只是几十亿分之一的微小分子，并且终究会灭亡的，而人类的“大我”则是不朽的、不死的。因此他主张对于大我负责人的个人主义。到了20世纪40年代，胡适对他的“健全的个人主义”的思想又作了进一步的修正和提升，将这种个人主义认定为人类发展与社会进步的基本条件和一种判断是否为自由主义者的标准。

胡适对中国自由主义思想的深化除了提出通过法治保障健全的个人主义、民主宪政和个人主义的关怀之外，还对自由主义思想本身的概念、内涵、分类以及与个性、国家等关系作了深入的探讨和分析。

（一）对自由主义内涵和分类的认识深化

胡适认为，自由主义的第一层含义就是自由，其特征就是要使个人有自由意志和承担自己所作所为应有的责任。这就要求个人有独立思考、独立评判的能力，要求个人充分发挥自己的才能，铸造自己独立的人格，不再迷信任何教条和专家权威，同时不再固执己见，用“反讽的态度”、

“存疑的眼光”、“批判的视角”、“重估一切价值的心态”来看待周围的一切事物。敢于为自己的思想、言行承担后果和责任，敢于不盲从，敢于遵照自己的个性来生活。胡适同时也指出，自由并不等同于让个人随心所欲，想做什么就做什么而不顾别人和社会，而是必须要清楚明白自己在做什么，必须为自己的一切行为负社会责任。个人的自由选择不是放纵自己，不是自己任性随意地想做什么就要做什么，首先要在法律之下才能享有自由选择。胡适对自由这样的解释，也是深深受到了美国自由主义的影响，也看到了如果自由意味着人人随自己的爱好、兴趣、个性任意作为，那么自由将不复存在，到最后社会和国家也将不复存在，这样的自由主义者会演变为无政府主义者。

西方的自由主义之所以冠以自由主义，首先就在于承认个人的自由是第一位的，是高于人类其他的价值诉求的，并且也是人类的终极诉求。社会和国家的目的就是要保障公民的自由，国家法律、权力、制度、政策的制定都要围绕公民自由这个终极诉求来考虑。所以自由并不能空谈，而要落实到具体的法律、制度、政策和权力设计的理念和层次之中，受法律保护的言论自由、思想自由、游行集会自由、迁徙自由等自由的行为都是自由主义思想现实中的实际体现。胡适的自由主义思想首先强调的是思想、言论的自由。他认为每个人的言论自由自他降生那一刻起就被赋予，他就应该做“他自己思想的主人”，做“他自己的自由的监护人”。每个人可以放弃自由行动的权利，但不能放弃自由思考与判断的权利，因为放弃了思想和言论自由就等于放弃了自我。在这里，胡适把一个人的思想与一个人的本质“自我”联系在了一起，一个人的本质和特性就在于有自己的思想，“我思故我在”这代表着思想自由对于自我的重要性和本质性，一个失去自我、随声附和甚至无条件、无任何质疑接受别人思想控制的人，是不配享有思想自由的。每一个人作为一个独立的、特殊的、独一无二的存在个体就是因为他有自己思想、自己言论的权利和自由，如果每个人没有这些自由，这些自由、这种权利是天赋的、天生的，是不需要任何当局、政权施舍、给予的。胡适对思想、言论自由的认识可以称之为“天赋思想、言论自由论”。胡适的这种观点是对严复的思想自由、言论自由理论的深化和发展，也是他借鉴西方“天赋人权”理论的创造性运用，把天赋人权的思想运用到人的思想、言论自由也是天赋的这样一种高度，在理论层次上为个人的思想、言论自由奠定了坚实的基础。同时胡适的这个观点后来被殷海光继承和发扬。

胡适之所以如此重视人的思想、言论自由，也与当时国民党政府对知识分子的言论、思想自由的压制、迫害有极大关系，与胡适对中国传统文化的思考有极大关系。在20世纪初、中期，国民党一党专政，进行黑暗统治、黑帮统治，刺客、特务横行，知识分子毫无思想、言论自由可言，如有不符合国民党利益、需要的言论见报、问世，国民党就会将此报馆、报社以及发表此言论的知识分子或作者封禁、暗杀。这种黑暗统治、法西斯式统治深遭全国人民的痛恨，所以胡适急切呼吁思想自由和言论自由。另一方面，胡适也深感中国传统的政治体制之下对知识分子和人民的压迫，历朝历代的文字狱也是对思想、言论自由的最彻底、最可怕的打压，也是对个人个性、独立人格的压抑。面对传统文化和现实当中对思想、言论自由的压迫，胡适提出保证个人思想和言论的自由就具有历史和现实的双重意义。

胡适在创办《独立评论》时，就希望把这个杂志办成一个自由主义知识分子群体坚持思想、言论自由的平台，想集合“负责人的人说负责人的话”，宣扬自由主义的理想，引导国民走自由主义的救国、富国之路。从这里看出胡适的自由主义思想非常强调思想、言论的重要性，认为这比其他的价值——平等、公平、正义等价值有更高的价值。其实胡适的这种思想是混乱的，自由主义的本质在于赋予个人的“权利”。个人自由就是个人有权利选择做各种事情，别人不得干涉，这也应该就是自由主义者密尔在《论自由》之中提到的问题。刊物之所以叫《独立评论》，胡适说是因为希望永远保持一点独立精神，他还在《独立评论》的引言中对这种独立精神作了明确的阐释，认为他们的几个朋友常常聚会讨论国家和社会的问题之时，有时辩论很激烈，有时议论居然颇一致。他们都不期望有完全一致的主张，只期望各人根据自己的知识，用公平的态度，来研究中国当前的问题。尽管有激烈的辩争，但这种讨论是有益的。他们现在之所以发起这个刊物，是想把他们几个人的意见随时公布出来，做一个引子，引起社会上的注意和讨论。他们对读者的期望，和他们对自己的期望一样，也不希望得着一致的同情，只希望得着一些公心的、根据事实的批评和讨论。我们叫这刊物做《独立评论》，因为我们希望都希望永远保持一点独立精神。不依傍任何党派，不迷信任何成见，用负责任的言论来发表我们各人的思考的结果：这就是独立的精神。① 胡适将这种“独立精神”视为《独立评论》刊物的核心灵魂、生命与价值。

后来胡适又多次反复强调他的这个思想，多次宣扬“独立精神”并指责别人不够独立。他说现今有许多人所以不能独立，只是因为不能用思考与事实去打破他们的成见；另一种人之所以不独立，只是因为他们不能抵御时髦的引诱。如果我们自己不说时髦的话，不追随时髦的潮流，只认准事实，看清实际，那么我们自己就会拥有独立的精神。胡适赋予了“独立精神”两条基本的原则——不依傍任何党派和不迷信任何成见。这两条原则反映了自由主义的本质要求，也反映了胡适自己对自由主义本质的理解和看法。

（二）个性与自由关系的突破

胡适的自由主义思想的第二特点就是强调“个性自由”和“容忍”。人的“个性自由”就是人作为一个生命主体，一个有思想的价值主体的自由。从自由的主体角度来言说，也就是西方所谓的“Liberty”这个单词的意思——解放、释放。这个意思就可以解释为什么胡适要写《易卜生主义》《学生与运动》等文章，在这些文章中胡适的目的是对传统封建社会的批判，是对压制、强迫个人个性的旧文化、旧制度的批判，倡导人的个性的释放和解放，在五四运动中胡适表达的也是这个意思。中国几千年的封建文化一直就是靠压制约束个人的个性和差异性来维护社会的稳定和发展，但是这恰恰不适合现代社会的进步和发展，尤其在胡适去美国留学之后，看到美国公民精神个性的张扬和释放，社会对个人个性的尊重，个人个性的发展所带给美国科技、文化以及其他领域的发展，让胡适觉得越发有必要倡导个性自由、个性解放。也就是说，胡适一方面要求自我个性的张扬和发展；另一方面要求外在的压迫和强制尽可能地减少和消失。一方面要求保障每个人的“内在自由”，保证个人的独立性，保证个人之所以称之为个人的本质、特性和差异性——即个人独特的个性、思想和行为；另一方面要求实现每个人的“外在自由”，为个人的自由的实现提供

① 胡适：《〈独立评论〉引言》，《独立评论》第1号，1932年5月22日。

保障。这表示着个人作为一个独立的存在物而存在。胡适的另一个意思也就是批判国民党以及封建社会习俗、习惯的原因。从这个意义上说，自由的本质还必须包括免于外在束缚、强迫的含义，也就是西方语境里的“Freedom”——免于恐惧等的自由、不受别人或外力的限制的自由。

胡适在这里说的自由的两个含义，也就是伯林所阐述的“积极自由”与“消极自由”的含义和关系。为什么胡适要说这个呢？胡适说这个的意义何在呢？为什么说个性与自由的关系是胡适的自由主义思想上的一个深化和突破呢？原因在于中国的特殊国情和历史，中国几千年的封建专制主义禁锢了人们的头脑，人们盲目崇拜“团体至上”、“集体之上”、“国家至上”的原则，奴性、麻木、守旧成了中国人特征的替代语，人们自己的个性几乎被社会压制得毫无特色，毫无个人特性和个性可言。胡适提出的独立精神和自由主义的思想为改造国民的思想、品行、风俗以及习惯奠定了理论基础，对于人性的启蒙和重新确立人的主体价值有很大的作用。他认为，个人不能轻信盲从多数人的意志，要勇于、敢于以代价来换取自由，不能存在侥幸的心理和盲目的乐观。这些思想就值得我们借鉴，都是对于封建思想的有力驳斥和批判，都是塑造独立的个人精神不可或缺的思想启蒙。个人要获取自由，就要付出代价，这就意味着人们必须自己去面对人生，去做出选择。有的人由于害怕承担责任，所以宁愿忍受压迫、强制，都不愿振臂高呼反抗压迫和强制；有的人为了逃避社会对自己的压迫和强制，一头钻进了老古董里，不问世事、不管世事，一心只追求自己的所谓内心自由，结果造成了海德格尔所说的“此在”（人的存在）的“沉沦”。其实这种人还不是自由，或者说这种人是一种害怕自己会遭受迫害的胆小鬼，这种人对于社会进步不会起到推动作用，不会像斯铎曼医生那样勇于坚持诉说真理。胡适的这种“知行合一”的主张，在当时的社会条件下很少人响应，因为追求自由，很可能就会陷入“完全不自由”的境地。

（三）对消极自由认识的深化

胡适虽然对两种自由都有过论述，但是他自由主义思想中对于“消极自由”的论述比“积极自由”更多。这是他的自由主义思想的特色，也是他对严复自由主义思想的前进和突破。众所周知，消极自由的概念和内涵是伯林所提出来的，那么胡适对“消极自由”怎样理解呢？胡适早期的文章对这个问题的系统分析较少，而在晚期的演讲和诸多文章里阐发的较多，尤其是迁居台湾之后他在公开的大众演讲中逐渐地表述了他的看法。

1949 年春，胡适在台北演讲《中国文化里的自由传统》中说：“自由”这个词的意义，并不是外面来的，并不是洋货，而是中国古代就有的。这个说法与严复的说法是相左的，严复在翻译英国自由主义思想家密尔的《论自由》之时，找不到中国语汇里的任何一个词汇与“Liberty”相对应，结果思来想去只好把《论自由》翻译成《群己权界论》这样的书名与之相对。胡适在这里说中国有与自由对应的词汇。胡适认为“自由”可说是一个倒转语法，可把它倒转回来为“由自”，就是“由于自己”，就是“由自己作主”，不受外来压迫的意思。从“由自”的字面意思来解释的话就是“由于自己”，也就是大家通常所认为的“由自己作主”。胡适在 1948 年 8 月所做的演讲《自由主义是什么?》中也阐述过这个问题。在欧洲的文字里，“自由”不仅含有“自己做主”的意思，还含有“解放”之意，是从外力裁制之下解放出来。中国的禅宗和尚曾经说过“治病解缚”的道理，自由在中国历史上一般的意义是“解缚”。所谓“解缚”就是指解除自己内在的心理、思想的约束，解除外在压抑个人的制度、道德和风俗。所以解除了束缚，自由才可以存在。从这里可以得知，胡适所指的“自由”这个词的中国古文里字面的意思是“由于自己”，但它的内涵却是“不由于外力”，即“不受外力决定和影响”，在这里实际上就接近于伯林在《自由论》中多言说的“消极自由”思想。1948 年 9 月 4 日胡适在北平电台的广播上所做的《自由主义》[①] 的演讲中，对自由概念的中国历史演变及其西方语境中的情况作了较详尽的论述。陶渊明的诗：“久在樊笼里，复得返自然。”这里“自然”二字可以说是完全同“自由”一样。实质上这是不可画等号的，自然在陶渊明那里是指回归大自然的生活，回归自由自在的田园诗般的乡村田野生活，但是这种生活其实也受到社会以及当时政府力量的管制，只是所受到的影响比较小而已，所以胡适在此将二者等同实在不合适，混淆了二者的含义。

① 这篇文章原载于 1948 年 9 月 5 日北平《世界日报》，是胡适在北平电台的广播词。

胡适又认为王安石的诗：“风吹瓦堕屋，正打破我头……我终不嗔渠，此瓦不自由。”这就是说，这片瓦的行动是被风吹动的，不是由于自己的力量。中国古代的人们太重视“自由”、“自然”的“自”字，所以经常忽略或故意不谈外在的拘束力量，认为只要自己内心保持了自由，或者说只要自己生活在深山老林里与外界没有交集，不管外面的社会怎样的混乱都与自己无关，自己都可以得到自己的内心的自由。或许是古人故意看不起外面的压迫，或许是有意识地向自己内心去求安慰，求自由。总之这种转向自己求内心的自由正如庄子说的一样是——列子御风而行，还是“有待自由”，然而我们大家要明白“有待”还不是真正的自由，我们现在讲的“自由”，不是那种内心境界，我们现在说的“自由”，是不受外力拘束压迫的权利，是在某一方面的生活不受外力限制束缚的权利。

第六节　胡适自由主义思想的困境和矛盾

在“五四”时期，胡适等自由主义知识分子引进了“民主”与“科学”两面大旗，发起了反传统的启蒙运动，主张全面效仿西方，全盘西化。胡适作为中国自由主义第二代的代表性人物，随着他阅历和年龄的增加，从早年到晚年，他的自由主义思想复杂而多变，尤其在他晚年的思想当中蕴含着诸多的困境和矛盾。

一　不彻底的个人主义

自由主义以个人为本位，着重强调个人的权利不可侵犯，注重思想自由、言论自由、游行集会自由和宗教自由等，要求政府奉行价值中立的原则，不干涉私人领域的活动，在政治领域、经济领域以及文化领域都要贯彻保证个人自由的原则，总之不得强迫约束个人，当然个人的行为也必须在法律的准则之下。

胡适在《易卜生主义》一文中借斯铎曼医生的话说道：“世上最强有力的人就是那个最孤立的人！”胡适把这个最孤立的人看作是健全的个人

主义的精髓。而胡适认为的自由主义精神的人格典范或行动范式就是娜拉的出走与斯铎曼医生的敢与众人的对抗。这种健全的个人主义、具有独立精神的自由主义，是不是符合西方自由主义真正的含义呢？是不是适合中国人的实际情况呢？纵观西方自由主义的发展脉络，自由主义赋予了自由至上的重要性，而不是平等、正义、权利等的至上性。自由主义的基础是个人主义，但是自由主义却不等同于个人主义，而胡适却把自由主义的个人主义等同于易卜生主义，这样对自由主义的个人的理解就产生了严重的偏差。胡适之所以倡导易卜生主义，并非把个体的发展看作是自身可以判定的目的，而是认为个体比社会更具有价值，个人才能造就新社会，建设新国家。在胡适的思想里，多救出一个人就是多备下一个再造新社会的分子。根据马克思的历史唯物主义观，人民群众才是历史的真正创造者，英雄只是起着促进或延缓历史发展的作用，所以个人作为社会的一分子，自己是在无形之中为历史的发展贡献力量，但是自己的这份力量又不足以直接影响历史的发展，所以在历史发展的长河之中，个人的作用要辩证地看待，既不可片面夸大，也不可泯灭。胡适一方面张扬理性，解放个人，努力地寻找个人的价值和尊严，从这个角度来说，胡适针对中国几千年封建社会的遗毒开出的药方是正确的。另一方面，他又在那种解放的个人身上强加了难以承受的重大责任——改造社会和民族振兴。这就将个人的自主独立与民族复兴这两种不同价值等同起来，因而他就不可能进一步探求当宪政民主的价值与民族复兴的价值两极发生冲突时如何平衡和协调的问题。

胡适实质上并没有深刻理解自由主义的终极价值——个人自由的价值和意义，而仅仅强调“五四”式自由主义的社会价值问题，没有对个人主义本身所具有的不可让渡的价值进行论述；又由于他对个人自由与人权、法治、宪政、政党政治等观念没有清楚的认识，这便使他在言论与行动上未能始终如一地以个人自由作为终极的准绳。[①] 不但如此，胡适还把自由主义纳入民族主义之中来思考，试图化解自由主义与民族主义之间的内在紧张关系，反对狭隘的民族主义，主张面向世界的开放意识。而在缓解自由主义与日益高涨的民族主义二者之间的紧张关系问题上，却未获得

① 许纪霖：《二十世纪中国思想史论》，东方出版中心 2000 年版，第 395 页。

真正的解决之道，使得自由主义留下了一个内在限制。[①] 胡适提出的自由民主主义的最高层次——建设一个民族国家的目标，在外敌入侵而不独立的、内因战争而无统一状态之下，国家的统一更多地依靠民族主义实现而不是通过自由主义来实现，所以从某种程度上说，胡适受欧美文化的影响太深，没能站在中国的实际国情中来考虑。但是胡适受不受中国传统文化的影响呢？答案显然也是肯定的，胡适也受制于中国传统文化的影响，中国传统文化尤其是中国的儒家传统文化主张——“穷则独善其身，达则兼济天下”，这意味着作为中国传统士大夫的使命是巨大的，当自己没有能力的时候要隐居山林，一个人独自过困苦、艰难的生活；而当自己飞黄腾达之时，不能忘记了社会上还有其他的人处于困苦之中，不仅要自己富有而且还要帮助天下人过上幸福的生活。胡适受这种文化的影响，在当时救亡压倒一切的情况下，把解决中国问题的希望寄托在少数人的手里，寄托在“达则兼济天下”人的手里，实际上这是不能实现的。在这里胡适寄托在一些自由主义者手中，因而说胡适的个人主义是一种受中国传统文化影响颇深的典型的中国式的个人主义。但是这种中国式个人主义实现的手段却是西方民主制度下的产物。这样到最后胡适只会陷入思想的矛盾之中而无法自拔，无法找到最终的出路，这也可以说，胡适的个人主义思想是一个中国传统思想与美国现代思想混合的、复杂的、矛盾的产物，想两者兼得，而实质上鱼与熊掌不可兼得。

二　没有根基的自由主义

自自由主义的鼻祖洛克开始强调财产的重要性，经过密尔到近代的诺奇克、哈耶克都强调经济自由对自由的保障，强调私人财产对个人自由和权利的保障作用。但是同时，对经济自由主义的漠视几乎是中国近代自由主义者的共同点。经济自由是西方自由主义立足的根基，个人的自由、权利是西方自由主义者所倡导的价值，要保障个人自由，首先就要保护个人的私有财产权利，同时保障竞争的市场经济规则。诺奇克之所以强调市场经济的重要性，哈耶克之所以强调法治、经济竞争自由的重要性，原因都

① 欧阳哲生：《解析胡适》，社会科学文献出版社 2000 年版，第 196 页。

在于此。在西方学者的眼里，要想实现个人自由，经济领域里的自由、市场经济秩序规则的建立是充分且必要的条件。结合当时的中国，中国当时的问题一方面面临着民族国家的统一，另一方面又面临着封建主义、资本主义和帝国主义三座大山的压迫，所以不解决这些问题而空谈实现个人自由是乌托邦。当然，忽视对经济自由和经济平等的追求并不是胡适一个自由主义者的问题，当时其他的诸多自由主义者都没有意识到这个问题的严重性。这些中国自由主义者主要认为，中国的资本主义不发达，贫富分化并不严重，因此经济平等不是最迫切、最急需要解决的问题。从这个角度上说，胡适的自由主义是狭隘的自由主义，胡适不是为全中国的人民争取自由的权利，而是为以他为代表的知识分子争取所谓的思想自由、言论自由。殊不知中国的人民还生活在水深火热之中，连自己最基本的生存权利都无法得到保障，在生存问题无法解决的情况下，去高谈、空谈自由问题恰恰表现出了胡适思想的狭隘。

中国的自由主义者实质上是很少亲自下到社会底层去认真观察社会的，因为他们大部分都出身于比较富裕的家庭，大都有留学的经历，对国外的体验感觉很好，所以回国以后落差比较大。1922 年后，一些自由主义者逐渐意识到、注意到了中国的迫切问题和真正症结所在。所以自由主义者在中国实质上根本不了解中国的实际情况，不了解中国底层人民的生存状态，不了解中国特殊的国情和主要矛盾所在，只是在国外学习了几年，接触了一些自由主义文化和知识，回到国内发现与国外的社会不一样，就认为在中国无自由，没有言论自由、思想自由，要争取所谓的这些自由主义的价值观念。可以说在开头的那几年中，自由主义者的确是似乎忽视了中国的实际国情，忽视了中国的社会、经济文化的现实。胡适自己一生对各种经济学说也很少涉猎，对中国的实际政治进程和发展思考得还不透彻，而他自己表示也不愿意投人政治，只愿意一心一意搞学术研究。然而，在中国的那个时代，没有国家内部的安定和统一，没有从外部侵略者手中独立出来，个人抱负和理想的实现就没有一个稳定的环境，个人的命运是与国家的命运密切相连的，是与当时的时代状况紧密相连的。甚至从某种程度上说，胡适等自由主义者的理想就不可能实现，“时势造英雄”，胡适没有抓住时代的主要脉搏，没有抓住时代赋予他的责任，更没有认识清楚时代的发展趋势。然而他的理想与政治的发展、进步还有着更为密切的联系，再加上胡适不知民间疾苦也不懂经济理论，所以胡适当时谈论中国的政治和社会问题只能是隔靴搔痒，也就不能为当时的中国找到一种可避免重大社会动荡和历史悲剧的方略。

在胡适的思想里，个人权利与私有产权是分离的，他很少谈到经济自由主义，反而在经济上钟情于苏联式的社会主义及其计划经济。1926 年，胡适赴英国途中在苏联逗留了三天，在这三天里，胡适走马观花地了解了一下苏联的经济体制，结果苏联的这种经济体制——公有制和计划经济让胡适情有独钟，当然胡适也对苏联的政治独裁有所保留。但是让人们困惑的是，胡适作为一个自由主义者，他却没有意识到政治独裁的经济基础恰恰是公有制和计划经济，在他看来，自由竞争的经济制度并不能达到真正的自由、平等、博爱。胡适晚年对此有了改变，认识到了经济自由与政治自由实际上是不能分割来开的，没有经济做支撑政治自由就是空谈。在《从〈通往奴役之路〉说起》的演讲中，他曾承认自己从前赞扬过苏俄的经济模式，但是现在表示认同哈耶克的自由主义经济理论，表明胡适已彻底否弃了他自己早年对计划经济体制的赞赏，转而主张自由经济、市场经济的资本主义经济体制。

三　理想与现实脱节的自由主义

胡适作为知识分子，他最关注的是思想自由、言论自由，因为知识分子除了舞文弄墨、评点江山、激昂文字之外，没有其他可以宣泄和表达自己思想的渠道。胡适就是一个“宁鸣而死，不默而生”的人，由于胡适无法忍受国民党的专制独裁统治，因此联合了一大批志趣相同的自由主义知识分子同国民党进行斗争。可见胡适的行动和目标总是为知识分子争取思想自由和言论自由，是想要维护知识分子的独立的思想、言论精神和独立的发言空间，以免于受到任何党派的影响。胡适之所以重视自己的言论自由，是因为他觉得自己有为国家建言献策的权利，是因为他认为自己可以帮助政府坚决政治和社会问题。但是国民党不认可他的建议，结果胡适和国民党在人权与法制问题上的舆论冲突进入全面对抗的局面。胡适与共产党的主张也有很大的分歧，因为中国共产党的领导人都坚持马列主义的理论，都坚持走暴力夺取革命政权的道路，都坚持无产阶级专政的道路，而胡适却不这样看，他信奉点滴的改良，主张采用西方资产阶级政治模式。由此看来，胡适坚持了一己之私见，与国民党和共产党两个政党为敌，这样使他的报国之志没有得到政党的支持，他的失败可以说是预料之中的事。

胡适在美国所学习的实验主义的方法论及其在此方法下所产生的实用主义心态，使他对西方自由主义的认识只停留在工具性解读的层面上，从而导致了他理论上的困惑与悖论。导致了他在国内所谈的自由主义思想得不到政党和其他人们的支持，这实质上还要归因于胡适自己对于自由是什么、人为什么要争取自由以及人们通过什么样的途径来争取自由的问题没有搞清楚，所以，他的自由主义理论都只是直觉上的认识，而未对系统的自由主义理论进行深刻、系统、全面和精确的认识。这种直觉式的认识所产生的超越现实的幻想与当时的中国现实图景是严重冲突的，因而最终只能在激进与保守两派的攻击中以悲剧结束。但是这种悲剧不仅仅是胡适一个人的悲剧，同时也是中国早期自由主义者共同的命运。首先在当时混乱的中国，他们不能就当时的问题提供可行的方案，他们找不到中国问题的症结所在，更没有认清中国社会的实际问题，没有搞清楚在中国要实现民众的自由，首要的并不是实现所谓知识分子们的思想、言论自由，而是首先统一中国，结束四分五裂和被压迫的状态；其次需要大力发展中国的经济、社会和文化力量，让中国真正富强和繁荣起来，胡适自己的梦想和志向才能够实现。如果只是用知识分子一贯的喋喋不休来抱怨政府的失职，只是在讽刺、批评和咒骂政府，这对解决实际问题没有任何帮助。在近现代，社会陷于多重危机之中，政府也就不可能有精力去实行政治改革，旧中国最亟待解决的是人民的衣食住行问题，胡适的这种宪政主张因为没有搞清楚中国问题的实质所在，所以他的自由主义理论失去了物质和群众基础，即便是真正去践行宪政，对于普通百姓而言，也没有太大现实意义。

“和平渐进的改革”是胡适一贯坚持的自由主义思想，但是这种和平渐进的改革对于处于水深火热之中的中国来说，充其量只是一种脱离现实的政治理想，只是一种柏拉图式的乌托邦主义。从中国当时所处的历史环境来看，从实现中国统一的主体性方面看还是从客体性方面看，这个理想都是不可能转化为现实的。首先从客体性方面来讲，中国的社会现实没有条件去践行它。每一种政治模式都有其产生和发展的社会环境，西方的自由主义模式在中国行不通，中国不可能照搬西方的发展模式成功地解决一切问题。其次从主体性方面来讲，统治者也不愿意去实行改革，中国几千年来的封建传统的特点就是，只要人民没有威胁到统治者的绝对利益和政权，只要人们没有揭竿而起激烈地大规模地反抗统治者，统治者都不会主动地、积极地去改革，他们是不会怀着让人民过上好日子的念头主动地去进行改革的。所以说胡适虽然学习了很多的传统知识，但对于中国传统的历史把握能力还是极为欠缺的，他的和平渐进改革的理想终究是不符合历史发展规律的。

第四章

殷海光的自由主义思想

对中国自由主义思想的研究，学术界似乎公认这样的一个结论：中国的自由主义思潮始自严复（前五四时期）、继于胡适（五四时期）、延续于殷海光（后五四时期），他们作为中国自由主义思想的代表人物，构建了中国自由主义的历史谱系。殷海光在自由主义最困厄的时期，接过“五四”的大旗，将自由主义传到台湾，在生命的后期，又起而反省“五四”的不足，尝试中国自由主义的转进，不失为中国自由主义从浪漫发展走向理性发展的关键人物。

第一节　殷海光的生平介绍

殷海光（1919—1969 年），中国现代逻辑学家，哲学家。原名殷福生，湖北黄冈人。少年时期在家乡求学，喜好辩论，为以理服人而学习逻辑学。1936 年秋，殷海光带着强烈的愿望到北京求学，最后投奔著名的逻辑学家金岳霖教授，计划次年报考清华大学。1937 年“七七事变”之后，他回到湖北家乡，次年辗转到昆明，同年秋天进入西南联合大学哲学系读书，1942 年毕业后考入清华大学哲学研究所哲学系攻读哲学。1944 年殷海光毅然决然地弃笔从戎，到印度接受汽车驾驶训练。抗战胜利后到重庆一家出版社当编辑。1947 年任《中央日报》主笔兼金陵大学哲学系教师，后升任讲师、副教授。1949 年 3 月到台湾仍然任《中央日报》主笔，8 月起任台湾大学讲师、副教授、教授，11 月创刊《自由中国》杂志编辑委员会，并担任主笔。赴台湾后在台湾和香港地区宣传和普及逻辑方面做出了许多工作，在学术界和青年人中有一定的影响。他的逻辑著作有:《逻辑学讲话》（1937)、《逻辑新引》（1955)、《逻辑究竟是什么》（1973）等，译著有查普曼的《逻辑基本》（1936)、卡尔普纳的《哲学与逻辑语法》(1946)、哈耶克的《通往奴役之路》等。遗著有《殷海光文集》。

一 家庭背景

殷海光本名“殷福生”，1919 年 12 月 5 日出生于湖北黄冈回龙山镇的一个有基督教背景的家庭。大伯父殷子衡，武昌起义主要人物之一，辛亥革命后皈依基督教，在武昌从事传教工作。二伯父殷子林，在家务农，殷海光的父亲殷子平，本来务农，后由殷子衡介绍到神学院学习神学，两年后回老家传教。

1945 年，殷海光赴重庆，暂住在西南联大同学夏君贤家里，认识了夏家的四小姐夏君璐，二人产生恋情，1953 年与夏君璐结婚，1956 年其女儿殷文丽出生。“殷海光”这个名字是在他抗战结束后踏入出版界时采用的笔名。在殷海光出生七个月之前，北京爆发了“还我青岛”学生大游行，随后不断扩大为社会性的群众爱国行动，史称“五四运动”。“五四运动”的爆发，不仅挽救了山东，唤醒了民众的爱国激情，显示了民间的力量，也打击了腐败的北洋政府。

出生在这个时期的殷海光，他个体生命的成长，与新文化运动兴起而未能竟功的大形势、与五四后国共的分合、消长相伴随。殷海光常说自己是“五四的儿子”，指他有着虔诚的继承、发扬五四新文化运动精神的意志和追求，同时也指他受到“五四学生运动”以来政治形势的陶铸。殷海光一生思想多有变化，整体上来看，他是身处爱国的“五四”所缔造的宏观环境之中，逐步体悟到新文化“五四”的重要意义，并最终跳出行动主义氛围，继而献身继承新文化运动层面的五四精神的思想英雄。“五四的儿子”殷海光秉承了五四所代表的全部问题结构。

“我是五四后期的人物（a post May-fourthian)，正像许多后期的人物一样，没有机会享受五四时代人物的声华，但却遭受着寂寞、凄凉和横逆。……然而无论怎样，有这么多不同的刺激，吹袭而来，有这么多的问题，逼着我反应并求解答，使我不能不思索，并且焦虑的思索。"①

殷海光的童年主要受到的影响来自地域和家庭环境。殷海光的家乡黄冈位处鄂东，近代以来，这是一个文化名人辈出的地区。冯天瑜先生在《徐复观与鄂东文化》中曾列举道：

> （哲学家、思想家）如熊十力、殷海光黄冈人，汤用彤黄梅人，徐复观浠水人，均属湖北黄冈地区（隋唐称黄州，元称黄州路，明清称黄州府）。进而又联想到鄂东的另外一些近世乡贤，如地质学家李四光、政治史兼经济学家王亚南黄冈人，文字学家黄侃、文学家胡风蕲春人，诗人闻一多浠水人，方志学家王葆心罗田人，逻辑学家汪奠基鄂城人，他们都堪称某一文化门类领风骚的一代巨子。在一个省份的东隅，于半个世纪间涌现出如此众多的全国性乃至世界性的文化名人，可谓一种罕见现象。②

鄂东近世人才辈出，与其特定的地理方位和政教风俗都有关系。这里交通便利，文化积淀较为深厚，鄂东人有性格豪强的民情特性，加上清末洋务派领袖张之洞督鄂推行新式教育，个性思想人物脱颖而出。殷海光一生鲜明的救世情怀、好学爱思的品质和刚烈的个性，多少有些受到鄂东这种风水氛围的"侵染"。

不过，家庭因素是对于殷海光成长最直接的影响。殷海光出生在一个经济破产、思想新旧杂糅的大家庭里。殷海光的父亲殷子平本在乡下务农，在伯父殷子衡的帮助下，后来也成为神学院的学生和传教士，两年后回家在当地传教，兼修音律、诗赋。父亲的身份使殷海光有了一个不同于完全传统家庭的"基督教家庭"的身世背景。殷海光有两个伯父，被视为"家庭领袖"的伯父殷子衡曾是辛亥革命志士、日知会骨干成员，后来厌倦政治皈依基督并从事学术，对少年殷海光有较大的影响。伯父和父

---

① 陈鼓应：《春蚕吐丝——殷海光最后的话语》，台北寰宇出版社 1972 年版，第 32—33 页。

② 冯天瑜：《徐复观与鄂东文化》，见李维武编《徐复观与中国文化》，湖北人民出版社 1997 年版，第 598 页。

亲作为家庭的“要角”，思想亦新亦旧，在多个层面上熏陶着殷海光的成长，塑造着殷海光的人格。

二　个人经历

殷海光出生时，祖父已过世，家道已经中落，按照传统惯例，大伯父担当起领导家庭的责任。伯父以一家之长的地位，死要面子，坚持要撑住一个不分散的大家庭局面，以免被故乡父老取笑。这使殷海光对于传统中国“家”的黑暗洞悉无遗，也种下了他对中国固有东西的厌恶和反叛的主要种子。少年殷海光反叛的是他人生中最早的“权威”，而这种反叛，构成了他倔强性格的内在根源。

导致殷海光产生反叛心理的因素还有很多。比如：

1. 父母也不能让殷海光诚服。父亲殷子平是个基督徒，又是个半老半新的读书人，头脑中旧观念比较多，在教育子女上不懂循循善诱的技巧，习惯体罚的手段。母亲又生性老实，没有发言权。

2. 在子侄教育方面，大伯父不太讲究教育的方法，不太注重孩子们的接受能力和心理感受，言教多于身教。对于这种教育方法，殷海光常常感到厌烦。他晚年在给友人的信中说：“在家世方面，当我童少年时，家道已经中落，但是长一辈的还要摆出一副架子，说话矫揉造作，家屋之内充满理学式的虚伪。我简直讨厌透了！这成为我日后不分青红皂白地反传统文化的心理基础。”①

3. 由于大伯父住在武昌，平时由二伯父殷子林当家。二伯父和二伯母，受教育少性情刁蛮，以大欺小。他们不仅对殷海光的父母颐指气使，对侄子们也很刻薄。据说殷海光终身留下的左脚骨轻微伤残，就是八九岁时二伯父强迫他上山砍柴摔成的。少年殷海光怎么能对这样的长辈心服呢？殷海光在这样的处境下，少年时过得很不自由，也不快乐。导致殷海光在外出求学和谋生后，极少回家探亲，信也懒得写。

殷海光6岁入叶家私塾，11岁跟随殷子衡到武昌读初中，13岁因功课偏科辍学，在汉口一家食品店当学徒。14岁重回武昌读书，入高一。

---

① 林毓生：《殷海光·林毓生书信录》，上海远东出版社1994年版，第155页。

15 岁，对所学课程仍凭兴趣，读世界书局出版的《论理学 ABC》和《大公报·世界思潮》专栏，引发对哲学与逻辑学的兴趣，开始撰写论文并投稿。1935 年 16 岁之时，在《东方杂志》三二卷一期发表《意志自由问题的检讨》，系首次发表论文。同年在书店购得英文教材《逻辑基本》（*The Fundamental of Logic*），历半年译成中文（逾 40 万字），并撰有长篇译序《〈逻辑基本〉译者引语》，寄请金岳霖指正。1942 年，23 岁时大学毕业，被录取为清华研究院哲学研究所研究生，师从金岳霖教授。

殷海光的倔强性格在天生气质和家庭环境交互作用下逐步强化。13 岁那年，他由其伯父殷子衡带到武昌，入武昌中学念书。初中时代，殷海光不是独占鳌头的好学生，桀骜不驯，读书非常任性，喜欢的功课成绩特别好，不喜欢的功课常不及格。伯父和父亲认为他不堪造就，便强迫他在二年级中辍，送到食品店当学徒。他苦挨八个月后，不堪忍受，逃回家后要求复学读书。高中阶段，随着年龄增长，知识增多，倔强任性有了新发展，爱跟别人讲大道理，声调高昂滔滔不绝，语气坚定不容置疑。

中学毕业后，殷海光只身进京城，向崇拜已久的清华大学教授、西洋哲学大家金岳霖求学，同时也向任教于北京大学的儒学大师熊十力求教。殷海光虽然在学术上选择了金岳霖，但性格上却与熊十力更为相似。熊十力为人唯我独尊、霸气十足，所以殷海光对熊十力只敬不近，但这并不影响殷海光推崇熊十力“脱俗的人格”和“推倒万世的精神”。殷海光说自己终生受两个人影响最大，一是知识上的导师金岳霖，二是人格上的楷模熊十力。他说熊十力对他的“影响”，很大程度上是自己的个性，在这位大师那里得到心理的合理化。

殷海光少年时期基本上是在学校度过的，单纯的学校生活，使得“理想化”成为年轻书生的通病。加上他在被迫当学徒的日子，干的也是轻松的活，所以殷海光的性格气质中，除了倔强任性，还有理想化的特点，常常把事情看得过于简单容易，不习惯正视各种问题的复杂性。童年的殷海光是由着性子，在顽皮和叛逆中成长的，他的性格也在这个过程中逐步定型。

1944 年底，响应国民党号召从军抗日，研究生肄业而报名参军。1945 年抗日战争胜利，退伍。12 月，《光明前之黑夜》由光明出版社出版，首次署名殷海光。1947 年 3 月任职于《中央日报》，秋天升任主笔。在此年殷海光还被聘为金陵大学的讲师，讲授“哲学与逻辑”课程，同时他的多篇社论《中国文化建设之路》《中国现代政治思潮》等在《中央日报》发表。1948 年，殷海光执笔写的《赶快收拾人心》社论先在《中央日报》发表，后转载于《大公报》，一时名闻全国。目睹时局和国家灾难，对国民党感到失望，同年年底和恋人夏君璐一起赴台，1949 年 8 月离开报界，访问台大校长傅斯年，被台大聘为讲师，教授逻辑和哲学。之后一直到 1969 年临逝世之际，殷海光一直笔耕不辍，发表了大量文章、译著和著作，其间 1967 年 4 月入宏恩医院检查发现有患有胃癌，5 月 1 日在台大做手术后出院，但不幸的是 1969 年 6 月癌症复发，再入台大医院。8 月 9 日起，由陈鼓应、张尚德笔录病中遗言，遗言整理后经陈鼓应整理成书《春蚕吐丝——殷海光最后的话语》出版。9 月 16 日，医治无效病逝。①

三 生平和思想发展历程

殷海光从小接受新式教育。小学虽在私塾完成，但那时私塾课程与公办小学基本相同，属新式教育。中学和大学接受的更是典型的西式教育。中学时期殷海光便迷上现代西方逻辑哲学，16 岁便于《东方杂志》上发表文章。1938 年入读西南联合大学哲学系，专攻逻辑和分析哲学，毕业后于 1942 年考入清华大学哲学研究所，主攻西洋知识论。

殷海光在 1938 年开始师从金岳霖，时年 19 岁。在大学期间，殷海光受自由主义的教育，喜欢析理的东西，认为“辩证法”不值一文，不值得学习和探讨。殷海光最早受到自由主义的启蒙不能不提到他的恩师金岳霖先生。从 1937 年开始直到 1944 年，在这长达 7 年的时间里，殷海光一直跟随在金岳霖身边求学，通过金岳霖先生，殷海光了解并认同了以科学、自由、民主为代表的西洋文化。作为金岳霖最为亲近的学生，殷海光都明显受到了恩师极为深刻的影响。金岳霖在殷海光心中总有说不出的感念和敬仰：“我忽然碰见业师金岳霖先生。真像雾里看见太阳！这对我一

① 转引自《殷海光文化与哲学论集》，南京大学出版社 2008 年版，第 425—438 页。

辈子在思想上的影响太具有决定作用了。他不仅是一位逻辑和经验论的教授而已，并且是一个道德感极强的知识分子。昆明七年的教诲，严峻的论断，以及道德意识的呼吸，现在回想起来实在是铸造了我的性格和思想生命。”①

殷海光在情感上虽秉受中国传统精神特质，但在知识结构上汲取的更多的则是现代西方文化营养。晚年殷海光致函韦政通自称：“我在生活情调方面，尚不脱东方人色彩，然在为学方面早已直追西方精神。”②

1945 年殷海光投笔从戎，以青年军军人身份到印度受训，在印度受训八个月后，军队回国待命，恰逢日本投降，殷海光便退伍，辗转来到重庆求职。那时的殷海光对于自由主义者为主的中间势力，仍然保持不信任和疏远的态度。1946 年年初，殷海光赢得国民党中央宣传部长张道藩等政要的青睐，被安排在独立出版社担任编案；随后在徐复观的举荐下受到蒋介石的接见。1947 年 4 月，殷海光进入陶希圣负责的《中央日报》，不久就成为这家国民党中央机关报的主笔。

殷海光 1951 年有关思想论题的文章中都相当正面地对陈独秀和早期共产党、对马克思、列宁进行了评价，对于社会主义和共产主义思想的本身也都相当尊重。可见，青年殷海光的思想结构中，不无社会主义的成分，只是这种社会主义主要是一种单纯的高远理想。在金岳霖先生和西南联大自由校风的吹拂感染下，殷海光对于自由主义也抱有期待，不主张极权独裁。表明那时他实际上已经是个自由主义者了。

殷海光早年思想依托的是民族主义，是爱国主义，可以与社会主义、自由主义兼容。五四运动以后，中国社会舞台上活跃的意识形态主要有三民主义、布尔什维克主义、自由主义三种，在文化思潮中还有传统主义。传统主义和三民主义与民族主义关联最紧，但传统主义与民族主义关联仅为文化上的，政治民族主义色彩最浓的还是三民主义。因此，从意识形态归宗来说，殷海光早年思想极可能归宗的是三民主义。

殷海光对三民主义的认同，其实早在进入《中央日报》之前就已经表露出来。他于 1945 年的《光明前的黑暗》和 1946 年写的《中国共产

---

① 殷海光：《致林毓生》，《殷海光全集》第 10 卷，桂冠图书公司 1990 年版，第 150 页。

② 殷海光：《致韦政通》，《殷海光全集》第 10 卷，桂冠图书公司 1990 年版，第 44 页。

党之观察》将三民主义视为理所当然的真理，都显示出他在思想上对三民主义的认可。进入《中央日报》不久，殷海光写的《中国文化建设之路》一文也表现出了这样的倾向。

殷海光为了消除人们对于三民主义的误解，还做了特别的解释。认为民族主义、民主主义和社会主义放在一起不仅不会混杂，反而会在三民主义之中得到有机的统一。只有这三种精神元素在均衡协调的状态中有机地统一起来，才能使中国之互相矛盾冲突激荡的各种力量在均衡协调的状态中有机地统一起来。……这样一来，便可从根本上结束目前的纷乱状态，而使国家走上和平安定建设的大道。①

从殷海光对国民党的批判可以说明他对三民主义的认真。他在1948年9月在《青年杂志》发表的《我们走那条路》的文章中，表示国民党已经背叛了自己早年的三民主义理想，放弃了三民主义的实质。出于对国民党的失望，殷海光转向追求“政治民主和经济平等”的“民主社会主义”，实际上是三民主义的民权、民生主义的翻版。

第二节　殷海光自由主义思想的来源

一　金岳霖的思想作为殷海光自由主义思想的来源

殷海光的思想和学术风格的形成不仅与他的生活环境、所受教育有关，而且和他所师承的老师也是有着极为密切的联系。中国著名哲学家金岳霖（1895—1984年），早年曾在欧美学习、研究西方政治思想，不仅熟悉西方近代以来自由、民主的主流思潮，而且高度欣赏和认同西方的自由民主制度和社会价值观念，是中国早期比较典型的自由主义者。金岳霖播下了殷海光对个人自由、民主的信仰，对专制、暴政和独裁的批判的种子。

金岳霖的这种自由主义的精神不仅表现在他的政治思想上，而且也体现在他为人、为学的各个方面。这为殷海光以后走上自由主义之路，成为

① 殷海光：《中国文化建设之路》，《中央日报》1947年8月10日。

自由民主的斗士，奠定了浓厚的心理和情感的基础，殷海光对逻辑和分析方法的注重、对科学理性的追求都直接来自金岳霖的熏陶。殷海光对中国传统文化所进行的深刻批判，对自由主义所肯定的诸价值所进行的阐述，都贯穿着他对科学方法和科学精神的信仰。正如殷海光自己所说："透过我的老师，我接触到西洋文化中最厉害的东西——逻辑符号。它日后成了我的利器。"①

殷海光早年在西南联大的求学生涯，除了受到恩师金岳霖的影响之外，"五四"运动的精神也传递到了他的心灵当中。西南联大以其"内树学术自由之规模，外来民主堡垒之称号"，保持着"五四"的遗风，体现着"五四"时代知识分子为科学、自由、民主奋斗的理想。自诩为"五四之子"的殷海光，深刻体验着联大的自由民主的风气，在他成为自由主义知识分子之后，也援引联大的经历作为其自由思想的开端。到了晚年还时常回忆："西南联大内的风光，就是一个小型的五四。它给当时中国大西南的影响，也是一个小五四。我们的学校，集了五四的精英：从保守到维新，从全盘西化到本位文化，从欧洲思想到孔孟思想，从甲骨文到英吉利文，从唐诗到十四行，从楚辞到莎士比亚，从老庄到休谟，形形色色，好一个'文化的共同市场'，我们确实受到心灵的鼓舞。当时西南联大校园内的朝气蓬勃、歌声洋溢、思想开放、充满信心。"② 联大的这种自主性，使殷海光深受自由主义式教育的熏陶，为殷海光这位情感型的、具有自由精神的人提供了充分的活动空间。在西南联大的"五四"遗风的吹拂和感染下，求学于此的殷海光受到自由主义精神的洗礼，赋予了殷海光作为"五四之子"所具有的自由因子。

二　"三民主义"作为殷海光自由主义思想的来源

在近代中国，自由主义的信仰者通常都是从海外留学归来的学者。殷海光没有留过学，去台湾以前，只有短暂的出国经历，不是到自由主义的

① 殷海光：《中国文化建设之路》，《中央日报》1947 年 8 月 10 日，第 150 页。

② 殷海光：《殷海光书信集》，《殷海光全集》第 10 卷，桂冠图书公司 1990 年版，第 52 页。

西方世界，而是因为1945年殷海光以青年军军人身份到印度受训，跟思想没有直接的关系。

殷海光那种理想性的、坚执的、饱含社会关怀激情的、思维上追求清晰明确的人格性情，在政治理念上有极端偏向。中学时期，他曾因“九·一八”事变国民党妥协投降而憎恨蒋介石，但他却始终相信中国的抗日还是只能靠蒋介石。到了西南联大，他仍然是政府和国民党的忠实拥护者。他在和同学谈论抗战前途和国内形势时说道：“不要怕，蒋委员长每逢困境，必有旋转乾坤的能力。”①

殷海光所信奉的三民主义与孙中山当年对三民主义的解释也不完全相同。孙中山提出的三民主义包括两个层面：理想的层面和实践的层面。而殷海光心中的三民主义更多是孙中山三民主义思想当中的理想层面，只是表达“民族之爱”、“民主自由之爱”、“人民之爱”的一种精神趋向，一种社会理想而已。

殷海光自来具有的理想主义者的气质和强烈的社会关怀，并且中学时期极端激进的政治态度，按理应该与激进的革命思想比较接近，为什么到最后却反而远离布尔什维克主义？殷海光特立独行的知识分子的自由性格，在受到金岳霖等自由主义知识分子和西南联大这个“小型的五四”的感染后，理应加入自由主义的阵营，为什么他却没有直接显示自由主义？对于这些，肯定有人会不理解，匪夷所思。但仔细分析下也就不觉得奇怪了。

殷海光之所以远离布尔什维克主义，与他的受教育之路、与国民党的反共宣传和“党化教育”政策分不开。国民党党化教育的重要内容是丑诋抱持布尔什维克主义的中国共产党。日复一日的教化，加之殷海光的大伯父和多名亲戚是参加辛亥革命的革命党，不免影响殷海光对共产党的看法，影响殷海光的政治观念取向。除了这些，导致殷海光不选择布尔什维克主义的因素还有：受到金岳霖等师长政治态度的影响，由于金岳霖先生的政治态度当时是反对布尔什维克主义的，因此殷海光对共产党的刻板印象在金岳霖等师长的影响下，得到加强。其次，对共产党的宣传策略和政治行动的有色观察，中国共产党从强调布尔什维克主义到强调亲民主主义

① 傅乐成：《悼念殷海光兄》，《殷海光全集》第8卷，桂冠图书公司1990年版，第95页。

的转变，使殷海光感到布尔什维克主义行不通了。

殷海光不直接接受自由主义，与他强烈的民族主义情感及抗战前后中国自由主义的态势有关。殷海光通过观察抗战前后中国自由主义者的现实表现，注意到自由主义者的言论空间相当有限。随着日军侵华，自由主义者纷纷把精力集中到救亡工作上来，自由主义的思想位置几乎完全被边缘化。抗战胜利后，自由主义者虽然重返舞台，但已失去真正为自己的理想而独立生存和发言的空间。他们多数被迫周旋于国共两党之间，充当中间派尴尬角色。殷海光极为厌恶这种类型的自由主义者。对于金岳霖及西南联大校风的影响，殷海光在大学时期对自由主义有相当的亲和性，但从殷海光对自由主义精神的秉受看来，殷海光得之于金岳霖等自由主义者的，主要是心理态度上的爱自由，倾向特立独行，而不是思想建构上的自由主义。

这些方面的影响，使殷海光一方面向往自由；另一方面他的自由观还很朦胧，与真正的自由主义思想建构还有距离。情感上，殷海光一直同情自由主义；理智上，他又认为自由主义有很突出的弱点，不愿认同自由主义者。在离开大陆去台湾以前，他的文字从没有自称为自由主义者。

殷海光 6—11 岁读小学（家乡私塾），11—17 岁读中学（武汉），19—25 岁读大学和研究院，受教育时间近二十年，都有受到国民党的“党化教育”。殷海光早期庞杂的思想成分，既有强烈的爱国主义，也有自由主义因子，他认为三民主义既可以安置自由主义，也可以安置社会主义。另外，严峻的救亡形势，使得殷海光长期无条件认同中央政府，而三民主义将民族主义视为最主要的诉求，深怀爱国之情的殷海光与三民主义之间，就自然地形成了默契，因此诚心接受三民主义就在情理之中。

第三节　殷海光的自由主义思想作品介绍

殷海光一生著述颇丰，既有专门论述自由主义思想的专著，也有一些时政文章表现他的自由主义思想。他的一生经历丰富而复杂，历经人生坎坷和辛酸苦辣，但是追逐自由、追逐真理的思想和精神一直未曾泯灭，所以在这里以他最主要的《中国文化的展望》和一些时政文章为例，给读者介绍殷海光的自由主义思想。

一 《中国文化的展望》

（一）写作背景

殷海光深受西方文化的熏陶和影响，他在给好友韦政通的信中说："我在生活情调方面，尚不脱东方人色彩，然在为学方面早已直追西方精神。"他所说的"西方精神"，除了哲学上的逻辑经验论与英美经验主义以外，还有西方的自由主义。由于殷海光崇拜罗素，笃信伯林（Isaiah-Berlin）和哈耶克（Friedrich A. vonHayek）的自由主义思想，早期曾追随具有"中国的自由主义之父"之称的胡适先生。

在道德重建方面，他不同意"五四"时期很多人的看法，表示要拥护"德"先生，便不得不反对孔教、礼法、贞洁、旧伦理、旧政治。他认为，与传统道德一刀两断而建立所谓的新道德，这既是没有必要，同时也是不可能的。一种道德之所以能够延绵不断被人们奉为传统，是因为在一种长久的时序中经历了或多或少社会文化变迁之后而得以继续绵延不断形成的，之所以能够延续是因为这种传统或多后少有某种整合于社会文化及人性所需要的成分。道德的重建，不是"非古不足为法"的复旧，不是"旧的不除新的不生"式的趋新，更不是"三条大路走中间"式的浮面折中，而是要根据"良好的生活是为爱所激发并为知识所指导的生活"这项标准，以民主与科学为中心，同时融合孔仁孟义、佛家慈悲、基督博爱的精神内涵，综合、合并新人本主义的世界道德。[①] 基于这样一种心态，这一时期，在林毓生提出中国自由主义必须实现传统的创造性转化的命题后，殷海光极为赞誉和欣赏，称其为"开天辟地的创见"，不仅可以促进中国文化的发展和转变，还能保住文化认同，不致招致守旧势力强烈的阻挠。殷海光在生命的最后几年，对于当年与新儒家之间的对垒颇有后悔之意，承认这是"大大失策的事"。尽管中国传统道德与现代生活所需要的品质、道德有很多地方冲突、矛盾，但是其中也有很多道德可以继承并发扬，而不是彻底割断、推倒重建。实质上，道德是不

---

① 殷海光：《中国文化的展望》，商务印书馆 2011 年版，第 557—560 页。

可能完全脱离传统而建立起来的，因为道德主体是人，是每个人身上承载着、体现着道德的内涵，蕴含着传统文化在人身上的积淀、经验，而中国的传统文化主要是以儒家为主，儒家文化所构建的道德体系，有很多与现代社会所不容，但殷海光指出，儒家还有一些在现代社会可实行的道德条目和伟大的道德原理，如孔子的“人而无信，不知其可也”、“士志于道，而耻恶衣恶食者，未足与议也”、“毋意、毋必、毋固、毋我”以及孟子的义利之辨、人禽之分等道德规范体系都远远未过时。所以，殷海光《展望》这部代表性论著，一方面对反传统论和全盘西化观予以反驳；另一方面他又着力于现代价值与中西传统积极精神的整合。这样他将自由主义的文化观发展到了当时所有自由主义者中极为罕见的高度。这些新思想、新见解，对于中国自由主义来讲是一种难得的理论积累，对于殷海光来讲则是他晚年作为“自由思想者”所达到的理性境界。

（二）《中国文化的展望》的主要内容

殷海光所著《中国文化的展望》一书共分为15章。在序言中，殷海光指出这本书的主题就是“论列中国近百年来的社会文化对西方文化冲击的反应。以这一论列作基础，我试行推导出中国社会文化今后可走的路径”。围绕着这一主题，殷海光分撰写了15章来阐述。第一章的标题是“天朝型模的世界观”。殷海光认为天朝型模的世界观蕴含着自我中心的和不以平等看待外国的观念。并且认为他说的这种世界观的内涵与19世纪莱特（Arthur F. Wright）所说的中国文明的自我影响是相同的，他还引用了莱特很长的一段话来证明这一点。在提出了天朝型模的世界观之后，他开始论证中国文化发展的一个观念就是把自己视为一个自足的系统，中国人向来都是秉承着自我中心和不平等的心态看待国外的一切事物。这种观念自古代春秋战国时期就开始形成，导致中国没有近代意义上的外交观念，直至1861年清政府被迫设立“总理各国事务衙门”。中国自14世纪中叶到20世纪初叶一直是在传统之中生活着，文化变迁相当缓慢，正是在这一阶段，中国文化逐渐形成了一个自定体系。然而在这同一个时期，西方国家却发生了翻天覆地的大变革。欧洲文艺复兴、宗教改革、民族国家的建立、美国独立战争、法国大革命、英国工业革命等事件，促成了西方由中世纪走向了近代。到19世纪，欧美各国开始以轮船为工具进行全球性的扩展和称霸，在19世纪的中叶，英国对中国的贸易不断扩张，决定改善与中国贸易的关系，但是天朝没有这个兴趣。两国之间的交涉无法得到和解，最后演变成了1840年的鸦片战争，结果是天朝大败，以赔款、割地收尾。从此以后，中国开始在西方列国的“船坚炮利”之下，开始不断地签订丧权辱国的各种条约。事势发展到这种地步，自然会产生疑问：“中国文化到底行不行？站不站得住？是西方文化优于中国文化，还是中国文化毕竟优于西方文化？”面对19、20世纪的一系列事变，殷海光这样反思道。那么要解决这个问题，殷海光认为首先必须建筑导向这类问题的解决之道路。到底哪一种文化更优秀，在优秀的标准没有设定之前，任何争论都是无意义的。殷海光在此用“适者生存”为标准来评判近代西方文化和近代的中国文化。他认为，自19世纪以来中国一切重大困难都是从文化问题中衍生出来的，而文化问题实质上也都是围绕着“变”与“不变”这个轴心在打转。所以，“首先，我们必须明白什么是文化；其次，我们必须明了中国社会文化的基本结构和功能；再次，我们必须明了变动里的中国社会文化。我们把这些基本条件弄清楚了，然后可以进而对于中国文化的前途作一番探讨”。

第二章的内容主要是“什么是文化”，这也是对第一章末尾的问题的回答。殷海光在此探讨了文化一词的来源、列举了诸多学者从不同角度对文化的定义。殷海光借鉴了美国人类学家克鲁伯等人合著的《文化，关于概念和定义的检讨》一书的成果。在那本书里，罗列了从1871—1951年80年间有关文化的定义。殷海光在此把对文化的定义分为六组角度：记述的定义、历史的定义、规范性的定义、心理的定义、结构的定义、发生的定义。在本章末，殷海光指出，他以上所说的是为以后的讨论奠定基础。在第三章里，殷海光继续对文化中的重要概念就行论述。他着重探讨了文化的变迁、本土运动、文化的罗聚形态、文化的特征、文化价值与生物逻辑过分分离的问题、文化对文化的倚赖等12个重要概念。

第四章的标题是“近代中国文化的基线”。自鸦片战争爆发以来，中国文化受到西方文化重大冲击，同时中国文化也在不断地作出反应。殷海光的目的就是要阐明中国文化所作出的反应是在什么基础上出发的。搞清楚了这个问题，他认为也探寻清楚了中国文化的基线。殷海光通过探讨中国的“家”的问题、中国社会的基型、社会的层级、我族中心主义、离隔和心性凝滞、合模要求、长老之上、地位与声威要求、两性分别森严这9个方面探讨了中国文化的基线。在第四章所说的基线之上，中国文化在19、20世纪以来一直处于激剧的变迁中，第五章的主要内容就是将这"大变迁里基本而又影响深远的动因列示出来"。在中国文化的大变迁中，家庭的瘦化、孔制崩溃、本土运动、代间紧张与冲突，是最基本而又影响深远的动因。

殷海光在第六章里主要梳理了自1867年倭仁以来有关对中国文化是否要接受西方文化的争论。第七章还是继续第六章的问题争论，主要阐述了保守派的思想观点以及对保守派批评的思想观点。殷海光指出，近代中国的中西文化论战首次交绥，是从清朝恭亲王奕䜣和大学士倭仁的辩论开始的。奕䜣在当时不能算是"西化派"，但是他在做推进"西化"的事情。他之所以做推行"西化"的事，并不是出于爱慕西方的文化，而是因为他身当办理"夷务"之冲，亲自领教过"西夷"的厉害，知道仅靠采购船炮应付不了西洋人，治本的办法在于自己必须学会制造，必须从学习科学入手。这种看法在今天看来是老生常谈，不值一提。但是在当时，在同治、光绪以及慈禧的眼里，还是太过新奇。于是保守派以倭仁为代表，极力反对奕䜣的主张。之后康有为、梁启超师徒二人在维新运动中掀起的变法、改革风浪最大，徐大可、文悌等保守派又极力弹劾他们师徒。殷海光认为，同是保守派，他们除了有共同的特征之外，在思想内容上他们所注重的也有不同的"方相"。不同的"方相"构成了国粹派和义理派。在讨论了保守派的特征之后，殷海光还指出了保守派的基本观念以及其他学者对保守派的批评。难能可贵的是殷海光并没有完全否定保守派的作用，他还探讨了保守主义的社会文化功能。

第八章殷海光探讨了自由主义的趋向。他在此章探讨了严复、谭嗣同、梁启超、吴虞、胡适、吴稚晖的自由主义思想。他之所以以这几个人为主探讨自由主义，是因为他列出了包含自由主义思想的六种性质思想特性，只要某个人的在某一个阶段的思想符合这六种思想当中的四种时，他就把这个人放在自由主义一派之中。"一，批孔；二，提倡科学；三，追求民主；四，好尚自由；五，倾向进步；六，用白话文。"① 殷海光指出，

① 殷海光：《中国文化的展望》，商务印书馆2011年版，第269页。

中国早期的自由主义者大多数只能算是“解放者”，他们仅仅是从孔教、孔制中解放出来的一群人，还不能算是自由主义者，并且中国的自由主义还没定型，且没有一个自由主义者的思想是从头到尾不变的。在第九章中，殷海光将“自由”与“西化”分开来讨论，认为西化的主张仅仅在应变、模仿和羡慕等几个观念上徘徊，没有人能跳出着几个圈子的束缚。接着殷海光以胡适、陈序经二人的西化言论为对象进行了对西化主张的批判。同时，对主张全盘西化人士关注的问题“第一，全盘西化有否必要？第二，全盘西化有否可能”进行了回答和驳斥。第十章主要探讨了“中体西用”说。殷海光认为张之洞的中体西用说之所以得到迄今为止的广泛赞同是由诸多原因辐辏而成的。第一，张之洞这种言论根本也是中国文化对西方文化冲击的一个反应；第二，是因为张之洞发表此说之时，他已经取得了发言的优越地位；第三，张之洞还把中体西用说与御夷图存联系在一起；第四，张之洞的中体西用说的提出是给予现实政治问题而提出的。首先是为了弥缝日益增长的汉族、满族之间的成见；其次是为了阻抑当时日渐抬头的民权思想。[①] 分析了张之洞中体西用说产生的时代背景之后，殷海光还对中体西用说的中心论旨进行了阐述，最后批判了这种学说，认为这在中国根本行不通。1898 年张之洞的中体西用说问世，此年的 37 年之后，又出现了张之洞学说的一个翻版，在 1935 年何炳松等十教授发表“中国本位的文化建设宣言”（简称“十教授宣言”）就是这样的翻版。殷海光对此进行了激烈的批判。

在第十一章里，殷海光主要探讨了中国的现代化问题。认为中国的现代化问题基本上就是一个从古老文化过渡到现代文化的问题。一方面，中国文化必须在挣扎里痛苦地抛弃若干障碍现代化的文化要件；另一方面，中国文化必须调整其机能来吸收若干新的文化要件。而要说明关于现代化的种种，必须具有足够广阔的视野，必须从西方近代文化在世界规模上的扩张来看中西文化的接触，只有这样才可以获得一个比较的了解，又可以去除不必要的情绪反应。除此之外，还需要注意西化结果的两个方面，以及从历史的“次元”来观察中国现代化的曲折经过。在阐明了中国现代化的理论基础之后，殷海光通过将中国文化与伊斯兰文化、印度文化以及

① 殷海光：《中国文化的展望》，商务印书馆 2011 年版，第 387—392 页。

日本文化对比阐述了西方文化对外界的扩张，说明了中国现代化的发展已经历了器用的现代化、制度的现代化、思想的现代化三个层次。同时殷海光的特别之处在本书的以后篇幅当中，他只用“现代化”一个名词来替代西化、近代化和现代化这三个交替使用词汇的含义。第十二章的主要内容是民主与自由之间的关系。殷海光指出民主与自由不是同一件事情，对于民主有正反两种看法，“民主政制能够创造提供我们以充满社会的和无止无休的行动可能性，能够抒发出一种充沛的活力以及与此制度分不开的力量。而且无论环境怎样不利，在民主政制下可能产生奇迹。这都是民主政制的真正好处”。[①] 民主政制之所以能够对人类和平、自由、幸福以及安全作出贡献，是因为民主政制具有“数头而不必砍头”、“民主政制比较接近自由”、“民主政制能使大家热心公共事务”、“镇制权的使用受到限制”的特征。在本章的第五部分，殷海光还论述了中国的民主问题的积极方面和消极方面；第六部分论述了自由的几种重要概念，着重阐述了奥本海默、哈耶克、波普的自由概念，还阐述了自由与权威、言论自由的问题。第十三章只有标题“世界的风暴”，并没有留下具体内容。

第十四章的主要内容是关于“道德的重建”问题。殷海光提出了“道义为之根”的命题。认为人类的社会文化的生活非设准道德不可，人类社会生活如果没有道德，那么势必会归于萎废，甚至归于崩解。小无道德则小乱，大无道德则大乱，全无道德则全乱。但是道德应该怎么重建?所需要重建的道德又是怎样的道德呢？殷海光认为这些问题是复杂而又重大的难题。他首先对民国初年人物的道德重建思想进行了纠正；还对传统的道德，尤其是对儒家的旧道德进行了分析，认为儒家的旧道德具有阶层性、重男轻女、为愚民政策张本、独断精神、泛孝主义、轻视实务的弊端，但是也有一些可以用到今日道德的重建当中。重建道德并不是复古，复古是一条走不通的道路；重建道德也不是趋新，更不是三条大路走中间式的浮面折中，而是“调整”。调整不是盲目的、不知所措的调整，而是明文规定地定立调整目标、定立调整步骤和程序。殷海光引用罗素的话说“良好的生活是为爱所激发并为知识所指导的生活”，罗素的这句话把道德调整的目标和程序都陈示了出来。殷海光指出道德重建要“调整”而

① 殷海光：《中国文化的展望》，商务印书馆2011年版，第476页。

不要复古、趋新之后，还指出在调整道德时，还应该注意到“元次（dimensions）、顺序和取向”。

第十五章，殷海光主要讨论了中国知识分子的责任。“知识分子是时代的眼睛。这双眼睛已经快要失明了。我们要使这双眼睛光亮起来，照着大家走路。”[①] 殷海光在本章开头这样写道。之后在本章的第一部分，殷海光探讨了怎样才算是知识分子这个话题，列举了1965年5月21日美国《时代周刊》一篇文章中知识分子的定义、维斯（Paul Weiss）与赫钦士（Robert Hutchins）二人对知识分子的定义；第二部分，殷海光论述了他的生活年代中的知识分子的失落，失落的原因与时代的变迁息息相关，知识分子已经与传统、社会、家庭、经济来源、现实统治建构及行动人物脱节。在时代的大震荡、大变迁中，许多知识分子迷失了方向，不知道社会的去路在哪里；也有许多知识分子身体安定了下来，可是心灵还是找不到安顿。殷海光告诫知识分子，如果搬开眼前的云雾而看到未来的前景，那么知识分子就可以从失落里自救了。那么中国应该走哪一条道路？是英国式的和平的、渐进的、自由生长的及自发演变的道路还是法国式革命的、激进的、暴力的道路？殷海光认为，从一个向往道德和自由的知识分子的观点来看，撇开神话和激情，那么中国最好走英国式的道路。因为中国人的事情最难办，中国就像一列长长的火车，一般很不容易开动，而一旦开动又很难刹住。所以，中国是适宜从事和平的、渐进的、自由生长的及自发演变的道路。明白了应该走哪一条道路之后，那么怎样才能使中国有个光明的愿景呢？殷海光认为依照他在本书里从一开始到最后一章所陈述的种种，对这些问题的解答可以浓缩成八个字来回答，那就是：道德、自由、民主、科学。只有实现这四个目标，中国才有希望，而要实现这些目标，就必须积极努力地建设新文化；要建设新文化，也就必须要有健全的知识分子来发挥作用和努力。那么怎样才算是健全的知识分子呢？殷海光认为，一个知识分子要成为一个健全的知识分子必须同时满足两个条件：第一，要注重德操；第二，要献身真理。为什么这两个条件是健全知识分子的标准和条件呢？因为当时的知识分子身处一个光怪陆离的时代，最重要的是始终保持自我认同，保持自己内心的坚定，内心中积极要静悄悄地

---

① 殷海光：《中国文化的展望》，商务印书馆2011年版，第570页。

作“自我综合”。而要做到这些，就需要知识分子的德操，有了德操作中主，就会像屹立在海岸中的山崖，任它风吹雨打、鱼虾相戏、狂浪拍击都可以屹立不倒。是否是一个健全的知识分子，必须要经过临场的考验、身临其境的困境，才可以检测出他的德操之深浅高低。殷海光认为，单独就知识分子而论，努力于知识和真理的探求是中心任务，但从一个更为长远的视野来看，真理是吃素的，当财富太多时，真理就逃走了；当权势临头时，真理也就远避了。但财富买不来一条定律，权势也制造不出真理，古往今来，献身追求真理的人常常和寂寞为友，真理是一种轻微的声音，他要诉诸清醒的心灵。在本书的最后，殷海光总结说：“当然，从事社会文化的创建，正同从事一切根本之图一样，收效是比较缓慢的，但确会宏大。让一切短视的现实主义远离我们，我们应该走一条冗长的路。除了这一条远路之外，别无近路可抄，也无近功可图。……七年之病，需求三年之艾。百年之病，最少需求三十年之艾。”①

殷海光的《中国文化的展望》一书出版之后，反响和评论不一，既有赞扬之声也有贬抑之音。这本书的优点也是很明显的，1971 年金耀基认为殷海光的这本书的优点在于：② 本书的第一个优点是把中国文化的问题、中西文化的冲突问题放到一个世界的架构里去思考，这样一来，我们的视野扩及了全世界；本书的第二个优点在于作者所运用的方法的正确；本书的第三个优点在于本书的写作是以现代的逻辑解析训练为主导，殷海光陈示的“准体系”可以说是一个“分析的型模”的建立；本书的第四个优点在于本书所探索的角度非常广，发掘的层面非常深；本书的第五个优点在于作者思考的成熟；本书的第六个优点在于作者对民主与极权思想的厘清，特别是对专制主义思想的根本有力的批判。对于这本书存在的瑕疵，金耀基也予以了说明，他认为，这本书的第一个瑕疵是在结构方面没有严守“系统分析”的方法，“民主与自由”、“世界的风暴”以及“知识分子的责任”这三章不应该放到这本书里；第二个瑕疵是作者自觉与不自觉地为“传统”与现代的对立观念所限制而忽略了传统与现代之间的“过渡”这一个面向中国文化问题；第三个瑕疵是作者在严格的分析

---

①　殷海光：《中国文化的展望》，商务印书馆 2011 年版，第 602 页。

②　同上书，第 664 页。

方法中偶尔“技术犯规”，而不免有“感情失火”的现象发生；第四个瑕疵是作者在讨论中国文化时没有给中国社会中的最重要的制度——科层制度一个突出的位置；第五个瑕疵是作者对某些重要词语的内涵与解释说得不够清晰与透彻。[①]

二 《自由主义的底蕴》

这篇文章原载1950年《自由中国》第三卷第3、4期，是殷海光表达自己自由主义思想的重要代表作之一。这篇文章的主要内容如下。

（一）对自由主义的误解

这篇文章的第一部分首先澄清了很多人对自由主义的误解。殷海光认为，一提起自由主义，许多人立即就联想起放任主义。这好像是，自由主义必然蕴含放任主义。由此更进一步，自由主义与放任经济成为同义语。这种看法，可以叫做自由主义的经济解释。殷海光认为从经济因果来解释人类社会历史演进以及学说思想的形成或素质，是共产党直接或间接训练出来的思想方式和习惯。在这里可以看出殷海光对共产党认识的偏见，也可以看出殷海光作为一名自由主义者，他已经认识到了市场经济体制对自由主义政权的重要性，但是他没有认识清楚社会主义或资本主义的本质区别不在于市场经济与计划经济的区分，计划经济与市场经济仅仅是调控经济的一种手段，与社会主义和资本主义的本质区别并没有什么关联，社会主义国家也可以搞市场经济，资本主义社会也可以搞计划经济，并不能把市场经济与资本主义国家等同，也不能把计划经济与社会主义国家等同，显然殷海光的思想还没有认识到这一点。我国改革开放的总设计师、著名的政治家邓小平同志对此的认识显然深刻的多。殷海光认为很多人很习惯地从经济因果来解释一切，尤其习惯解释自由主义。于是这些人就认为自由主义“必然”蕴含放任经济。所以，他们这些人一提起自由主义，就把放任经济与自由主义国家联系在一起。在这里殷海光是在批评一些把自由主义理解偏颇的人的看法，但是殷海光也把共产党理解偏颇了。这种把

---

① 殷海光：《中国文化的展望》，商务印书馆2011年版，第674页。

自由主义与放任经济联系在一起的思想，借着长年有计划的宣传之播散，造成一种空气，使人于无意之间吸进，深入潜意识，便成一种先入为主之见而不自觉了。

即使从经济因果来解释事物不失为一种合理的看法，也不该是唯一合理的看法。而事实上自由主义的成长固然有其经济的层面，但又不止于经济的层面，它还有别的层面。因此，我们不可一提起自由主义，就以为必然蕴含放任经济。

（二）自由主义的四个层面

殷海光把自由主义在近代历史的发展归结为四个“层面”，即政治的、经济的、思想的和伦理的层面。自由主义之政治的层面叫做政治的自由主义；自由主义之经济层面叫做经济的自由主义；自由主义之思想的层面主要有思想自由、信仰自由和学术自由等；自由主义之伦理的层面叫做伦理的自由主义。殷海光强调说自由主义具有四个层面的含义，但不能说有四种自由主义。在这里要注意区分，是一个自由主义包含四个层面的含义，包含四个层面的自由思想，而不是有四种不同的自由主义，自由主义只有一种。在事实上，这四个层面所叙述的事物是相互关联着的，而且是彼此相干的。所以，自由主义的体有而且只有一个。

1. 政治的自由主义

政治的自由主义表现为民主政治。民主政治是什么呢？殷海光认为“民主政治是一种政治制度。依这种制度而言，社会上的每一分子都被看作是人，而不是别的东西”。[①] 这个被殷海光称为民主政治，也就是政治自由主义的基本概念。他说民主政治真正实现，就能够防止“把人不当人”的弊端，而防止这种弊端的最佳的方式就是法治。所以，民主与法治的关联，是正比例的关联。在此殷海光把民主与法治相连也体现出了殷海光作为一名自由主义者思想的进步，他说越是民主成熟的国家，越是谨守法治，英国就是一个好例子。民主政治主张一个人一张票，这样可以防止不公正的权力任性而行的祸害和危害基本人权的危险。民主政治在积极方面还在于政治权力不能靠武力征服来获得，而应该是来自于人民，因此

① 张斌峰主编：《殷海光文集》（第一卷　政论篇），湖北人民出版社 2001 年版，第 15 页。

政治机构绝对不能与人民处于对立的地位。民主政治确信并且经验到多数的智慧优于寡头的智慧。民主政治既然造成这样的环境，于是大家得以轻松、活泼、愉快的心情发抒智力，各自贡献力量。这样一来，民主政治之下的社会，可构成一个富有生机的整体，各个部门得以协和发展，共同进步。

政治自由主义的雏形萌于古代希腊，是在漫长的历史过程中试验出的结果，证明了在人间一切已知的政治制度之中，民主政治是较好的政治制度。自由主义者并没有以为民主政治是绝无毛病的。它并非亦不可能是绝顶理想的政治制度。假若我们说人间的政治制度都有毛病，那么民主制度是一切有毛病的政治制度中毛病最少的。在这里殷海光的自由主义的思想得到人们的称赞和同意，即使到现在殷海光的这一思想也不过时，也说出了民主政治的积极作用和真谛所在。

2. 经济的自由主义

经济的自由主义与大规模工业化结合在一起，形成所谓的“资本经济制度”。因而经济的自由主义发展成为自由主义各层面中最突出的一个层面；所以，经济的自由主义也容易被人注意。殷海光在此指出在经济发展的场合之中，“自由”的实质就是“免于国家之干涉”，在经济领域国家奉行的是服务角色，要保持中立，不能积极作为。经济行为免于国家干涉，就成为经济的放任主义。经济的放任主义与经济的父权主义恰好是对立的。在此殷海光辩证地看待了经济的集权主义和经济的放任主义都是不利的，都不应该得到自由主义者的倡导。

在自由主义的四个层面之中，问题比较严重的恰恰也是经济的自由主义。从马克思学说出世以来，自由主义的经济学说一直处于受挑战的地位。殷海光认为需要对这个问题加以深入分析，首先必须将原理和实际划分清楚。而主张自由经济与非自由经济的论战中，似乎没有从根本上将这二者划分清楚，以致讨论起来常常弄得混战一场。

首先，从原则上看，自由经济理论与非自由经济理论，即使互不相容，但并非共同穷尽。其次，就实际而论，现在没有百分之百的自由经济国家，只有程度或高或低地实行统制经济或计划经济的国家。凡讲计划经济或统制经济的国家，人民的生活水平不及相当高度自由经济的国家，有的甚至于相差很远，这是事实。在这里殷海光显然只看到了表面现象，显然没有根据各国的实际情况来看待人民生活水平不同的原因，殷海光把人民生活水平等同于这个国家有没有实行自由经济是完全错误的。

认为计划经济程度极高的国家把经济权力完全掌握在政府手里，这会造成继军事权力与政治权力之后最厉害的统制武器。认为思想、言论、集会、结社，一切自由都被剥夺。人民生活的每个方面和全部都被管制，整个国家变成一个奴隶国。

3. 思想的自由主义

思想的自由主义导源于三条线索。第一，宗教改革；第二，近代科学的创立；第三，哲学思想的演发。这三者交互起来，汇为自由思想之流。殷海光认为，马丁·路德倡导的宗教改革发源于反对售卖赦罪符，与世俗要求政治独立的势力结合，形成宗教战争。这一连串的烦扰，渐渐产生宗教容忍的思想观念。英国自由主义思想家洛克就提出了宗教容忍的观念，是18—19世纪自由主义的运动的源泉之一。

科学的研究者常为思想自由的先导。当科学家发现新学说之时，他只觉得这一学说在他看来是正确的，科学家不屈服于任何权威。同时，如果他希望别人信服他的学说，他不使用权威或势力，而是借举出论据来说服别人。真正的哲学思想之发生，从来都是以“自由思想与思想自由为必要条件。如果我们不能自由思想，而囿于既成权威，或为现有势力所凌逼而无思想自由，那末人就不能发挥一种无挂无碍的自由精神状态。没有自由精神状态，就不能自由探索真理”。[①] 殷海光反问道，不能自由探索真理，何由而发现真理？所以，一个真正的哲学家，一个真正的科学家，首先必须从来都是一个敢于挑战权威的人，是一个自由思想的人。

殷海光总结罗素的思想，认为罗素把人类的冲动分为两种：一种是创造冲动；另一种是占有冲动。人类是否能够得到和平、幸福与进步，主要看我们发展哪一种冲动。如果发展创造冲动，那么人类一定可以获得和平、幸福与进步。但是如果发展占有冲动，那么世界一定产生斗争、苦难和灾害。一切从事政治权力的争夺，无论采取什么样的形式和以什么样的

---

① 张斌峰主编：《殷海光文集》（第一卷　政论篇），湖北人民出版社2001年版，第18页。

借口，都是发展占有冲动。[①] 在此，殷海光借用罗素的思想表达了他所认为的发展占有冲动的人或群体，小之危害社会，大之危害世界。但是他的这一思想也过于绝对化，没有认识到人们的含有占有冲动的同时，也在无意识、不自觉地在历史的进程中也发挥过作用，占有冲动也具有两面性，也要辩证地看待。人类的进步是取决于历史当中的合力，创造冲动的主观目的是为了人类的和平、幸福和进步，但是创造冲动也有可能被恶人加以利用；占有冲动的动机或许是为个人目的服务，但是占有冲动也有可能在不知不觉当中创造历史、改进历史。殷海光认为自由主义的思想不是占有冲动，自由思想是富于创造性的精神活动，只在时间上绵延，不占有空间。这样的活动不限制发展自我的精神能力；同时丝毫无碍于他人的精神活动。所以，自由思想是无关利害的纯创造活动。在自由思想与思想自由的前提之下，各种思想学说，诸子百家，并行不悖。殷海光在此也忽略了自由主义国家中企图推广他们的自由主义价值观，其目的已不仅仅是一种百家争鸣的思想自由，而是一种企图用自由主义的思想来终结人类的政治文明和思想自由，并且采取的是一种欺诈、暴力乃至惨无人性的手段和方式。殷海光显然没有意识到自由主义国家的邪恶本质。

4. 伦理的自由主义

伦理的自由主义之基本的动因，在为人性的发展开辟康庄大道。因而，自由主义者趋向人道主义，反对对人的残酷。自由主义者把残酷作为社会首恶，认为残酷是对人的极大侮辱和伤害，所以自由主义者首要的任务之一就是减少人类的残酷，但是这与实际现实中的自由主义国家的做法背道而驰，很多自由主义者在建国以及后期的发展都发生过极其残酷的事情。在这里，殷海光没有认识到自由主义虚伪性的一面，认为自由主义的伦理基础是功利主义，功利主义的公理是“为最大多数人谋最大幸福”。在自由主义的一切层面之中，思想的自由主义最崇高。

政治的自由主义和经济的自由主义容易被人注意，思想的自由主义特别为知识分子所喜好，可是伦理的自由主义，似乎不大有人注意。这是一件可憾的事。殷海光表示伦理的自由主义应为自由主义的根本基础，人们必须注意到自由主义的伦理基础，才能发现自由主义之崇高的道德价值。

---

① 张斌峰主编：《殷海光文集》（第一卷　政论篇），湖北人民出版社 2001 年版，第 20 页。

一切与人生关联的政治思想或制度，一失去道德价值，便立即成为糟粕，甚至变成危害人类的东西，所以我们更不可忽略自由主义的伦理根源和伦理要素。

（三）资本主义的缺点

殷海光认为，经济自由本身没有什么毛病，毛病在于资本主义的政治制度。他是这样分析的，在自然经济阶段，人大体上是平等快乐的，根本不会发生经济自由的弊病问题。什么时候才发生呢？在因工业革命①而大规模工业化的时候。工业革命，大规模工业化实行，生产能量大增，这时，生产工具设备被掌握于少数人之手，这少数人凭借其生产能量，扩大资本。于是，这少数人的经济权力大于多数人。多数人的经济生活被操纵于少数人之手的现象形成。这时，所谓“资木制度的弊病才发生。经济自由底本身并不必然衍产出资本制度”。我们更不能因“资本制度”发生弊病而否认经济自由原则本身。殷海光这样的思想实际上是错误的，经济自由就是完全按照市场经济运行，市场经济意味着自由竞争，自由竞争意味着更少注意到平等和公平，自由竞争如果不加以调节到最后必然导致贫富分化，让少数人越来越富，让大多数人越来越贫穷，处于生存的边缘线上。少数富人享受了自由竞争带来的财富和红利，大多数人只能被看做是在自由竞争的失败者而被抛弃。所以必须看到经济自由与资本主义政治制度之间的这种关系。殷海光还认为，经济自由是基本人权之一，世界上最愚蠢的事莫过于把自己的谋生自由拱手让给统治机构，这比送枪械给敌人还要危险。经济自由在工业化的行程中可能引起的毛病，自由主义者并非完全未曾见及。自由主义者对于财产的观念，并非完全相同；而且事实上社会的发展也并非完全朝着资本主义前进。所以，资本主义并非自由主义的代表。我们不能在自由主义的招牌之卜贩卖资本主义。殷海光这一点认识还比较深刻，揭示了自由主义与资本主义之间的关系，警醒人们不能打着自由主义之旗贩卖资本主义。

---

① “Industrial Revolution”殷海光翻译为“工业革进”，现在统一译为“工业革命”，在本书中将统一使用“工业革命”一词替代殷海光所使用的“工业革进”一词。

（四）极权经济的危害

殷海光经过分析，认为旧式的资本制度发生了许多弊端。真正的自由主义者至少不应为这种制度而辩护。为这种制度而辩护的人是不了解自由主义之真谛的。然则，我们应该怎样解决这一纠结的经济问题呢？我们应须在不触犯这一条原则之下来解决。这一条原则就是：既不妨害经济自由又不导致向由经济的父权主义而造成全能的极权统治。

怎样才能在不违反这条原则之下来解决这一问题呢？殷海光认为这是一个重大而专门的问题，他希望政治经济专家们以睿智和实践来探求这一重大问题的解决。“富者愈富，贫者愈贫”，这一严重问题如何解决，更是需要志士仁人深切注意的。殷海光自己并没有找到克服这一难题的方案。

（五）重新发扬自由主义

殷海光认为，一切思想学说都在接受批评中趋向完美，自由主义也需要自由的批评，自由主义者不是狂执主义者，他们从来没有打算将自由主义变作不可批评的信条和作为上帝之不可能有错来看待。这一思想也反映出殷海光自由主义思想之先进性、进步性、深刻性和极为可贵的自省性。说明殷海光并没有把自由主义当作完美的不可批评的“神性理论”来对待，不像有些西方学者一样认为自由主义是完美无缺的，自由主义是不能被批评和质疑的。除此之外，殷海光认为“自由主义者只有一个信念——如果自由主义还有几分真理，……自然会有神志清明而爱好真理的人来亲近它，让它因被人爱好和批评而发展得更完备，更有益于人类”。[①]在殷海光生活的时代，正处于极权与自由最后搏斗的关键时刻，殷海光呼吁全人类需要自由精神的培育与充实，拿充实的自由精神去和极权主义者奋力拼搏。离开了自由主义，自由便失去了思想和精神的来源，游魂散漫无归，或只凭一时血气反抗之勇，而无自由从内部抒发出自由精神的潜力。这样的自由，是心理的自由，而不是精神自由。心理的自由，至多不过是一时激起反抗情绪而已。刺激一旦过去，一旦消失，反抗情绪也将随

① 张斌峰主编：《殷海光文集》，第一卷《政论篇》，湖北人民出版社 2001 年版，第 30 页。

着一起消失，无根的自由要求也将烟消云散，像雨后干涸的河流一般。所以，要自由而不要自由主义，正犹之乎杀鸡而取卵，鸡死卵亦尽。

最后殷海光指出，现在正是自由主义需要重新发扬的时代，这个工作需要爱好自由的优秀知识分子共同努力奋斗。

三　《自由人的反省与再建》

这篇文章原载于《殷海光全集》第十三卷，第148—183页。殷海光始终认为，他那个时代是极权势力威胁着整个人类自由的时代。在他那个时代，就情理而论，是最需要自由人发挥主导作用力挽浩劫的时代。但是与此相矛盾的是，大家一提到自由人这个名称，每个人的反应就不一样，每个人都抱着复杂的心态，大家不能够产生一致的反应和期望。在这种状态之下，希望自由人在这个反极权主义的巨大运动中起主导作用那是不能的。在这种情况下，一方面反极权运动需要自由人的主导；另一方面大家还未看出并相信自由人到底是否具有反极权的力量。这一状况是反映当时反极权运动中的矛盾和困境，由于这个矛盾和困境的存在，决定了反极权运动必然是一个漫长而艰苦的行程，并且如果这两个问题处理不好，那么就势必会影响反极权运动的前途。殷海光把这个问题提出来讨论，是希望借此引起有识之士对这个问题的思考并提出自己的高见，殷海光自己说他在这篇文章中所说的仅仅是引玉之砖而已。对于这个问题的解决首先要问：为什么大家对于自由人会发生这样的印象呢？当然，有的印象根本是起于误解，有的印象是起于偏见，甚至于有的印象是出于自私自利。但是，我们还得追问，自由人本身就没有足以招致不良印象的弱点？这个问题，照作者看来，较之前面的几种印象，在自我建立的意义有着更为重要的意义。

自由人的弱点在哪里呢？殷海光希望大家都要直面这个问题，都要把胸膛敞开面对这一问题。他希望这个时代的人应该不怕反躬自问，因为反省就是新生命的开端。接着殷海光从以下几个方面进行了自由主义者的反省。

（一）历史文化因素

殷海光认为，自由人之形成今日的情形，除了个人的因素以外，更有其历史与文化的因素。紧接着他简单回顾了自19世纪中叶以来中国文化交汇的现状以及自由人反省与再建的过程。①

自19世纪中叶以来，一种客体文化与文明及其所形成的实际势力开始大规模地叩击中国的门户。两股河流会合之处常常发生激浪。这一大激荡使中国发生内在的变化与冲突。这一内在的变化与冲突加上其他外在因素的干扰，便构成现实的动乱、不安以至陷溺。

殷海光借用汤因比（Toymbee）的观点来说，一个旧的文化碰到新的文化的冲击，旧文化内的民族为了适应生存，常常会对新文化产生一系列的反应。有的民族产生的反应适当，有的民族产生的反应就不太适当。反应适当的民族，该民族得到新的生命，因而强盛起来；反应不适当者，则趋于混乱与衰弱。在此殷海光告诫我们说，如果我们对于外来新文明的冲击自始至终能够有意识地采取适当的反应原则，那么便如善治水者，使众水不致激荡，导其平稳合流，以形成一新的文化与文明。接着殷海光根据这个标准分析了近几十年来中国人对于西方文化的几种反应。

1. 从仇外到媚外

殷海光认为中国几千年闭关自守，盲目妄自尊大，自以为是天下之核心，养成了一种“天下之中”的心理来对待外来事物的心态，对于外来文化一概蔑然置之，从不认为别的文化有什么可借鉴之处，从不虚心学习别国的特长，以至于把外国人的科学技术视之为奇技淫巧。鸦片战争以后，一连吃了几次大亏，紧接着八国联军入侵，招来了一场大灾难，同时这一段外交的惨败，几件事情同期而至把国人的虚娇之气差不多打扫干净了。可是其影响所及，使许多人由仇外心理转化为媚外心理。在媚外心理之下，自认为自己什么都不如洋人，而洋人什么都比中国好。这样由从来看不起外国人的极端心理转向了什么都是外国人好的极端心理，到处都说洋人的好，到处都认为洋人的东西好，什么都是洋人的好，结果到处弥漫

---

① 张斌峰编：《殷海光文集》（第一卷 政论篇），湖北人民出版社2001年版，第61—86页。

着媚外的心理，这一影响对国人影响很深。学术文化界也不知不觉受到了这种影响：一部分人由于仇外心理之沉淀下意识对于西方文化与文明持深闭固拒的态度；另一部分人则因自认中国什么都不行而主张“全盘西化”。显然得很，那时的介绍西洋学术思想，是没有经过自觉选择的。那时的人之到外洋，有如乡下人骤然到纽约第五街，眼花缭乱，应接不暇，看见这要买，看见那也要买。至于买回去合不合用呢？当时是不大想到的。那时到外洋念书的人，似乎很少能够体察西洋文化的全貌与脉络，而思如何有以接在这棵垂死的大树上，让它起死回生，发荣滋长；大多数人都只是学到了西洋文化的一鳞半爪，然后零星贩卖回来，眩人耳目而已，而并没有什么真才实学，并没有真正掌握西洋文化的核心和真谛。

2. 科学民主，到移花接木

30 多年前，新自由知识分子崇尚“科学与民主”。毫无问题，科学与民主乃今日中国之必需。殷海光认为只有科学才能把中国带上现代化之路，只有真正实行民主才能打开数千年治乱循环的死结，并结束 50 来杀杀砍砍你争我夺之局，而让千千万万人民过点人的生活。中国当时的发展状况之所以如此就是因为太不科学，尤其是太不民主所造成的。可尤其是在新自由知识分子于提出“科学与民主”口号之后几乎什么实际的事情都没有做，提倡科学，仅仅把人家现成的仪器搬过来应用，也只学习了一点应用技术而已。在这里殷海光批判道，科学仪器的发明本应是科学发展的自然而然的结果，是科学发展到一定阶段的必然产物，是人们自觉运用科学的知识来提高效率，解决人们日常生活、生产的必然结果，提倡科学的目的在于学习科学知识和技术的本身，而不在于把别人现成的仪器搬过来应用或是学点应用技术，这种做法和从人家树上采点花摘点果没有什么两样，一旦花果用完了，又得从人家那里去贩。所有还得从根本上把科学之树种植的技巧学会，从根本上培养出科学之树，这样才能从根本上一劳永逸地解决问题。而这些科学之树之根，就是纯粹科学。纯粹科学以物理学与数学为主干。这是开天辟地的百年大计。可悲的是这几十年来，没有几个人真正认清这一点，更没有几个人能够坚持这一点，集中精力来培养纯粹科学的研究。更没有几部关于科学史、科学方法的大部头书籍得到翻译，大学里教“科学概论”的人也没有几个是肯用功钻研科学的精神的。

提倡科学是如此，提倡民主也是如此，也不能流于口号和形式，也必须从深远处培养民主思想。不过殷海光也表示他所提出的批评和疑问，并不是贬抑30年来新学者们的累积，并不是抹杀他们在中国之现代的途程中的努力，尤其不是否认30多年前新文化运动在历史中有其正面的价值。他主要的用意是希望促使自由人开始进行反思提倡科学与民主的真正目的在哪？我们是不是已经偏离了我们的初衷？对于目前出现的问题我们是不是应该反省？30多年前的文化运动，在中国历史的进程中，有其启蒙作用。但是，殷海光也指出，这一启蒙运动来的势头很猛，但是先没有站稳脚跟，所吸收的东西太少了，其所凭依的基础太薄弱了，所以，像一阵暴风一样，其兴也锐；但没有后劲，太不深厚了，所以露出无以为继的样子。50年现实政治的动乱经历，应该足够使我们痛切感觉到，政治上的变革，如果条件没有成熟，一味拔苗助长，或者急于换块招牌，结果只有引起祸乱。殷海光认为政治运动的道理也可以运用于文化的构建上，如果文化的开路先锋们开始行动过于急躁，一味地用“快刀斩乱麻”的办法，痛快倒痛快，可是弄到“青黄不接”、“真空出现”的时候，混乱就来了，根本先动摇了，一切便会摇摇欲坠的。在这里殷海光的论述也是很有道理的，文化不是移植过来的，而是在传统和本土中慢慢地生长起来，拔苗助长或者移花接木根本不可能成功，反而会增添混乱，而这种思想也十足地表现在今日一般的自由人身上。

3. 由时代的主导者变成了时代的尾巴

自由人曾经一度是时代的主导者，可是曾几何时，时移世变，可现在自由人不再是时代的先锋，不再代表时代发展的方向，相反却变成了时代的尾巴。这几十年来，大多数自由人所表现的，说好听点是通养功深，不肯随便表示意见，说得直接一些或者直白一些那就是——唯我主义，这种唯我主义不是个人主义，殷海光在这里可以说是又创造了一个新的词汇来表达极端的自私自利者，以前胡适是把不顾社会和他人利益的人称之为“假个人主义者”，现在殷海光把这些人称之为唯我主义者。这些人矜持绅士身份，而没有责任感。次等的人则认识浮浅，意志不坚，生活散漫，精神瘫痪。

自由人中尚保持一点朝气和进取心，眼看现实的存在这样腐烂，而自己又没有大勇气创立新局面。同时，他们又看着一股不可抗拒的势力在抬头。暮气深的自由人则太贪爱沉默之自由。这些人在过去的历史纸堆里讨生活，今天找一个字，明天寻一个句，天垮下来都不管，美其名曰“洁身自好，远避狂澜”。这些人长期从事这些工作，面对着腐烂堕落的现实存在，像双手捧着一块稀豆腐，连碰都不敢碰一下，这是殷海光给所谓上焉者的描述。下焉者则更无论矣！卖弄华彩，曲学阿世，伺承颜色，颠倒黑白，哗众取宠，是这种自由人的拿手好戏。

殷海光认为这些读书人是没有气骨，疲疲软软，歪歪倒倒，滥用知识，斫丧聪明，也难怪稍有权势的人从不信这些知识分子能够坚持其信仰，更不信彼等会为自己的信仰而牺牲一切；也认为由于若干所谓的知识分子、读书人滥用知识与拨弄是非，转而不信人间有客观的是非；所以有权势者一般都以为读书人一文不值，没有哪一个是不可以用金钱收买的！如果一个社会走到这种地步，离其衰亡也就不远，去地狱也就不远矣！殷海光最后这样感叹道。

4. 个体贬价，权力者如虎添翼

今日的个体的活动能量与价值，与 19 世纪的个人之活动能量与价值比较起来，其间之相去，真不可以道里计。在 19 世纪，殷海光认为个人凭其个体创造力或聪明才智，可以办学校、辟矿山、伐林木，更可以从事海外拓殖。相比之下，20 世纪 60 年代的个人，简直太缺乏这种勇气，缺乏这种创造力，缺乏这种魄力，更缺乏开拓个人事业的聪明才智。个人的事业，殷海光认为在非民主国家，已经成为镜中花水中月，个体湮没于被紧勒与压制的群体之下而变得毫无价值。在这些情况之下，个体之贬值，亦若现在纸币之贬值。机器支配着现实，现实支配着人，于是人慑服于现实之下，过着没有价值的生活岁月。

个体无力或者贬值本身就是一大悲剧，个体的力量本身就在日复一日地递减，而一旦科学技术与工业到了权力者手里，那政府就会如虎添翼，这力量的一减一增更是不得了。这些权力者就可以借着这种利器将其私欲作最高度的有效发挥。所以，现代极权统治比古代暴政可怕万倍。

（二）反省的重点

然而，如果我们仅仅从上述的一个方面来观察，那么我们所能说明的，将只是一种全然被动的存在，而不是有思想、有意志、有情感、有主动力的人之生活。殷海光认为上述的论述、分析和总结仅仅是一种外在的观察，而没有从知识分子内部以及个人的主动性角度作出分析。从外在的趋势着想，自由知识分子弄成今天这个样子，现实环境应负的责任较多，他们自己应负的责任较少。可是，这样一说，就是假定了我们是一种全然被动的低级存在体了。如果我们是一种全然被动的低级存在体，那么我们的一切行动唯有听任外界势力的摆布。这样，我们还谈什么反极权呢？

总而言之，殷海光认为中国的自由知识分子有些是瘫痪和溃散，大多数是被洪水所冲垮了。如今只剩下少数萎缩的幽人，在自己的小窝里过着不冷不热、不痛不痒、不喜不忧的灰色生活。这些人已经意识到自己已经败下阵来，对自己已经感到失望甚至是绝望，已经成了现实的俘虏。这样的自由人，自身已经先从精神与思想的基础上崩溃下来，怎么还能启导大家，扭转乾坤，再造一个新时代呢？殷海光这样问道。

（三）自由与暴乱并无因果关系，是由少数得势者不明智造成的

极权主义者彻底剥夺大家的自由，那么不是由自由人起来反极权主义要谁来反对呢？殷海光从大规模的情况来观察，认为暴乱至多是自由的伴随因子。假若自由发生则乱事发生，而且自由不发生乱事不发生，只有在这样的关联之中，我们才可断言，讲自由乃祸乱之源。在这里殷海光辩证地看待了、理解了暴乱与自由的关系，但是他下面的判断却是不成立的，他说经验事实没有支持我们对于自由的这一厌恶。欧美人讲自由，可是欧美并不能比不讲自由的空间更乱。可见对于自由的厌恶，至多是没有根据的主观情感而已。这个判断殷海光就表现出了他思想的局限性，他没有看出欧美国家的冲突和动乱也是很厉害，并且欧美国家在建国之初是何等的残酷和血腥，资本主义开拓殖民地、积累原始财富时是何等的没有人性！贩卖黑奴时是何等的暴力和残忍！所以殷海光只看到了欧美表面的一片歌舞升平，没看到欧美国家繁荣背后的残酷。他还说如果基于这一主观的厌恶，情发而为行动，那么其影响与结果是不难预见的。张献忠、李自成和黄巢，他们总算是作乱的能手。但是没有人听说他们讲自由的。可见自由与作乱之间并无因果联系。殷海光得出这样的结论也显得很荒谬和偏颇，这源于他对历史的发展以及国家的发展理解得不够透彻。

近三百多年来，特别是近一个半世纪以来，专制或极权国家常常遭逢旧制度趋于崩解，自由运动展开，社会向着新的道路前进之变局。面临这一新的情势时，如果掌握国家机构的少数人比较明智且不过分自私，那么他们便想办法适应这一新形势。在此殷海光和其他的自由主义者一样，都崇尚渐进和平的改革方案，殊不知对于中国的实际来说这一方案是稚嫩可笑荒唐的，殷海光也只是学到了自由主义的理论，而没有学到结合实际情况来辨明事物的发展趋势。在殷海光认为不经过大砍大杀和改换表面的招牌，社会的平衡维持住了，而且向前进步了。由此可知，自由乃从旧到新必有的动力。而使天下动乱者，不在自由分子，其责多在激进的少数人。

（四）自由人急需从思想陷溺中超拔出来

如果要实现这一展望，那么必须的前提是展开一个思想自由、言论自由的运动，而不是阏聪、阏智、阏耳、阏口以造成表面的整齐划一。展开思想自由和言论自由，当然必须自由人起来创导，尤其需要有充满了自由精神的自由人起来创导。在这一点上殷海光显然与胡适的自由主义思想是一脉相承的，都主张自由地实现首先是思想、言论自由的实现，都主张自由精神的倡导要有知识分子来领导。可是，如果要自由人起来创导，首先必须自由人从自身精神的解体中超拔出来，从自己思想的陷溺之中挺立起来，然而，要做到这一步，必须自由人从其本身的思想之海的深处将束缚并瘫痪他们的一些观念发掘出来，完全抛弃；再确立新的观念，发生新的力量。为什么会有这么多人抱持现实主义呢？内在的原因就是他们于无意之间被极权主义者穷年累月播散的极权哲学征服了。殷海光认为现实主义是集权主义的宣传所造成的，要从思想的陷溺之中超拔出来，首先必须破除这种思想。殷海光在此提出的观点与马克思主义的历史唯物主义是有区别的，在此要注意辨别。

1. “存在决定意识”乃不通之论

殷海光指出，他自己都不明白“存在决定意识”一词的确切含义。在这个陈述词中，“存在”是决定“意识”的必须条件呢？还是必须而又充足的条件？“存在决定意识”一词，殷海光说在马克思主义那里只能算是一个拟似的形而上学的陈述词而已。但是拟似的形而上学的陈述词既不是形而上学的陈述词，又不是科学的陈述词。它是一个非驴非马的骗人的东西。经济决定意识，这一概念背后所假定的乃经济决定论。殷海光把马克思主义的观点严重误读了，没能真正理解马克思这一理论的哲学意义、历史意义和实践意义。殷海光不仅没有把这一思想正确解读而且还予以了错误的、简单的非理性化的反驳，认为经济决定论是说不通的东西，所以建立于其上的“存在决定意识”之说也不通。“存在决定意识”之说不通，所以建立于其上的现实主义也说不通。因此，殷海光认为应该省察自己的思域，把它清除出去。

2. 自由精神

做自由人的必须条件是要具有自由精神。自由精神含有自主与自动两种特征。“待文王而后兴者，凡民也。若夫豪杰之士，虽无文王犹兴。”这是自主与自动精神的表现之一。拥有自主与自动精神的人，不因人成事，不因物即事，不一定要挂搭在现成的架子上面，而是主导地寻求真理，主导地确立实践原理，主导地创造情境。

殷海光认为人类自洪荒时代以来，与天灾搏斗，这些行为的内动力就是自主自动的精神。西方人将这种精神发挥得淋漓尽致，驯至成为“人定胜天，人类征服自然”的人生观念。在这里殷海光也是歪曲了历史事实，毛泽东主席也曾说过人定胜天的经典名言，这句话怎能仅仅是西方历史和世界的人生观念呢？可见殷海光自己也有媚外之嫌疑，起码他没有认真客观对待中国的现实和历史，而一味地从西方寻找他谬论的理据。他论述说西方的历史特征之一，可以说是人类克服自然的历史。于是西方人借此逐渐成就了科学。这种自主与自动的精神，从对自然的搏斗转移到对专制政体与暴君的搏斗，以期改善政治生活，于是成就了民主政治，并实现了个体自由。自主自动的精神，是人类推动人类历史前进在行为方面的主动力。只有具备充分自主和自动力的自由人，才有克服目前世界阴暗的真实希望。

希望不在别处。就在你自己的自主与自动。

3. 自由人的独立精神

自由精神与独立精神相辅相成、交相辉映。凡有自由精神者必有独立精神。凡有独立精神者必有自由精神。凡无自由精神者必无独立精神。凡无独立精神者必无自由精神。独立精神一旦放射出来，形之于立身，就是至大至刚之气；形之于知识方面，就是独立的思想，独立的判断；形之于言行，就是独立的言论，与特立独行。这里殷海光把自由主义的独立精神与孟子的志气理论相连，也与胡适所认为的孟子的“威武不能屈、富贵不能淫”是中国经典的独立人格精神的代表一样，但是古代孟子所言的并不是指他们所言的自由主义独立精神，他们是借孟子之言证明自己理论之正确。殷海光认为的自由人可以在某些方面思想与信仰互异，但不能在任何方面与在一切情形之下思想与信仰互异。在许多情形之下，自由人的思想也会一致的。在他们的思想信仰一致的时候，并无损于其为自由人的实质，不妨碍其为完整的自由人。

所以，以为自由人先天地不能思想信仰一致，因而在行动上就无从团结，这是一个甚至于自由人自己也易发生的误解。这个误解，是没有真实根据的。表面的思想或信仰一致，没有真正的精神内容，不能生长，因而也就不会有力量，即使有力量也只是机械力量。在此殷海光把机械力量引入他的自由主义理论，认为机械力量与精神力量相比是可计量的，是有限的。而精神力量是不可以像机械力量一样计算的，所以它是无穷无尽的。所以殷海光希望借这无穷的精神力量来运用物质力量来打败邪恶的极权主义者。这种精神力量，在起支配作用时，比氢弹的力量不知伟大多少万倍！

4. 自由的出发点是理性

自由的出发点是理性，从理性出发，如果得出各不相同的结论，各人就应坚持各自凭理性而得到的结论。由此而得到的结论，不是以之标奇立异，或故意鸣高以惊世骇俗。如果各人从理性得出的结论是相同的，那么我们也不必避免从众，必须固持。总而言之，殷海光认为每个人必须以理性为本，以理性作为自己思想出发点和归宿，但是实质上殷海光是太高了理性的理论本身，休谟、波普早已经证明理性的有限性，理性并不是万能的，并不能解决一切问题，并且每个人的理性能力都具有程度上的差异，在不同领域上里每个人的理性能力也具有不同的表现，所以殷海光认为自由而以理性为本，它的基础是坚实的，是颠扑不破的；同时，它所导向的世界是向上的。自由如以本能的冲动为本，它的基础是动物性的，因而它所导向的世界一定是个横决的世界。本乎理性的认识而建立的信仰，是值得用生命去保卫的。只要认得真、见得对，便不顾一切，照着所想的话，依着所认为是的去做，才配做个自由人。“虽千万人吾往矣”，这是自由人应有的气概。殷海光这样的思想也是过于抬高理性的结果，也是没能认识到理性是有限的这一事实。

5. 自由人应做时代的酵母

自由人不要灰心丧志，以为我们即使抱持真知灼见，也无补于澄清狂澜，“君子守其常”。常道，在一短暂的时间内，难以看出它的效力；可是，在一长远的历程中，它的效力便显而易见。支持这个世界的，维系人类的正常关系的，启导人类向前进步的，是些常道。殷海光不仅受到西方的知识教育，他也深深受到过中国传统思想的影响和教育，在此殷海光就是借中国传统文化论证他自己的自由主义思想，认为他们这些自由主义者的君子不应该焦急，面对着这群不能终朝的疯人与杀魔，他们的原身已经看得清清楚楚，他们的末日遥遥在望，那么，守着常道的我们（指以殷海光为代表的自由主义者），何所恐惧，何所戚戚，而不勇于笃行所信呢？

不要以为我们自由人太少就不能发挥巨大的作用，殷海光借用面包里的酵母来比喻他们那些自由主义者所能够发挥的功能，认为自由人应做这个时代的酵母，认为他们人数在数量上比较少正如在面包里的酵母一样，虽少而作用巨大，自由主义者应以酵母自喻，在这个时代起应有的作用，使这个时代不致向地狱里沉沦。然而，自由人要使这个时代不致向地狱里沉沦，首先要使自己不向精神与思想的解体中下沉。我们先在思想中成长一个新的世界。我们内在的生命力、思想力、意志力充实的一天，我们的光辉自然会放射于外，照彻四海。御寒的最佳方法，是自动地创造春天。

四 《自由的伦理基础》

殷海光在文章开始就指出，一个思想家的本质是努力发现、组织、表达他的观念、思想、学说。如果他的观念、思想、学说能及身而行见之于制度，那么这是他的幸运。如果他的观念、思想、学说扼于当时的现实阻力不得实行，甚至遭到摧毁，那么他也不必沮丧。历史的眼光可以帮助他的心灵越过一时一地的障碍，看见那人类文明永恒不息的河流。这条河流，从他的发源地开始，穿过森林，绕过高山，千回百折，终于汇归大海。殷海光自己认为，他自己关于自由的思想和制度在人类文明史中发展的升沉之看法正是这样。

（一）自由主义的三个派别

自由主义不是一个简单的观念、思想、学说。同一个观念，因受不同人之思考，受不同问题的考验，或受不同的文化环境之作用，而往往起着不同的分殊。殷海光根据以上推论，把自由主义分为三大派别：第一派是英国功利派的自由主义；第二派是欧洲大陆理性派的自由主义；第三派是维格派（Whig）的自由主义。

英国功利派的自由主义代表人物是边沁。边沁的主要思想和最大贡献是提出了“为大多数人谋最大幸福”这一理念和理论，这一派的思想就是罗素所说的“哲学的极端主义”。边沁的自由主义照哈耶克看来，问题是很严重的。他们是一些假个人主义者，这些人是在为社会主义铺路。欧洲大陆理性派的自由主义是想要将一套事先设计好了的蓝图强加于世界，而不是给世界以自由成长的机会。他们认为自由的实现只能依靠极权的手段得到，只能靠绝对的集体目标得到。实质上这种自由主义是乌托邦式的。维格派的自由主义是一种生活原理。这种生活原理是主张自由生长和自发的演进，反对一切专断权力的使用。这些观念鼓舞着后来整个欧洲的自由运动，鼓舞着美国独立运动并且制定美国宪法。哈耶克自认是属于维格派这一路的自由主义者。

（二）对哈耶克的《自由秩序原理》的认识

哈耶克的著作《自由秩序原理》出版以后，褒贬不一，有的人赞赏，有的人反对。西方知识分子对于自由的伦理基础基于文化的原因是一致赞同的。可是，一谈到经济理论，有很多人的看法就不一样。在英国，评论的文字也很多，而且有的已经出版成为专集。《自由秩序原理》这部书所展示的是普遍的原理原则。它所讨论的主要是政治哲学上的一些基本问题。该书分作三部。第一部的主要内容是分析自由社会的伦理基础。第二部主要探讨自由与法律。第三部讨论自由的经济制度和社会主义的经济制度之间的种种关系。并且说明现代福利国家的经济方法和目标，又探讨其可能性和危险性。本着经验论的态度，哈耶克认为经济上的种种原理，必须应用到今日某些严重的经济问题和社会问题上来加以考验，只有通过了这些考验。我们才知道这些原理是否有效，是否破坏自由。

哈耶克是把自由，尤其是康德的个人自由，当作人类存在与活动的原始单位，当做“终极的社会原子”（ultimate social atom）。从这终极的单位出发，人类的价值才能落实，文明才能得到源头，文化才能得到创建。个人的潜能也只有在自由的环境里才能得到充分的正常发展。如果人类社会没有个人自由，那么一切平等、富裕、健康，都将失去意义。哈耶克说，许多从根本上颠覆自由的论证主要地来自知识界。所以，我们必须面对这些论证。而面对这些论证，主要地是一种理论工作。而殷海光的这篇文章是以哈耶克《自由秩序原理》的第一部为中心展开的。

（三）自由的意义

在殷海光那里，自由分为低度的自由和高度的自由，相应地，自由的意义也分为低度的意义和高度的意义。低度意义的自由就是通常意义上大家说的是消极的自由；而高度意义的自由就是所谓的积极的自由。

1. 消极的自由

殷海光认为消极的自由乃一种没有镇制（coercion）的状态。镇制是什么意思，这是一个颇为复杂的问题，不是几句话就能够说得清楚的。殷海光在此说把这个问题留在后面去讨论。也许会有人说这种自由的概念是消极的。确实是这样的，和平、安宁、阻碍等都是消极的。如果我们看到自由和奴役之根本相反，那么我们就可以清楚地看到自由的消极层面也是必不可少的。如前所说，自由的消极层面是“免于镇制”。那么没有消极的自由，积极的自由将失所依附。所以，一种自由如果是消极的自由，并不足以减低它的价值。这里殷海光所认为的消极自由与伯林提出的消极自由观念有些相似之处，因为殷海光借鉴的是哈耶克的消极自由观念，而哈耶克借鉴的也是伯林的消极自由的思想，故殷海光的消极自由思想与伯林的消极自由思想有相通之处。消极的自由其实也是潜在的自由，在这个地球上之不同的地区，同是实行极权制度，有高度和低度、成熟和未成熟、虎头和虎尾的分别。在低度的极权制度之下，还有残存的潜在自由。在高度的极权制度之下，连潜在自由都剥夺了。最后殷海光借用哈耶克的论述说，对我们的文化中的大多数人而言，自由几乎是一切其他重要价值之共同的要素，是不可缺少的部分。自由是其他价值要得到充分成长时所需的土地、土壤，没有这块土壤其他的一切思想、理想、价值和进步都是不可能的。这是对消极的自由层面的恰当解释。

2. 积极的自由

殷海光首先借用伯林对积极自由的论述，认为积极的自由首先来自自己作为自己的主人中来。这意味着个人的生活、思想、行动以及选择都由自己做主，而不由任何外力做主。自己愿意成为自己意志的工具、成为一个主体而不是别人意志的工具和成为一个客体。自己愿意接受自己自觉的意识的推动，而不愿无意地受外界因素推动。这里殷海光也说出了自己与伯林的关系，也说出了自己的自由思想与伯林的自由思想的同一性。

殷海光认为伯林所说的“积极的自由”与哈耶克所说“有所作为的自由”是一样的。哈耶克认为积极的自由是从一个人之整体的性格的自发活动构成的。积极的自由就是一个人的潜能得到充分的发挥，以及他自发自动生活的能力。

（四）自由的整全性

在观念上，殷海光认为人们首先必须肯定自由的整全性（the integrity of liberty）。告诫我们自己首先必须确认自由是每个人固有的权利，而不是由任何人、任何组织、任何机构所赏赐的。并且每个人所拥有的自由是一个整体，是不可分割的。自由的展开固然应作不同的分殊（itemization）而得到不同的名称，如言论自由、谋生自由、集会自由等。这里的“分殊”根据殷海光的理解应该是自由的分类和展开的各个条目。自由虽然可以分为很多种自由，但是自由是人的自由，所以具有整体性的特征，不能说只有这种自由而没有那种自由。如果只许有这项自由而不许有那项自由，那么自由的整全性便遭到破坏。自由的整全性遭到破坏，自由很可能完全丧失，丧失到整全的核心也为之消失。自由是每个人的生命要素的一部分，剥夺自由实际上就等同于剥夺生命的要素。在这里殷海光强调自由作为一种类似主权性质的东西，强调自由作为一种整体性的权利，不可被分割亦不可被剥夺，是构成个人生命的必不可少的一种要素，所以一个人的这种生命要素不能被剥夺，必须发挥自由。一个人要发挥自由，就须依照他自己的决定或计划来行事，而不是因受人为的不可抗力而依照别人的意志来行事。既然如此，“自由”和“不许做某一件特定的事”就是不相容的。

一个有自由的人是不受任何人任意强制他一定得做某事或一定得不做某事的人。自由涉及与外在的他人和社会的关系，自由涉及的主体最少要有两个，并且这两个主体还都得是人，因为自由的价值是对人可言的，因为自由乃一个人对别人的一种关系，是一种人际关系。这种人际关系至少要有两个人才能构成。假设这个地球上有且只有你一个孤家寡人，在那种状况之下，你根本无所谓自由或不自由。自由是人类现实世界的时期，宇宙之星星、月亮、太阳都说不上有自由或无自由。

（五）自由主义和个人主义

如前所述，个人是“最后的社会原子”。无论一个群体的种族是什么，肤色是什么，阶层是什么，信仰是什么，最后分析起来，无非是一个一个的个人。一个政党，可以分开，可以分成几个政党。一个人不能分开，不能分成几个人。这里所说的个人主义并不等于自私的唯我主义。在这里殷海光把自由主义与个人主义作了区分，也把个人主义与唯我主义作了区分。实质上殷海光的区分只有利于他的论述和观点，而并不有利于人们对自由主义的认识。他指出个人主义一点也不放弃利他、合作、舍己为群等美德。我们所要强调的是，这一切美德必须切实从个人出发。从个人出发来展现这些美德乃是个人自我的扩张和个人生命内容的充实。如果人人展现这些美德，那么由这样的个人所构成的社会没有理由不是一个公正的社会。然而，只要人类存在一天，个人自由便一天不会被完全消灭。

（六）自由和平等

如果你和别人一样，那么何必有你这个人？有你不为多，无你也不为少。人之可贵，贵在有差异。在此殷海光指出了差异的重要性，指出了一个人区别于另一个人的差别所在、本质所在，在一点上殷海光的思想还是值得我们借鉴的，还是有利于启示我们的。个人和个人之间的差异是人类最奇特的地方。一个人存在的价值，就是别人无从替代他，至少不能完全替代他。歌德、贝多芬、托尔斯泰、莎士比亚，都是无法替代的。人和人之间的差异，是自由之所本，也是追求自然的重要理由。如果人和人之间没有差异，那么就没有不同的理想有待实现，没有不同的才能有待发挥，也没有不同的需要有待满足，这么一来，自由就显得无关重要了。如果自由无关重要，那么个人的价值也就隐没不见，沙滩上的沙几乎粒粒相同。这多么单调，多么乏味！

在指出人与人差异的重要性的同时，殷海光也指出了差异所造成的消极现象，但是殷海光却并不认为这就是不对的，他说一个社会产生了合理的不平等，才会激起合理的竞争。一个社会有合理的竞争，才有合理的进步。解决不合理的不平等的有效方式并非拿起“革命”的刀子把大家削得“一刀平”，而是创造公正的机会让大家上进，大家致富。

（七）保持自由的条件

1. 保有私有财产权

殷海光的这一思想也是中国自由主义发展的进步标志，以前中国的自由主义者并没有明确提出需要保证自己的私有财产权来保护自己的自由，而殷海光在此却鲜明地提出了这一思想。他说保有私有财产权乃保持个体生存之生物逻辑的基础。有了这种基础，不一定即有自由；但是，失去了这种基础，自由便像无源之水，其涸也可立而待。在此他引用哈耶克的话说：

> 所以，承认私有财产或分立的财产，虽然不是防止镇制的唯一条件，但为一重要条件。除非我们确实能够完全控制某些属于物质的东西，否则我们很少能够从事一个有完整计划的事体。当我们不能控制某些属于物质的东西时，如果我们想和别人合作完成一个事体，那么我们必须知道谁控制着某些物质的东西。承认个人的财产私有权，显然是划分私生活的第一步。这一划分，保障我们免于镇制。许久以来，有人看出“反对私有财产制度的人，即失去自由第一要素”。而且“没有人能任意攻击财产的分立但同时又说他是珍视文明的。财产分立和珍视文明这二者的历史不能分开”。近代人类学证实一项事实，即“在人类文化的原始阶段确实已经出现私有财产”。同时，

> “财产的根源乃一法治原则。这一原则决定人和自然环境以及人为的环境之间的实际关系。就文化的意义来说，财产根源是任何有秩序的行为之不可少的先决条件”。①

殷海光认为，财产私有是人的自由之必不可少的基础，并且这个基础是人一个生物意义上的逻辑基础。殷海光的逻辑是人首先要活着，人要活着就必须要有私有财产以维持人的生存。如果一个人没有私有财产，那么为了生物逻辑的生活势必将就甚至听命于控制他的肚皮的人。而人只要当他不受肚皮问题的牵制时，才可能照着他认为“理之所当然”及“义之所当为”的意思来行事。这就是有了自由。肚皮受到威胁，于是自我意志，个人的理想，甚至人的尊严，似乎都顾不得，只好收起来了。这一思想也才是欧美自由主义思想的精髓之一，殷海光在此捕捉到了这一精华，也说明了中国自由主义者思想的进步，他已经清晰地认识到了没有私有财产空谈自由仅仅是废话，仅仅是空中楼阁，就是给你自由的权利你没有财产也没有任何实际的用途。哈耶克对这个问题也有论述，但是哈耶克看得更为长远。他认为，在现代社会里，保障个人自由免受镇制权力扼害的必要条件不只是保有私人财产，而且必须确实保有物质的工具，使之不完全受其他的力量控制。这些工具是帮助每个人完成自己的任何计划的行为之所需。没有这些工具就无法拥有真正的自由，就相当于把实现自由的手段、途径和工具予以了严密控制，所说的赋予自由充其量只是在进行语言安慰和心理安慰，没有任何实质性的意义。在这些工具之中，交通工具最为重要。这里所说的交通工具，除了飞机、轮船以外，包括电信、广播、新闻纸等大众交通媒介。

殷海光认为，在近代文明自由开放的社会里，每一个人享都有表达意见的自由，享有毫无威胁地表达他意见的自由，这才可以促使他把大大小小问题的真正意向吐露出来，在另一方面可以把藏在暗处的冤抑、痛苦、迫害拿到亮处给大家看看。每一个人利用广播、通讯、新闻等媒介，这都是基本人权的行使。然而，在现代极权制度之下，最怕一般人享有这种自由。因为所有的极权统治都是建立于暴力的神话之上，为着保护那些神话

① Hayek, *The Constitution of Liberty*, The University of Chicago Press, 1960, p. 140

不被戳穿，极权统治机器的工程师们绝对不允许人们公开辩论那些神话，而且彻底遮掉一切不利的言论和思想，再造成有利于统治的知识世界，让千万人呼吸在清一色的空气之中，成为不知有春有秋的呆子。这是对人类的蔑视！这是对心灵的压缩！凡属通不过这种考试的统治，无论怎样自我宣传“为人民”，其实都是武装掩护的魔术表演！

2. 法治

殷海光认为目前社会对“法治”这个词喊得很响亮。有些人士倡言“厉行法治”。其实这个名词里藏有“夹带”。这个名词里之所以藏有夹带，是因为它有歧义。到底什么是法治？法治具体而真实的含义是什么？殷海光引用借鉴哈耶克关于法治的概念和论述将对法治的概念予以了澄清。哈耶克所见很是彻底而且深刻。他说：

> “法治”（the rule of law），自然是预先假定政司行事必须完全合法。但是，仅止如此是不够的；如果一条法律给政司以无限的权力，使它得以高兴做什么就做什么，那么它的一切措施都可以说是合法的。但是，这显然确实不是在行法治。所以，法治不止于宪政主义；所谓法治，必须所有的法律是依从某些原理原则。所以，法治并非依法而行统治。而是关于法律应须是什么的规律。这是一个后设的立法原则（a meta—legal doctrine），或者是一政治理构。只有立法者感觉到受这种后设的立法原则或这一政治理构的约束时，法治才会发生效力。在一个民主制度里，这个意思就是说，除非法治成为社群道德传统的一部分，除非被大多数人承认而且无条件地接受，否则法治即不能畅行。如果法治实行起来便显得不合实际，或者甚至是一不受人欢迎的理想，并且一般人不为其实现而奋斗，那么法治即会很快地消失。像这样的社会便会很快地陷于专断的暴政之中……①

最后殷海光作了总结，他认为“法治”有两种意义：一种意义是“政司”依法条而行统治，殷海光说的“政司”就是我们现代的政府。如

① Hayek, *The Constitution of Liberty*, The University of Chicago Press, 1960, pp. 205 - 206.

果所谓“法治”就是这种意义，那么重点和作用可能是摆在保卫政权上面。依照这种意义，一切极权统治都是法治，并且是严格的法治。在极权统治之下，法条又苛又繁，严密无比，一点人情也不讲。另一种意义是制定并且依照法律来保障众人的基本人权，使之免于受任何滥用镇制权力的侵害或专断权力的冒犯。这种“法治”的“基本精神”在维护自由。因此，立法过程中，它的主要着眼点在防范政司，而不是防范众人。这二者同样叫做“法”，基本的内容相去何远！

（八）自由的后设理论

殷海光把中国自五四运动以来所倡导的自由主要称为“外部自由”。认为五四运动的领导人物主张的思想自由，归根到底还是“外部自由”。但是“外部自由”不是根本之图，除了外部自由之外，还有内部自由，并且内在的自由比外在的自由更为重要。但是内在的自由有更多的混淆之处，并且内在自由与外在自由都有不同的哲学理论作为它的支撑，所以殷海光认为十分有必要将自由的两种哲学分析一下。这两种哲学是关于自由的后设理论（metal—theorise about freedom）。一种是英国经验派的功利主义的说法，另一种是唯心派的说法。

1. 经验派的哲学

殷海光认为英国经验派的功利主义者是把政治改进的热情和经验论之富于导诱力的哲学联系在一起。霍布斯（Thomas Hobbes）、洛克（John Locke）、休谟（David Hume）、边沁和约翰·密尔是这一派的著名代表人物。按照殷海光的理解和分析，他认为这些人物不承认有所谓先验的压迫和先验的道德伦范，这些人物和这一派自由主义者在经济学、心理学、社会学，以及政治学的研究上很成功。

对于霍布斯来讲，所谓自由意味着没有外部的阻碍。一个人除非因遭受镇制使他的意志不得伸张，否则不能说是不自由的。在洛克看来，自然法则和社会契约说的功用是说明不可侵犯的人权。人在自然状态里的自由，不受地上任何优越力量的束缚，不受人的立法权威的支配，而只受自然法则的支配。而洛克认为的自由与霍布斯有些不同，他设想的自然状态与霍布斯设想的自然状态也是不同，进而导致两人所认识的自由、权利、政府以及权力的设置也有很大的差别，洛克认为自由和安全不可分。人必须避免受绝对的和任意作决定的权威之摆布。因为这和人的保存有密切的关系。立法的目标是增进社会的稳定和安全，借社会的稳定和安全来增进自由。洛克认为有财产的人有权从事革命以抵抗政司的压迫。到了休谟这里，虽然在哲学思想上来了一个很大的转折，但是他的自由思想却没有发生太多的改变。休谟说："在权威和自由之间有长久的战斗。"

殷海光还认为边沁的自由主义思想中政府的建立是为了人民的利益，而且政府权力的行使只在对人民有利时方算合理。政府所持有组织的力量往往妨害真理的发展，并且把人心囚在监狱里。作为功利主义者的创始人，边沁对于自由的理解有了新的认识，边沁把功利思想引入自由主义思想之内，为自由主义思想提供了新的论证方式，把快乐和痛苦作为人的最高评判标准。边沁和之后功利主义者的明显目标，就是为最大多数人谋最大幸福。在这个标准之下，他们把自由和安全当作达到幸福的工具。他们将幸福当作人生唯一的基本价值。一切社会制度的存废端视能否增进人生幸福为断。人生的唯一要务乃增进他们自己的幸福。密尔继承边沁的功利主义思想并对边沁的功利主义思想进行了修正和改造，所以密尔极其注重言论自由、个性自由、出版自由。他认为言论自由乃人类心灵上的福祉。所以，增进言论自由即是增进人类心灵上的福祉。而人类心灵上的福祉是人类其他一切福祉之所本。他说，如果强迫任何言论归于沉寂，也许那种言论刚好是正确的。即令被禁的言论是错误的，也许有一部分为真。官定言论即令完全是正确的，也得经过一番认真的论辩才成。如果不经过充分辩论这道程序，那么真理的内涵和真意就不会被大家很好地理解，而错误的言论和思想也不会达到最充分的认识，得不到其应有的反面作用的效果。所以真理经过辩论越辩越明，谬论经过辩论越辩越谬。任何道理，不经过认真的论辩，就成独断的教条，或形式上的说词。这就得不到一般人的衷心支持了。

殷海光认为以上这些原则，对当时的人们而言，还是其义弥新的。

2. 唯心派哲学理论

自由被唯心派的哲学家看做基本上是个人自己的内心的问题。

殷海光认为唯心论的哲学家常对历史、社会、文化采取一种全体观，认为他们忽视个人，尤其是平凡的个人；他们仰视巨人，尤其是宗教上的巨人、掌握历史权力的巨人；他们习于从历史、社会、文化的整全来说明个人的存在和应取的行为方向，或应尽的种种义务。

在此，殷海光把黑格尔当做了批判的靶子。黑格尔认为国家是道德的全部，国家比个人更真实，个人在国家中享受自由。法律乃自由之实现，个人的浮动并非自由，个人的浮动受到限制，而且是特殊欲求的放纵。只有我们的意志服从法律时才是自由的。自己按照自己的想法行动而不违反法律，干涉他人的行动都不是黑格尔意义上的自由，因为意志服从它自己，而且意志从属于它自己时，才是自由的。只有当我们的家乡构成一个群体时，而且当着人的主观意志从属于法律时，自由才能实现。殷海光认为黑格尔不知道扯到哪里去了！黑格尔的思想简直泯灭掉了个人，这是把自由在大的全体和规则的要求之下消灭了，如果把黑格尔的思想稍加必要的改变，就可以变为希特勒之流所欢迎的自由观。希特勒是要把自由消融在他的日耳曼民族之中，好让失去人权的日耳曼人供他个人权力的驱策，好让失去人权的一切个人完全泯没在一个组织之中，作毁灭的工具。对黑格尔批判之后，他又引用哈耶克的自由观表达了他的观点。

自由还有一种意义，即是所谓“内在”自由，或“形而上的”自由（有时叫作“主观的”自由）：这种自由也许和个人自由有比较密切的关系，所以容易混为一谈。所谓内在的自由，意即一个人的行为被他自己的意志所指导，被他理智所指导，被他历久的信持所指导，而不是被他临时的冲动所支配，或受一时的情境所左右。但是，“内在自由”的反面并非来自他人的镇制力，而是一个人自己一时情绪上的、道德上的，或知识上的弱点。如果一个人在经历他冷静的思考以后犹不能继续从事他所决定要做的事，那么我们可以说他是“不自由的”，说他是“他自己的情绪的奴隶”。如果一个人的意图和力量在一个决定性的关头不能支持他，使他无法坚持下去，完成他自己想要做的事，那么我们可以说他是“不自由的”，说他是“他自己的情绪的奴隶”。①

经验派的人常不承认唯心派对自由的看法，唯心派的哲学家则认为经验派的自由观过于肤泛。殷海光在略述了两种对自由的后设理论之后，提出了究竟哪一派正确、哪一派错误的问题。

首先，殷海光指出，我们自己必须知道，“内心自由”才是一切自由

---

① Hayek, *The Constitution of Liberty*, The University of Chicago press, 1960, p. 15.

的起点。一个人自由或不自由，常常是基于一种感觉，尤其是从一组价值观念出发，而不是行为本身的问题。接着他列举了很多日常生活中的例子来说明内心自由的重要性。同样是在街头走动，如果我是出自于自动，那么我觉得自由；如果我被逼迫如此，那么我觉得不自由。我常常在自己院子内种花、除草，太阳晒得满身大汗。因为这是我自己乐于做的。没有任何人拿鞭子威胁我，所以我是自由的。如果一个人根本没有“内心自由”这个念头，尽管他一年到头“云游四海”，那么他是否觉得自由之至，殷海光表示他很怀疑。

所谓“内心自由”，殷海光认为有许多意义。一种意义是道德的意义。在这种意义之中，所谓“内心自由”即是我们的道德主义意志克服了人的欲念。“去人欲而存天理”。这里所谓“自由”，是指在我们的内心“理性”克服了“情欲”，天使战胜了魔鬼，超我战胜了本我，人性之善战胜了人性之恶，在这个意义上，人要想得到真正的自由，必须克服他自己的各种欲念，克服口舌之欲、克服性色之欲等，让自己做自己的主宰，让自己的理性居于核心和主导地位，让自己的欲望和激情臣服于自己的理性，而不是“随尸壳子起念”。所谓“圣贤工夫”，大概就是这样的思想。

另一种意义的“内心自由”，殷海光称之为“开放心灵的自由”(freedom open—mindedness)。所谓“开放心灵的自由”，同义于“心灵不作囚徒的自由”。一个人想要他的心灵不作囚徒，异常的不易；一个人想要他的身体不作囚徒，浅而易行；想要他的心灵不作囚徒，则必须具有超越他的时代和环境的才识以及必要的训练才能得到。殷海光认为连梁漱溟这样的大哲学家都没有突破他自己在他头脑中的铁丝网，梁漱溟是何等用力认真地思考为他自己及中国寻找出路，但还是因为思考技术太差没能走出自己头脑中的铁丝网。梁漱溟尚是如此，其他人更不必言说！心灵的牢房至少有两种，一种是未经批评地崇古，于是也将古人无条件地奉若神明，以为“非圣无法”。另一种心灵的牢房，殷海光叫做“时代的虐政”(tyranny of the time)。殷海光把美国的“时代的虐政”描述为广告所昭示的那些“意识形态”，那些事物、金钱利欲的追逐。另外许多地区的“时代的虐政”，就是那些枯燥的无根之谈。

经过层层的分析，殷海光指出，我们可知“心灵自由”或“内部自由”的是人自由的起点，没有“心灵自由”就没有人的所谓“外部自由”。但是不能就由此推出有了“心灵自由”就有“外部自由”。实质上两者在不同的层面上。当一个人有了“心灵自由”时，也许有“外部自由”，也许没有。有或没有，全视实际的情况而定。然而可以肯定的是，“心灵自由”不是“外部自由”的代用品、替代品，两者不可互为替代，两者各自发挥着自己的独特作用，是两种不同的价值观念的表达，“心灵自由”是每个人自己的事情，与别人和外界的关系不大。并且有些人的心灵就需要自由，而有些人的心灵无所谓自由与否。但我们不可能通过种种政治运动或文化革命来训练人的“心灵自由”。近代大规模的自由运动所要求实现的实质上都是经验派所注重的“外部自由”。所谓“外部自由”，即是行为自由、言论自由、组合自由等表现的自由。“外部自由”的要求，只有拿“外部自由”来答应。二者的层次不同，不可混为一谈。

殷海光认识到了内在自由与外在自由的关系，认识到了外在自由对内在自由的束缚和内在自由对外在自由的决定性作用，他说一个人尽可以注重内心的自由而不注重表现的自由，但是，如果一个人只能有内心的自由而不可能有外部的表现自由，那么这种内心的自由实际上是一种萎缩的自由，如果因外部自由受到严重的压抑而退缩到伯林所说的“内部堡垒”，那么这种内心自由便没有实质上的意义，充其量只能算是自全的行为，因为囚徒也可以保有“内心自由”。内心的自由从绝对的意义上说，是无论如何也没办法剥夺和铲除的，因为内心自由只存在人的内心里和大脑里，所以只讲内心自由而不讲外部自由这只是自欺欺人，这是典型的没有认识到内心自由和外部自由之间的辩证关系，内心自由是外部自由实现的基础和条件，外部自由是实现内心自由的外部条件和保障，自由必须从内心起始，从各个角度并以不同的程度，投向人生的实际生活节目。这就是自由之现实化。有而且只有现实化了的自由，才是健全的自由，我们所追求的自由，应须是这种自由。

（九）自由和镇制

殷海光认为自由的最大克星是镇制。如果没有镇制，那么自由就不会发生问题，人类也许都成伊甸园的天使，人类社会也就不需要政府的存在，不需要法律的约束、惩罚。但是，在这样的一个地球上，只要人迹所到之处，就有权力问题发生，有权力的存在就会有镇制的存在。

1. 镇制的意义

在前面的论述中常常用到“镇制”这个名词。镇制究竟是什么呢？殷海光再次引用哈耶克的论述来表达他自己的意思。“我们暂且把自由定义为没有镇制。但是，镇制几乎和自由本身一样是一个麻烦的概念。”①

殷海光经过分析后认为镇制是镇制者所施展出来的一种力量，或借力量所布置出来的一种蜘蛛网状的形势，使被镇制者不得不随着镇制者的意向作反应。当一个人不得不顺着别人的意向去做事，一个人不能为他自择的目标做事，就有镇制存在。在这里殷海光的意思是说，每个人是因为被逼迫而做事还是因为自己的主观愿望而做事，是有权力、权利而做事还是被强迫、违背自己的意愿而做事的问题。对于镇制这个概念，殷海光承认是颇为复杂的，还需要进一步作扼要的解析。

2. 镇制的构成要素

第一，赤裸的暴力。

这是单纯的物理能力（physical forces）。殷海光说，巨棒打在人身上发痛，刀砍在人身上致死，子弹打来人倒地，一按钮整个城市化为废墟，这都是单纯的物理能力，都是由于整个人类社会首先是受物理定律所限制。人作为一个生物，必然要受物理、生物原理的约束和限制，单纯的物理能力自古即构成镇制的基础。当道德或“理性”的力量失效时，往往使物理力量抬头。从古到今，赤裸裸的暴力都在发挥直接的作用或者间接的威胁、震慑作用，人类发展到目前为止，尚未脱离使用赤裸裸的暴力来解决问题，赤裸裸的暴力之所以得到一些人的青睐，是因为暴力产生的效果和作用是最有效、最直接、最快捷和最具有戏剧化效果的，然而时至今日，人们越来越认识到单靠赤裸裸的暴力是无法解决所有事情的，并且到最后仍旧是损伤自己。“人类必须有一天不靠物理能力，纯靠讲理来解决问题。只有这样的日子来临，世界才有真正持久而稳定的和平，我们读书人才能抬头。”② 殷海光最后这样总结道。

第二，神话。

神话的含义殷海光在这里是指的是较为一般的用法。在古代神权时

---

① Hayek, *The Constitution of Liberty*, The University of Chicago press, 1960, p. 133.

② 张斌峰编：《殷海光文集》（第一卷　政论篇），湖北人民出版社 2001 年版，第 355 页。

期，神话是重要的镇制因素。在民智未开的时代，人类对于宇宙、生命、心灵的了解较现在犹少。他们对于自然现象的变异和地上灾害的流行，常存敬畏和恐惧的意念。在这一时代，神话对人类的想象活动及情感价值的构成具有支配作用。因此，如果有人制度化地搬出神话，那么便收到使人慑服的效果。这里也可以从古代的“谶纬”现象得到解释，人们由于对闪电、日食、月食、地震、瘟疫等的认识带有神性的解释，认为这是上天给人间的警示。皇帝的统治不顺应民心，上天就会通过一些异常、反常的现象来显示给人们，所以一些人就利用人们的这些心理，陈胜、吴广的起义就曾利用“谶纬”来为自己的起义谋取合法性和正当性。但是，随着民智发达，这类原始型的自然神话逐渐失去支配作用。代之而起的是君权神话。君权神话的“理性化”的一种，就是“君臣大义”。时光冲走许多事物。“君臣大义”之类的神话终于淡薄下来，不复成为十足有效的镇制元素。可是，每一个时代都可能有支配那一个时代的观念力量。

第三，经济。

经济的本身无所谓是一种镇制力或不是一种镇制力，经济不像赤裸的暴力一样，本身就具有很强的镇制和威慑力量，如不遵从直接面对的就是人生肉体的消灭，经济是通过对人生所需生存资源的控制进而获得的一种镇制力。这从现代极权国家的建构得到具体的例证。这里殷海光举了秦始皇的例子来说明经济是如何作为一种镇制力的。秦始皇帝为求帝业永垂，“收天下兵器铸为十二金人”。如果秦始皇帝在一方面收天下兵器，在另一方面官办食粮生产，而且又将食粮集中起来，由官兵守护，守粮官兵都喂得很肥，那么陈涉、吴广之流要“起兵造反”就困难得多了。粒米未进的饥民跑不到100里就倒下了，由这样的饥民组成的军队如何与秦始皇的精力充沛的士兵交战？经济是比武力、暴力更持久的镇制权力。暴力、神话和经济可以交互使用。如果交互使用，那么所衍生的镇制力更为巨大，可能更为持久。由此推论，有效于古代的想法不必有效于现代，以古证今常常是错的。

3. 镇制的形态及其减少

如果依镇制的强度来分等级，那么暴力是第一级，经济是第二级，神话是第三级。从这三级还可以衍生出许许多多的形态。现代极权制度简直可以看做一个镇制制度（a coercive system）。这个镇制制度我们可以想象成花园里的一个蜘蛛网。这个蜘蛛网的组织严密，一切纵横线最后都聚摄到一个中央。蜘蛛端坐中央，综揽一切。关系愈近，可能愈易受到镇制。关系愈疏远，所受到的镇制愈少，于是享受的自由也可能愈多。[①]

4. 内在力量的培养

殷海光借用依哈耶克所说，一项镇制对一个人施行时的效力为何，与这个人的内在力量（inner strength）是否坚强相关。自古以来，镇制之对人收效，依次说来，是因为：受镇制者顾虑名誉受到损害，地位受到动摇，财产被权威没收，亲戚朋友遭人离间，基本生活的资源被截断，以至于最后个体的生命被权威毁灭。说到底被镇制者主要担忧自己的名誉、地位、财产、亲人朋友、生活资源和个人生命被镇制或者毁灭，但是如果一个人不在乎自己的名誉、地位、财产、亲人朋友、生活资源和个人生命的话，那么镇制的施动者便无可奈何了。因为最高层面的镇制就是进行肉体生命的消灭，殉道者如此，为真理者也敢如此，一旦人们对生死问题有所透视，对死亡问题无所恐惧的话，任何镇制的手段都会失去效用，这样的话集权制度也就冰消瓦解了。但是对于一般人而言，如果权威依着这个顺序不断提高“梯次”，步步紧逼，那么，被镇制的人可能节节后退，步步放弃，一直退到守住基本的生命线为止。这是一个压缩的过程，和被压缩的反比变化。

每一个人都是社会文化的实体，同时每一个人的“内在力量”则是每一个人超生物力量的实体核心。而这一“实体”的核心是社会文化乘个人特质的产品。它不是什么形而上学的有无，而是人人可以经验的，人人可借自我观察来认知的，人人可由自我训练得到的。不过，它的内容比原子核复杂得多。它可以是道德的坚持、是宗教信仰、是美的情操、是真理的热爱、是救世情怀，是孔氏的仁，是孟氏的义，只要我们提倡道德，明白道德是没有替代品的，人的“内在力量”消散时，势必成为一具失去原则的肉体。“一具失去原则的肉体，只有听命于生物逻辑。于是，最廉价的恭维可以使人起舞，最浮嚣的抨议可以使人暴跳，少许金钱可以攻

① 张斌峰主编：《殷海光文集》（第一卷　政论篇），湖北人民出版社 2001 年版，第 357 页。

破心防，暴力可以决定是非。”[①]

5. 两种不同的镇制

只要人类一天不全是天使和圣人，镇制便一天不会绝迹。要想完全废除镇制，这仅仅是最崇高的理想之一。这个理想可能在实际生活中永远不会完全实现。但是，我们却可以向这个理想前进。因此，我们不能说在原则上不能达到这个理想。在原则上能否到达这个理想是一回事；在技术上能否到达这个理想是另一同事。技术中的理想和理念上、原则上的理想是两回事，并且原则上和理念上的理想永远激励着我们前行，在技术上我们不能实现到达完全废除镇制的理想，我们不能因之而说在原则上不能到达。前者是一个较高度的要求，后者是一个较低度的要求。民主制度之下也实行镇制权，极权制度之下也使行镇制权。这二者有什么分别呢？殷海光认为同是镇制权，但是这二者却有天壤之别。

第一，民主国家使用镇制权力受到严格的限制，极权国家镇制权力的使用趋向于无穷大，不受限制。第二，民主国家使用镇制权力的目的主要在于保障社会的秩序、安宁、和平，以及大众的生命和财产；极权国家的镇制权力主要用途在压制内部，并且镇制权力像章鱼一样将触角延伸到社会的每一角落，造成整个社会的独占局面。第三，自由的民主国家政司绝不干涉私人生活，更把道德目标和政司决策予以划分。可是，在极权国家，政府干涉私人生活，并且把道德目标从属于政治目标。这样一来，极权政司常借镇制权力推销道德价值。于是，道德价值赋予镇制威力。因此，同样握有镇制权力、自由的民主国家里的人众不觉得恐怖，甚至不觉得镇制权力的存在；而在极权国家里，镇制权力乃是恐怖之源。仅仅从解除恐怖而论，自由的民主制度已足以值得人生的向往和追求。

（十）结论

在这篇长文中，殷海光经过对自由的派别、意义、条件以及对自由与平等、镇制、个人主义的关系等的鞭辟入里的分析，最后得出自己的结

---

① 张斌峰主编：《殷海光文集》（第一卷 政论篇），湖北人民出版社2001年版，第362页。

论，认为，自由的伦理基础有而且只有一个：把人当人。①

第四节　殷海光的自由主义思想体系

从20世纪末严复译介密尔的《论自由》一书，首次把“自由”概念引入中国算起，自由主义在中国已有近百年的历史。在这近百年来的历史岁月中，可以把中国现代自由主义进程划分为三个阶段：第一阶段为输入自由主义理念的严复阶段；第二阶段为张扬自由主义努力不懈的胡适阶段；第三阶段为直接与现代西方自由主义论说对接的殷海光阶段。殷海光认为现代中国自由主义可以称得上是“先天不足，后天失调”。“先天不足”，固然是指中国传统中匮缺自由且加上人们的理解失当，同时更是指中国自由主义失于逻辑论证与社会介入的平衡，使得自由主义一进入汉语学术圈就不如保守主义发展的根基之厚。“后天失调”，一则是指自由主义脱胎于西方文化后，在中国文化圈中独立生长，就在理论与实践两方面缺乏理论自洽性与实践自足性，无法依托于社会进程而发展壮大。二则是指中国近代以来的社会状况比较西方现代社会为自由主义提供的生长条件，相去实在太远。自由“在风暴中不易建立起”（托克维尔语），而近代以来的中国社会恰恰处于动荡之中。自由主义无从显现其使人愈想愈弥足珍贵的功能与价值。严复与胡适的自由主义得不到广泛的社会反响，而且无法与理论上较为成熟、社会影响上蔚为大观的激进主义、保守主义相抗衡，原因尽在于此。

到殷海光生活的当下，自由主义并没有摆脱它所面临的困境，这种文化格局和氛围也没有多少改变，但是，通过殷海光对自由主义理论的重述，自由主义在现代中国文化语境中得到了生长，中国的自由主义迈出了前两个阶段的困境。面对20世纪50年代的台湾愈趋专制的当局，逃离出党派之争的殷海光，为自己确立了新的使命，踏上了自由主义启蒙之路。

在殷海光三民思想转向民权议题后，就开始表现出启蒙的情结。他负

① 张斌峰主编：《殷海光文集》（第一卷　政论篇），湖北人民出版社2001年版，第363页。

责的《青年周刊》，以科学与民主为基本出发点，以“科学与民主”号召青年。而且从 1951 年起，殷海光就与一帮年轻朋友坚持开展“谈国事、谈思想”的聚谈会。这种聚谈会，一直持续到 1954 年年底应美国国务院之邀到哈佛大学访问前夕。完成思想转轨以后，殷海光一方面继续翻译西方政治思想，通过画龙点睛式的评论，进而强化它的启蒙功能；另一方面，也注意站在前台呼唤自由民主。

殷海光还把他的启蒙带到自己的课堂内外。由于殷海光本人强烈的道德使命感和理想主义精神所呈现的人格魅力，对待学生极端平等，深受学生欢迎和爱戴。另外，他还通过演讲等形式启迪学生。刘福增曾谈到殷海光对台大学子的影响，他说：“在当时的台大（1950 年代），殷先生与傅斯年对青年学生的影响最大，而殷海光对青年学生追求自由思想、独立思考能力的启发尤为影响深远，殷海光可以说是当时众多知识青年的启蒙导师。”①

这时的殷海光对于自由主义精神的把握，似乎有很强的信念和信心，要推动“五四”启蒙过后的再一次启蒙运动。殷海光把“胡适思想”作为启蒙的旗帜，他想继续“五四”人物还未完成的事业，使“民主”、“科学”的旗帜和理念深入人心，重建新的社会道德。这都可以在他 1948 年 6 月 22 日《五四与今日》、1949 年 5 月 4 日《五四运动三十年》、1950 年 3 月 16 日《这是以唯一的出路》等文章里都谈到了“五四”时期的事情。那时殷海光谈论“五四”的动机与现在不同。在完全转化成自由主义者后，殷海光才明确以“启蒙”标识“五四”，以“五四”为启蒙旗帜。然而，在 1957 年之前，殷海光的启蒙重点仅是对自由民主价值的一般性阐扬。1957 年开始，进入以激烈论证主导启蒙的时期，这个时期殷海光才以纪念“五四”和回护当局对胡适的攻击等方式明确地亮出旗帜。在 1957 年、1958 年和 1959 年殷海光分别写了《胡适思想与中国前途》《重整五四精神》《读胡适先生在联大的演说》《跟着五四的脚步前进》《开展启蒙运动》《胡适与国运》和《五四是我们的灯塔》等文章。直到 1960 年，由于当局的打压，不再有高举“五四”旗帜强势启蒙的自由舞

① 简明海访问。简明海：《救亡与启蒙的困境》，硕士学位论文，东海大学，1997 年，附录第 28—29 页。

台，但每到“五四”，殷海光总要纪念一番，在离世前自我定位为“五四后期人物”。他那浓厚的“五四”情结，可谓与“五四”生死相依。

殷海光凭借他超越现实利害的理想主义气质，充沛的道德热情和勇气，足以“讲理”的认知能力和思想力，以及对自由发自内心的爱，通过《自由中国》这个舞台，高扬“五四”旗帜，延续“五四”启蒙精神，最终成为那个时代台湾自由主义的思想领航人，作为“五四”精神象征的“民主与科学”，成为殷海光启蒙的主题。

一　反对极权政治，呼吁自由民主

其实殷海光在未出“三民主义”框架之前，已经在民权主义意义下开始谈论民主自由。只是那时的言论主要强调“民主自由”与“反共抗俄”不矛盾，要求走“民主反共”的道路：“民主自由是最后的防腐剂……只有实行民主，才能真正集中意志，团结力量。所以，自由民主是对付极权统制最有效的武器。”①

殷海光极力反对国民党向极权方向推进改革的道路，他站在同情国民党的立场出发，善意地希望国民党当局走民主改造的路，希望国民党转向直接以自由主义思想为目标的改革之路，所以殷海光向台湾国民党当局呼吁要自由、要民主。

1954 年 1 月，殷海光发表《政治组织与个人自由》，在文章里他写道：“许多人现在一提起‘个人自由’，厌憎之情，溢于言表，甚至视之若洪水猛兽：仿佛许多大事之所以败坏，就败坏在讲个人自由。这类事象之所以发生，一方面的原因，是他们以为要将许多大事搞好，必须自政治组织着手。而从事政治组织，就不能讲个人自由。……他们以为政治组织与个人自由两者是互不相容的。”②

在此文里，殷海光表达了他对个人自由与政治组织之间关系的看法，

① 殷海光：《反对布尔希维克主义》，《中央日报》1950 年 1 月 7 日，《殷海光全集》第 11 卷，桂冠图书公司 1990 年版，第 147—148 页。

② 殷海光：《政治自由与个人自由》，《殷海光全集》第 11 卷，桂冠图书公司 1990 年版，第 297 页。

认为个人自由与政治组织之间并不冲突，讲个人自由并不有害于进行政治组织和社会、国家利益的整合。个人自由并不会带来种种弊端，反而不讲个人自由的社会长此以往则会带来各种问题。个人自由是不可剥夺的最基本和最重要的权利，例如言论自由、学术自由、行动自由、住居自由、建构自由（freedom of institution）等等……这些种类的个人自由不可渡让和剥夺，与人的生命、名誉、财产一样都是不可渡让和剥夺的。殷海光认为政治是为了人生，人生不是为了政治。自由是目的，政治是手段。他还认为政治组织与个人自由不是必然有冲突的，“民主的政治组织”完全可以包容个人自由，它们不仅不冲突，而且可以保障个人自由并进而发展个人自由，民主的政治组织，能齐一意志，应付各种非常事态。

在阐述了个人自由与政治组织之间的关系之后，殷海光提出了他自己的国家观。他把国家看做一个实际的法治联合（legal association），认同的是一种实证论的国家观，反对的是把国家看做一个抽象的整体（metaphysical entity）的“玄学国家观”。他说：“国家不是没有分子的空类（null class），也不是只有一个分子的独类（unique class），而是有分子的每一类。……因此，我们应须承认一个一个的个人即个别地为国家之不可消革的真实主体。”国家实质上就是个人之间多项交互关系的“丛结”，即是一种关系的联合体，而所谓的爱国，也就是在一特有传习的界域以内，一个一个的个人爱他自己而且又彼此相爱。殷海光的这种爱国主义实质上就是爱个人的自由，是一种以个人自由为基础的狭隘的“自由主义式”的爱国观，这种爱国观不主张个人对国家的牺牲，不主张国家的利益高于个人的利益。并且殷海光认为他的这种以实证论为基础的国家观只有在民主国家才有真正意义的爱国意义，在信奉玄学国家观的极权国家，“爱国”无异于听任驱策。在《个人为国家之本》一文中，殷海光进一步指出，“个人为国家的根本”。爱国不构成贬损个人自由的理由。

1954 年 2 月，殷海光有感于杜勒斯在向美国众院作证时谈到“苏俄领袖对自由发生基本的恐惧”一言，写了《独裁怕自由》，进一步指出自由是独裁的天敌，有自由便无独裁。认为在所有种类的自由之中，有而且唯有个人自由才是基本的自由。

站在自由主义立场的殷海光，对民主运动的开展比过去更加关切。殷海光对国民党当局假意实行民权主义的伪民主观进行了揭露和批驳，认为是国民党不可救药的征象。对于张其昀将爱民、教民、养民称之为民主政治的三大真谛的观点，殷海光认为是荒谬的“君主的民主”观，并指出：“民主的真正核心是基本人权的肯定。凡避开基本人权而谈民主者，不是对民主感到不安，便是对民主没有诚意。”①

殷海光认为敌视自由民主是“自毁长城”，要想不被历史淘汰，只有顺乎民主潮流。

在“五四”旗帜下开展思想启蒙的殷海光，到后来逐渐发展成激烈的论证。严复、胡适都有过自己的论辩生涯，书生之间的争论成为中国自由主义者的一个传统。在《自由中国》推出的“今日的问题”时事评论专栏里，殷海光开展了最激烈的论辩。他所写的第一篇社论《是什么，就说什么》，倡导知识分子为了国家的前途，要积极负起责任，以“为知识而知识”的精神，是什么就说什么，戳破各种“革命”“主义”的神话，面对现实，以求切实解决各种社会问题。随后相继写了《认清当前形势，开展自新运动》《自由中国之路》等文章，指出国民党当局必须开放言论自由、保障基本人权，开展取消一党专政、取消党化教育、党化军队的自新运动。

殷海光认为国民党日趋极端的党化教育政策，是思想自由的直接拦路虎；认为党化教育政策除了祸及青年，它的弊端还近及于学术风气，远及于社会风气。指出当局在党化教育政策下摧残学术自由，将“学术”用作政治工具；台湾社会风气颓败也应归咎于党化教育。要想改造社会风气，必须从改造政治心理和政治风气着手，必须放弃党化教育，开放言论自由。

二　提倡科学理性，反对蒙昧专断

沿着“五四”道路前进的殷海光，大力提倡“五四”精神的第二个主题——“科学”，主要偏重的是科学方法和科学精神。他认为这种意义上的科学，是实现自由民主不可或缺的条件，有着知识上求真理和强大社

① 殷海光：《教育部长张其昀的民主观》，《自由中国》第15卷第7期；《殷海光全集》第11卷，桂冠图书公司1990年版，第413页。

会两大功能。

殷海光追求以科学为基础，贯通人文领域，实现“科际整合”。他认为，科学理性首先是一种态度，其次是一种方法。作为一种态度，对于学术研究而言，就是要守住科学的严谨性、客观性，是什么就是什么，否则就是非科学的或反科学的；作为方法，则要求无论讨论自然，还是讨论哲学、历史或政治科学，都要克服长期以来中国知识分子中流行的“朴学式琐碎的弊病”和“理学式空疏的弊病”。

走上启蒙之路后，殷海光开始试图将逻辑的认知功能与反形而上学结合起来，他认为符号逻辑已经应用到生物学、神经生理学、工程心理学和哲学领域，并且将来有一天符号逻辑家像物理学家一样能够研究“毫无颜色的”物理学观念，能够清楚而有效地思考社会、道德和美学概念……将来总有一天，假如我们没有符号逻辑的彻底训练，我们便不能研究伦理学与政治学。[①]

殷海光对学术研究的浅层次原因在于“为学术而学术”、“为真理而真理”；而深层动机与则与他的社会思想家角色相关联。他的学生林毓生曾说：“您做人的风格上充分表示出您是具有 intense moral passion（紧张的道德热情）和 poetical inspiration（诗人气质）的人，读您最近的数信更 confirm（确定）了我这一看法；但几十年来偏偏提倡科学方法，colorless thinking（无颜色的思想）。究其原因，实受时代环境之刺激，而不是为科学而科学——科学方法是一个 tool（工具），是一个使人头脑清楚不受骗的工具。至少在下意识里科学是满足您 moral passion（道德热情）的道路。”[②] 林毓生对其老师的总结显然道出了殷海光的真实内心世界，殷海光的自由主义思想和他倡导的科学方法论更多的是与他的性格、内心反对集权、专制等有关，而不是纯粹为了学术的研究。殷海光自己也承认，他自己二三十年来与其说是为科学方法而提倡科学方法，不如说是为“反权威主义，反独断主义，反蒙昧主义（obscurantism），反许多形式的 ide-

① 殷海光：《逻辑究竟是什么?》，《殷海光全集》第 13 卷，桂冠图书公司 1990 年版，第 219 页。

② 殷海光：《致林毓生》，《殷海光全集》第 10 卷，桂冠图书公司 1990 年版，第 149 页。

ologies（意理）"① 而提倡科学方法。

殷海光学术上追求的科际整合的用意，是要用现代分析哲学的武器，打破常常被用作极权统治基础的各种非理性思想。加之殷海光讲"科学"的重点在于自由民主启蒙，那就不能仅止于学术层面，还需要明确点化科学与自由民主的积极关系。因此，殷海光特别强调科学理性对于学术研究以及对于社会生活都有着重要意义。

科学与民主的关系成为殷海光关切的核心，他曾专门写《论科学与民主》一文探讨它们之间的关系，并在文中提出了两个命题：第一，民主必须科学；第二，科学必须民主。其中"民主"的含义都是指社会体制，而"科学"所指不尽一致。"民主必须科学"的意思是指民主必须以科学的基本态度为心理基础，"科学"是一种态度；"科学必须民主"是说民主能提供科学发展以必要的环境，同时只有民主政治才能安全地控制科学，"科学"则指实体的科学技术。两个命题彼此关联，但无疑殷海光更重视科学态度对于实现民主的意义。对于科学的态度，殷海光论述了很多。他指出了近代以来民主所受到的挑战：第一种来自非科学、非理性的力量对民主的挑战；第二种来自"左方"的泛政治主义在社会基础上打击民主，殷海光所说的"左方"也就是现在我们所说的意识形态中的"左派"；第三种来自右方（右派）的泛道德主义从伦理基础对民主的轻视。而对待民主的科学的态度应该是"印证的"、"怀疑的"、"累聚的"、"试行的"、"系统的"、"互为主观的"、"运作的"、"讲理的"态度。所以，殷海光主张，民主政治真要实行，必须讲理，愿意讲理并知道怎样讲理。讲理就是要把科学方法或方法学应用于一切题材，包括伦范、道德和价值。养成讲理的习惯，真理面前人人平等，是什么就是什么。

总之，殷海光关注的不仅是科学发展问题，更重要的是科学态度、科学方法、科学精神方面的问题。他提倡科学主义大于提倡科学本身。而科学主义，就是将科学的功能延伸到科学以外的人生、社会、历史领域，用科学解决人文的课题，对殷海光来说，尤其是自由民主的问题。

殷海光的这种"科学"的态度主要来自罗素、维特根斯坦、维也纳

---

① 殷海光：《致林毓生》，《殷海光全集》第10卷，桂冠图书公司1990年版，第149—150页。

学派。最先对殷海光思想产生影响的首先是罗素，罗素的知性理论和自由理论为殷海光获得启蒙给予了最重要的影响，在罗素的影响下，殷海光认为科学以外没有知识。这种思想通过接引维特根斯坦和维也纳学派的逻辑经验论，更加强化和趋于极端。逻辑经验论的引入，使殷海光走上了坚执排斥一切形而上学的“绝对科学主义”道路，主张以经验与逻辑为唯一凭借，进行“没有颜色的”思想。[①]

三 反对传统主义，标尚士人精神

“五四”时期以来的现代中国自由主义者，他们为了宣扬科学与民主，对中国文化传统进行了猛烈的批判。这虽然促进了自由主义在中国的传播，有着历史合理性和历史必要性，但同时也强化了自由与传统的高度紧张，不利于自由主义理念在中国的落实。一味的反传统其结果是扼杀了一个自由社会之成长所需要的“自发秩序”，从而走向了自由的反面。殷海光指出，我们应该对我们并不知道其起源及存在理由的传统、习惯及业已发展起来的种种制度予以尊重，反而有助于一个自由社会的形成与发育。在此他引用了哈耶克所说的话证明了他的这个观点。同时也表明了他对哈耶克有关自由与传统之间关系的认同。在这个层次上，殷海光也显示出了中国自由主义者的特性，尽管强调自由，但并不割裂与传统之间的关联。但是殷海光的思想到达这个境界也是随着他的思索和理论的成熟逐渐达到的，而不是一开始他就这么认为。哈耶克写道：“如果对于业已发展起来的各种制度没有真正的尊重，对于习惯、习俗以及‘所有那些产生于悠久传统和习惯做法的保障自由的措施’缺乏真正的尊重，那么就很可能永远不会存在什么真正的对自由的信奉，也肯定不会有建设自由社会的成功努力在。这似乎很矛盾，但事实可能确实如此，因为一个成功的自由社会，在很大程度上将永远是一个与传统紧密相连并受传统制约的社会。”[②] 这意味着自由与传统之间并非是一种绝对的排斥关系，因而自由

① 参见殷海光《论没有颜色的思想》《从有颜色的思想到无颜色的思想》等文。《殷海光全集》第13、14卷，桂冠图书公司1990年版，

② 哈耶克：《自由秩序原理》（上），邓正来译，三联书店1997年版，第71页。

主义者不能把二者简单地、僵硬地对立起来。

殷海光对自己的自我定位是“五四后期人物”。他对传统文化的基本取向直接承接的是五四的路径：以科学和民主为基准审视传统文化，并对传统文化进行批判与否定。他说：“无论如何，中国人要求解决百余年来的大问题以求生存并发展下去，平平坦坦实实在在的道路，有而且只有学习科学并且实现民主。然而，不幸之至，支配中国数千年之久的这个传统，竟是与科学和民主这样不接近。”[①] 正是基于这种传统与民主科学相对立的判断，他在其所发表的许多文章中，始终强调对传统文化的批判，并为“五四”的反传统辩护，如《重整五四精神》（1957），《跟着五四的脚步前进》（1958），《展开启蒙运动》（1959），《五四是我们的灯塔》（1960）等。在这些文章中，殷海光所表达的反传统的立场是相当鲜明的。他还曾公开说道：“笔者平生可说无私怨，但平生思想上最大的敌人就是道学。在任何场合之下，笔者不辞与所有道学战，笔者亦将不会放弃这一工作。”[②] 殷海光所说的道学，主要是指政治当局的卫道说辞，他还用“玄学”、“历史主义”、“泛道德主义”等名词来形容。

蒋介石在总结国民党在大陆失败的教训时，将教育问题认定为此次全面失败的主因，为了加强思想控制，国民党延续了20世纪30年代“新生活运动”的论调，以提倡四维八德之名，行实施法西斯主义之实，提倡传统主义是国民党强化威权的一个手段。因此，殷海光意识到有必要延续“五四”反传统的传统。

然而，殷海光除了反对国民党的道学，还反对以《民主评论》为阵地的新儒家学说。新儒学的整个理论架构都是来自西方，也主张实现科学民主这些目标。新儒学不同于传统儒学，总体上讲，新儒学应该是自由主义的同盟军。新儒家所说的“传统”与国民党意识形态中的“传统”不一样，却遭到殷海光的“误杀”，这与他对中国传统认知的程度，他的启蒙“利器”逻辑经验论的杀伤力，以及他与新儒家对“五四”的态度差异有关。

---

① 殷海光：《学术与思想》。转引自李明辉《当代儒学之自我转化》，台湾“中研院”文哲研究所1994年版，第106页。

② 殷海光：《当街接吻》，《殷海光全集》第9卷，桂冠图书公司1990年版，第39页。

由于殷海光出生在充满虚伪气息和专断气氛的家庭，很早就埋下了厌恶传统的种子；而他对中国传统文化所知有限，主要是通过“五四”时期的话语来了解中国传统的文化，因此他对中国文化认识当中的概念化成分很大，这导致他无心也无力对传统采取具体分析的态度，认为国民党所谈的传统与新儒家所谈的传统没有差异。同时，有着浓厚“五四”情结的殷海光，对于“五四”的评价很敏感。新儒家与国民党政府对于“五四”相近的批评立场，导致殷海光认为新儒家是国民党专制政治的同党及帮凶。1957年“五四”纪念日殷海光撰写的《重整五四精神》中写道：“五四这个日子，是凡属希望中国新生进步的人士所要纪念的日子，……然而，近七八年来，这个日子居然成了不祥的记号。大多数青年竟不知有此节日。少数明白事理的学人只把它藏在心里。……这种局势是怎样造成的呢？这是开倒车的复古主义与现实权力两者互相导演的结果。”①

在殷海光所接受的逻辑经验论的判准下，也认为无论是新儒家的道统论，还是新儒家接引的德国观念论，都是没意义的语言。

殷海光反道学、反传统的原因从自由主义启蒙方面来说有两点：一是认知性的，即认为中国传统缺乏清晰的思想系统和方法系统，不方便“讲理”；认为真正自由的思想，应该摒弃一切的传统思想。二是体制性的，即中国传统代表专制主义，是极权主义的帮凶，依据向量分析，复古主义与现实权力两者的方向相同，互相导演，互为表里，彼此构煽。认为这种专制文化与现代自由民主的主潮背道而驰，不足为训。殷海光认为“复古”必然导致“党化”，因为在表面上来看，党化的文化取向与复古的文化是各不相同的两条道路，所以很多人都抱持这种认识，但是这是一个严重的认识错误。在当时台湾的党化文化问题上，台湾的党化文化就是从旧有文化里取材而来，而且二者互为表里：党化文化是表，旧有文化是里。党化文化的根本想法，党化文化的基本模态，翻来覆去，不是天外飞

---

① 殷海光：《重整五四精神》，《殷海光全集》第11卷，桂冠图书公司1990年版，第457页。

来的东西，根本还是中国固有的。[①]

除了从自由民主方面立论，殷海光还从现代化的视野来说明传统主义的不可行。谈到现代化视野，不能忽略殷海光接引的另一思想资源——汤因比提出的"冲击—反应"文明发展模式论。这是殷海光借以投向传统主义的又一个"利器"。

殷海光明确攻击传统主义的作品里首先用的就是汤因比的理论。1952年初，殷海光撰文针对牟宗三所发表的《一个真正的自由人》进行批评，他认为牟宗三文章的背后隐藏的动机就是对西方文化的仇视。根据汤因比的冲击反应理论，牟宗三所谓的中体西用的道路要想走通，要延续中国文化，必须放手，大胆地让它在世界文化大流中起一个大的形变。"死过了的耶稣复活过来，得到了新的力量，使基督教更能发生影响。"在整个启蒙时期，只要涉及中国文化何去何从的问题，殷海光总是依此作论。之后他又在《胡适与国运》等文章里阐述了这种思想。

殷海光将人们对待传统的态度分为三种：第一类是传统主义，他们对传统采取戒严的态度；第二类是反传统主义，他们出于社会的或政治的动机，有意事事与传统为敌，对传统采取彻底扫荡的态度；第三类就是经验论者的非传统主义态度，视传统为社群赖以生存的工具，传统是否可以修正、保存，全视是否适合人生而定。不苟同对传统主义者的戒严态度，也不同意反传统主义者的彻底扫荡，殷海光将自己的文化立场描述为"非传统主义"。

殷海光对于提倡中国传统的新儒家，采取根本否定、毫不留情的态度。说他们是"伪学"，是"极权主义的帮凶"。对于殷海光的指控，新儒家当然不认账，由徐复观出面与殷海光进行了激烈的论战。

殷海光与徐复观在整个文化传统看法上形成了对立。殷海光是经验主义的哲学家，由于受到逻辑经验论的影响，对于超出"经验意义的判准"的领域，一概持保留态度。所以对整体主义的泛逻辑主义、泛政治主义、泛道德主义很是反感。而徐复观是史学家，不免受到"究天人之际，通古今之变"的中国史学传统影响，主张传统有主体性，必须进行"同情"

---

① 殷海光：《中国文化发展的新取向》，《殷海光全集》第12卷，桂冠图书公司1990年版，第856页。

了解，不甘心仅仅做一个自由主义者，思考政治问题采取整体主义的观点，容易超出政治领域去寻其基础。徐复观在翻译日本哲学家务台理的《历史哲学中的传统问题》时，认同原作者的观点："传统是把过去的拿到现在来再审虑；是把现在和过去的内面的结合弄个清楚；是意识到什么东西可以为未来之规范。即是：产生过去事实的精神，在能成为未来之规范的意味上，使过去复活。"①

徐复观认为，一个自由主义者可以同时是个传统主义者。而殷海光则判定，一个自由主义者，至多只能是个"非传统主义者"，有时甚至可以当一个比较激烈的"反传统主义者"。

殷海光虽不同意传统主义，却对道德精神，尤其是传统士人的道德精神极为提倡。在他 1948 年写的《书生之用》里倡言"任重而道远，士不可以不弘毅"。这一意识支配殷海光终生，从未动摇。殷海光提倡的道德精神与新儒家不同，新儒家试图在中国传统道德伦范中寻找走向科学与民主的出路，而殷海光则认为现在是极权势力威胁着整个人类自由的时代，在正需要自由人引领时代前行的时候，"自由人"应该发挥自由精神和顽强斗志，破除"存在决定意识"的现实主义思想，发挥自主与自动的精神、独立的精神、理性的精神，主导地寻求真理、确立实践原理、创造情境；认为自由人应该做这个时代的酵母，让自己的酵母，在这个时代起到应有的作用，使这个时代不向地狱里沉沦。御寒的最佳办法，是自动地创造春天。

四 延续"五四"精神，跟着"五四"的脚步前进

殷海光对自己的定位是"五四后期人物"，他在 1967 年 3 月 8 日《致张灏》的信中说，"他近年来一直在寻找一个适当的名词来称谓他自己在当时中国激荡变迁的时代所扮演的角色，最后，他终于找到了这个角色——五四后期的人物（a post May-fourthian），他不属于任何团体和组织，这些团体和组织也不会吸纳他。这个五四后期式的人物，吸收了五四的许多观念，五四的血液尚在他的血管里奔流，他也居然还保持着那一时

---

① ［日］务台理：《历史哲学中的传统问题》，徐复观译，载《民主评论》第 4 卷第 7 期。

代传衍下来的锐气和浪漫主义的色彩。然而，时代的变动毕竟来得太快了。……于是，在这一时代，他像断了线的风筝。这种人，注定了要孤独的。"[①] 可见殷海光是把他自己与中国"五四"时期的变革联系在一起，他把自己的生命系之于"五四"，临终前在对自己一生主要努力方向做总结时，他也表达了这样一个观点，认为一方面，他向反理性主义、蒙昧主义、偏狭主义、独断的教条毫无保留地奋战；在另一方面，他肯定了理性、自由、民主、仁爱的积极价值——而且他相信这是人类生存的永久价值。[②]

与严复、胡适直接从英美世界接受自由主义不同，殷海光的自由主义思想不是直接从英美世界自由主义的原产地浸泡、熏陶出来的，他只在1955年赴美国访问半年，没有严复、胡适那样对西方社会的长期观察和理性感受，思想氛围有相对的特殊性，对真实的西方自由民主制度观察不够充分，自由主义理念主要得自中国国内的间接转述。其中既有基本内涵的确定性，又有不少浮泛含混。相对于严复理智而保守的自由主义和胡适实践而渐进的自由主义，殷海光的自由主义是理想型的、激进式的、狂飙型的。

在信仰三民主义时期，殷海光对自由主义内涵的了解相当符号化。他开始向自由主义转化时，就曾感叹"社会主义、共产主义、马列主义这一类型底思想经过至少三十年的宣传，知道的人比较多。自由主义这个名词虽为大家所熟悉，但熟悉他底内容的人都远不如熟悉他底名词的人多。因为，并没有多少人阐扬自由主义底内容。"[③] 在《自由主义的蕴涵》中殷海光把自由定义为"活泼、宽宏、大量、无拘无束"，把自由主义分为"政治的、经济的、思想的、伦理的自由主义"四个层面。这时的殷海光还处在从三民主义向自由主义接近转进过程中，对自由主义的经济方面有相当的保留，认为在自由主义四个层面中，问题比较严重的是经济的自由

---

① 殷海光：《致张灏》，1967年3月8日。《殷海光全集》第10卷，桂冠图书公司1990年版，第164—165页。

② 殷海光：《〈海光文选〉自序》，《殷海光全集》第17卷，桂冠图书公司1990年版，第652—653页。

③ 殷海光：《自由主义的蕴涵》，《殷海光全集》第11卷，桂冠图书公司1990年版，第190页。

主义。

正式放弃三民主义立场后的殷海光，结合启蒙的需要，对什么是自由主义作出了进一步的思考。在读过张佛泉《自由与人权》后，将自由定位于“人权”，并于1954年1月发表《政治组织与个人自由》，认为自由是每个人都能实实在在感受到的人权，例如言论自由、学术自由、行动自由、住居自由、建构自由。对于经济自由问题，从1953年接触哈耶克的《通往奴役之路》后，殷海光不再追求经济平等，主要强调政治自由和思想自由，强调“讲理”，反对极权，主张保障基本人权。

然而殷海光没注意到自由民主需要建立在经济力、社会力的培养和法治的实现之上，他很少谈法治，忽略了将自由民主与中国民族文化传统进行沟通；也未意识到民主自由离不开人的主体性和内在道德的价值，它离不开公民文化。殷海光将自由民主的实现，完全寄托在知识分子的奋斗精神上。他对自由主义理性认知上，可能未达到前辈的水平。殷海光与前辈相比，思想突破的地方就是他的自由观始终建立在反独裁、反极权的目标上。

殷海光以“胡适思想”为“五四”旗帜开展启蒙，在高扬“胡适思想”的同时，他对胡适追求自由民主的方式并不是完全认同。在吴国桢事件以及对雷震的营救事件上，殷海光多次与胡适的观点产生分歧。从这几次事件本身看，同样作为自由主义者，胡适出于他的温和改革立场，他的抗争重在“争”；而殷海光则不止于“争”，重在“斗”。殷海光的“斗”，虽然为他赢得了“自由斗士”的名号，同时也为他带来了严复、胡适不曾有过的磨难。同样是“书生论证”，严复几乎没有承受来自权力中心的任何实际压力，胡适与当局虽有过不愉快，却亦能体面终老，唯独殷海光历经横逆和折磨，受到特务跟踪监视，被设置陷阱、封杀言论、文化围剿、经济制裁迫离台大、禁止出境直到病逝。殷海光为自由主义付出的最后代价是他的生命。

五　理知自由主义的构建

殷海光在晚年反省中国自由主义时，觉悟到中国自由主义者对于外部环境的压力无可奈何，但自身理论的匮乏是可以减少的。殷海光在他生命的最后几年，曾想在思想严密与思想灵动之间追求一种和谐。他认为健全的自由主义理论系统，有利于内在信仰的确立，“当着人的思想不通时，需要固执或依靠权威来维持自己的中心观念。当着人的思想不透彻时，容易受市面上流行的浮词泛语的摇惑。当着人的思想严密而且灵动时，他既不需要固执或依靠权威又不会受到一时意见的摇惑”。[①]

1960 年《自由中国》杂志因“雷震案”被迫停刊，殷海光昔日的主要发言场所即遭剥夺。失去启蒙的舞台，在当局的严厉控制下，殷海光越来越对时政感到心灰意冷，他不再撰写批评台湾社会政治问题的文字，而是苦心经营一种新的发言策略，努力锻炼“隔离的智慧”，远离泥沼，被迫走向学术为起点，继续逻辑经验主义为基础的学术研究。希望在学术思想层次建构新的思想系统，在闷塞的时代与环境里为学问和思想打开僵结。

这一时期，他的学生林毓生、张灏、伍民雄、罗业宏都去美国进行深造，但一直都保持着通信，通过密集的师生通信，殷海光得到了当代西方学术前沿的相关信息，产生出一些新想法，由不得已逐步变为自觉。在认识到自觉哲学领域拓展潜力有限后，开始把学术重心调整到有关自由主义理论建构和近代中国思想演变的研究上。于 1965 年出版了他的代表性论著《中国文化的展望》，该书是一本阐述近代中国文化思想变迁的专著，既表达了这一时期他对于中国近百年来的社会文化对西方文化冲击的反应以及中国文化未来途径这一课程的用心，也显示其试图建构讨论中国文化新的发言模态。

这一时期从殷海光论自由民主的著作中，显示出他晚年的自由思想渐渐疏离罗素，在思想建构上向波普、哈耶克转进。思想转向哈耶克的原因，与哈耶克对自由的终极性肯定有关。晚年殷海光思想努力的方向是正面建立自由民主理论，他想借用波普提出的“开放社会”的理论，反对国民党借口战时要求共渡难关而剥夺人民的自由，进而来阐扬自由民主理论。

① 殷海光：《中国文化的展望》，商务印书馆 2011 年版，第 268 页。

第五节　殷海光自由主义的深化和发展

在哈耶克、波普影响下，殷海光在《自由的伦理基础》和《中国文化的展望》的相关章节里，厘清了自由民主的确切内涵和关系，清理了自由主义的源流，将自由主义分为三派，即英国的维格派的自由主义、英国的功利派的自由主义、欧洲大陆理性派的自由主义，认为哈耶克所属的英国的维格派的自由主义才算自由主义的正宗。同时晚年的殷海光还为试图重构自由主义的理性而做出努力。

一　从三民主义到自由主义的深化

殷海光将三民主义归结为由民族、民权、民生“三大节目”构成，三个节目各有诉求，在不同的时局背景下，诉求有所侧重。殷海光心目中的三民主义也有一个重心游移的过程。

殷海光以民族主义为入口进入三民主义思想框架，自然优先突出民族主义。这种民族主义不同于传统主义，而只是在社会政治层面强调国家整体的利益和价值，也就是“爱国主义”。殷海光突出民族主义，思想预设是政府的合法性。为了挽回政府与民间的关系，挽救政府的合法性，使政府取得国民的信任，殷海光继而开始突出民生主义的呼吁。1949 年 5 月殷海光为《中央日报》撰写的社论《自由主义的新教育》和《民主与宽容》，标志着他以民权主义为中心。《自由主义的新教育》这篇文章认为训政时期实施的党化教育百弊交加，不能继续实施下去了，为了对抗反自由的势力，必须实行自由主义的新教育。他在《民主与宽容》中阐述了政府与人民之间的关系，以及宽容的内涵。同时他在此文提出了他对共产党的反感，也表明他对共产党的理论以及共产党人的严重误解。他宣扬，要切实抵抗暴力专政，就必须认真给予人民以自由民主。自由民主的要素之一，就是宽容。“什么是宽容呢？宽容即是容忍。就是准许他人有行动或判断的自由，即对于异于一己的或一般人所公认的行为或见解予以心平气和的、不执偏见的容忍。……只有对人民宽容，才能消弭政府与人民的对立，使人民和政府打成一片……”①

这个时期，殷海光开始正面谈论自由主义者在中国政治前途中的价值，称他们是“新生力量”，还准备联合这支力量进行“自由中国运动”，在中国实行真正的宪政。同时他还发表了《政治与宽容》《展开自由中国运动!》《中国底前途》《让新生力量起来救国》《以光明对黑暗》《选择哪条道路?》《自由主义者与中国底未来》《教条主义与思想自由》等文章以后，呼吁自由民主“救”中国成为殷海光言论的核心主题。

殷海光能够在三民主义框架内从最先突出“民族主义”，继而突出“民生主义”，最后“民权主义”成为问题中心，这一步步转化的原因，从内部思想结构的角度观察，在于他对国家存亡与社会好坏的关系的认识有所反省。从刚开始认为存亡优先于好坏，到后来认识到这个关系不是单向的，逻辑上存亡优先于好坏，但事实上好坏同样决定着存亡，有好的政府国家才能立起来。从外部因素来看，国民党军事吃紧所带来的言论空间也是一个重要因素。三民主义游移到民权主义主导，这就相当于到了自由主义的大门口，殷海光就是由民权主义走入反极权的自由主义的。

这个时候的殷海光，虽然身份上已经是个自由人，但思想上还没有立即走到真正的自由主义道路上来。此时的殷海光的思想建构并没有脱离三民主义的轨道：强调民主自由，同时也肯定民族主义和民生主义的价值。他仍然觉得三民主义本身的正确性和全面性是毋庸置疑的。

殷海光之前早已表示不能跟“这个样子的国民党”跑，但他最后还是追随国民党当局来到了台湾，这仅仅是因为国民党喊出了“革新”的口号。殷海光认为国民党可能真要朝着自由主义的方向进行改革，所以他撰写了很多鼓吹“革新运动”的文章，呼吁国民党进行“改造”。然而几个月过去了，殷海光并没有感到国民党有真正反省的迹象。相反，却因自己的逆耳之言触怒了政治当局，并由此对于国民党的至死不悟的举动感到心寒。

恰遇《中央日报》1949 年初决定迁台。由于殷海光性情直率，缺乏

---

① 殷海光：《民主与宽容》，《中央日报》1949 年 5 月 28 日。

做编者的应有的处世技巧，在选编稿件时，第一从不买人情账，同时又多擅自增删修改，这样他就得罪了不少老牌上司、同人和很多撰稿人，这样导致五六家报纸合伙一起围剿他，骂他是“别字主笔”、“夜郎自大”。而报社中也有人看不惯他，借机排挤打压，殷海光也因此被终止了编务。

1949 年 8 月，殷海光离开《中央日报》，赴台担任台大讲师，先后开设的课程有：逻辑、逻辑经验论、罗素哲学、理论语意学、科学的哲学、现代符号逻辑、历史与科学等；并加盟了胡适、雷震、傅斯年等创办的《自由中国》杂志，成为编辑之一。殷海光自由主义思想的渊源之一来自胡适的思想。殷海光认为胡适思想是中国自由主义的核心，殷海光把“胡适思想”作为启蒙的旗帜，但这并不意味着他全盘接受胡适的观点，在许多观点上他和胡适是有分歧的，如对待容忍与自由的问题、吴国桢事件等，他所继承的是胡适的科学民主理念。从科学民主的角度出发来系统地阐发自由民主的要义，这是殷海光自由主义的中心所在。

1950 年 6 月，朝鲜战争爆发，美国海军协防台湾，国民党变本加厉公开走向独裁。当蒋氏父子启动“国民党改造运动”并使改造航线驶入极权方向时，殷海光彻底绝望了。为了支持自己的民权主义信念，与国民党政治宗教划清界限，殷海光意识到必须寻找新的思想资源。

1950 年 9 月开始，殷海光撰写的书评文章和译著有较大变化。除了撰写政论文章之外，他还引介和翻译了大量英美当代自由主义者的新作，对自由主义理论进行介绍、阐述和分析。此时，英美自由主义者开始从 20 世纪初的“新自由主义”气氛中走出来，呈现出向古典自由主义回归的趋势，正是通过接触西方自由主义思想，殷海光的思想也越来越接近比较纯正的自由主义，逐渐与过去的思想背景脱钩，能够更旗帜鲜明且有理有据地与自由主义的论敌斗争。

1951 年底，殷海光为推介美国自由主义者宣扬古典自由主义和个人自由的刊物《自由人》，公开承认并站到前台宣扬自由主义的实质主张，对自己思想中默认的民族主义、社会主义进行了告别。他认为，该刊无论在什么地方，只要政府是该刊的雇主，那么它便不能有经济自由。一旦经济自由不存在，便不能有任何自由的见解。还认为“自由经济，如私有财产的保持，乃一个人作人（而不是作蚂蚁，作蜜蜂，如斯大林或希特勒式的人物之所渴望者）的必要条件。一个人有了经济自由，并保持私有财产，乃能安身立命，保持人格，保持气节。有了经济自由和私有财产，你才能选择你底职业，表现你的好恶。这样，是非良心，才得以显现。陶渊明因有将芜之田园，才能‘不为五斗米折腰’，才能赋‘归去来兮’”。①

这篇文章是殷海光由三民主义转轨到西方新古典自由主义言论阵地的一个标志。1952 年 6 月，殷海光在撰写自己思想自传时的一段话中明确地表明了自己的态度：“来台以后，我比较有机会接触西方的政治哲学，沉思中国近五十年的政治动乱，益之以现在亲身感受到的种种刺激，我才得到一个确定的答案：在中国的现在，政治民主终于经济平等。没有政治民主，一切都无从谈起。失去政治自由的人，自身先沦为农奴、工奴、商奴、文奴，失去了人的身份，一动也不能动，说话不合分寸有生命的危险，哪里还能争取什么经济平等？从此，我抛弃了将两者并重的不切实际的想法，而向政治民主之路走去。”② 由此他开始从西方自由主义理论中寻找资源，进入自由主义启蒙思想的理论建构时期。

二　对中国自由主义思想的深化

西方的自由主义是近代的产物，19 世纪中叶以后，西方的自由主义思想才逐步地传入中国，到 19 世纪末，自由主义的思想在中国逐渐形成了一股较大的潮流，以至于有些学者把自由主义也看做是 20 世纪中国的三大思潮之一。中国的自由主义要从严复讲起，严复是“认真地、紧密地、持久地把自己与西方思想关联在一起的第一个中国学者”。③ “从而严复成为了‘中国第一个真正了解西方文化的思想家’。”④ 严复之所以被称为自由主义思想在中国的第一人，主要是因为他是“站在西学的立场上”，主要“以西学为主”，这就极大地与中国的“西学为用，中学为体”的思想区别开来。在严复看来，西方富强的根本在于西方解放发展了个人

① 殷海光：《自由人》，《殷海光全集》第 16 卷，桂冠图书公司 1990 年版，第 170 页。

② 殷海光：《殷海光全集》第 11 卷，桂冠图书公司 1990 年版，第 257 页。

③ 史华慈：《寻求富强——严复与西方》，叶凤美译，江苏人民出版社 1990 年版，第 2 页。

④ 冯友兰：《中国哲学史新编》（第六册），人民出版社 1988 年版，第 151 页。

的能力，并把这种解放后的能力、力量和潜能用于整个社会的富强上来。那么个人能力得以发展的条件和环境是什么呢？严复站在西学的立场上把这些归之于自由、平等和民主。严复尤其强调的是自由，他认为如果得到"自由为体，民主为用"，那么中国也可以富强起来，人们的能力才能够得以很好地发挥。但是对于当时的中国来说，必须经历一场启蒙，改变人们原有的糟粕思想和劣根思想，"鼓民力、兴民德、开民智"，这是严复希望通过启蒙而达到的目标，因此，严复自由主义思想的主要目的是能够通过"西学之用"来实现国家的富强。

胡适作为中国自由主义的第二代领军人物，他努力的目标在于一个古老的具有悠久历史的中华民族得以新生——实现中华民族的现代化。按照胡适的理解和思想，要想实现中华民族的现代化，自由主义是达到这个目标最重要的条件。与严复不同的地方在于，胡适反对古典自由主义的放任主义，胡适所皈依的是新自由主义。胡适自己所认为的新自由主义实质上是以美国为首的西方自由主义，思想的方法是实用主义，而这个起因于胡适的导师是实用主义思想家杜威。胡适具备了"全盘反传统主义"的特点，他认为中国要想发展必须从传统中解放出来，要把他们看做是"无济于事的银样蜡枪头"，需要"重新估定一切价值"。要做到这些，胡适认为个人必须独立，个人必须成为一个有个性的人，要把"易卜生主义"作为自己的人生观。

经过严复、胡适等两代人的努力和发展，中国自由主义得到了充分的发展和修正，也形成了一些中国自由主义的基本理论特质、特征，主要表现在：第一，进步主义。第二，渐进主义。第三，个人主义。第四，普遍主义。第五，世界主义与民族情怀的统一。第六，经验主义。第七，启蒙情怀。[①] 中国自由主义发展到殷海光的时代，殷海光成为中国自由主义第三代的代表型人物，他一方面继承了严复、胡适的一些自由主义思想的精髓；另一方面，又在对他们的思想进行反思、对中国传统进行反思和对西方文化的反思中发展出了自己的一些很有价值的思想。他对中国自由主义思想的突破主要表现在以下几点。

---

① 谢晓东：《现代新儒学与自由主义——徐复观殷海光政治哲学比较研究》，东方出版社2008年版，第255—266页。

（一）中国传统与自由主义的共存、共赢关系

殷海光在1962年之后，逐渐放弃了他在此之前的对中国传统所持的否定态度和立场，用他自己的话说，他自己变成了一个非传统主义者，他开始重新审视中国传统与自由主义之间的关系，开始反思严复、胡适和梁启超等人对中国传统与自由主义之间关系的观点，最后他认为，那种把中国传统与自由主义之间的关系视为一种负相关的、零和博弈的看法是站不住脚的。他认为传统与自由主义之间有着很多契合、共立并存的关系，传统是复杂的，尽管传统中有很多要素、思想不符合现代社会，但是我们没必要抓住不放，而应该看到传统与自由主义之间的积极的共存、共赢的关系，正如殷海光自己所说，“传统是为人而存在的，而不是人为传统而存在的”。[①] 传统和自由他们之间是相互限制、相互选择的，在自由与传统的关系中，自由不能居于统治、核心的地位，而是两者互相适应，是一种共存、共赢的关系。

（二）对个人主义内涵的突破

殷海光在很多文章中，表达了他对个人主义的看法，在情感上，殷海光认同个人主义；在理智上和理性上，他也是对个人主义服膺的。所以殷海光不管是对伦理的个人主义还是规范的个人主义，都表示非常赞同。在中国自由主义思想发展史上，严复、胡适和梁启超等人都把个人主义作为手段来对待，从未将个人主义作为目标来认识，他们将个人主义视为国家繁荣发展的一个手段和方法，而只有殷海光认为个人主义是社会和国家发展的目标，他的个人主义是一种纯正的、纯粹的和彻底的个人主义，自由主义在中国发展到殷海光这里，才真正从理论上站稳了脚跟，中国的自由主义者才得到了西方自由主义的“精髓”。殷海光在个人主义理论的基础上，对集权主义国家的政权和统治进行了辛辣的讽刺和批判，对那些蔑视个人主义、不尊重个人主义的国家及其政策进行了永不妥协的战斗，从而谱写出了中国自由主义的新篇章。

---

① 殷海光：《传统的价值》，《殷海光全集》第13卷，桂冠图书公司1990年版，第280—281页。

（三）对中国传统法治观念的突破

严复、胡适对自由主义的法治观念没有给予应有的关注。而法治在西方自由主义的话语体系和终极语汇中占据着主导和核心地位，尤其在殷海光所推崇的哈耶克的思想中也占据着不可动摇的地位。所以在殷海光看来，“法治”有两种意义：一种意义是政府依法条而行统治。如果所谓“法治”就是这种意义，那么重点和作用可能是摆在保卫政权上面。依照这种意义，一切极权统治都是法治，并且是严格的法治。在极权统治之下，法条又苛又繁，严密无比，一点人情也不讲。另一种意义是制定并且依照法律来保障大众的基本人权，使之免于受任何滥用镇制权力的侵害或专断权力的冒犯。这种“法治”的“基本精神”在维护自由。

在殷海光的法治思路中，实质上他把法治作了区分，即形式上的法治和真正的法治。所谓形式上的法治就是在法律形势之下实行治理和统治，也就是“政司依法条而行统治”。而真正的法治则是“制定并且依照法律来保障大众的基本人权，使之免于受到任何滥用镇制权力的侵害或专断权力的冒犯”。这种类型的法治的基本精神在于维护自由。殷海光这样区分法治的内涵，对于自由主义的中国化来说是一个重要的转折和成就，不仅对于殷海光来说，而且对于中国实现现代转型来说，法治都将发挥重要的关键作用，不仅如此，殷海光还将法治和人治、法治和依法治国以及真实法治和形式法治之间的区别进行了清晰的区分。

三　对西方古典自由主义思想的深化

殷海光的自由主义思想还受到了西方自由主义思想家的深刻影响。罗素、哈耶克、波普等西方自由主义思想家对殷海光的影响很深，其中罗素是影响他思想的第一个巨人，也是对他影响很大的思想家之一。罗素不仅在数学、逻辑学、哲学、社会学和政治哲学等领域取得了划时代的成就，而且也是英国经验主义哲学的集大成者和逻辑经验论的先驱者和开创者。殷海光面对这样一位思想上的巨人和世界级的大学者，他想竭尽全力地把握住罗素的思想。所以他在20世纪50年代阅读了大量罗素的著作，并写下了对罗素著作的相关书评和思考的文章，如《罗素论权威与个体》《20

世纪哲学》《科学与社会》《罗素论权力》《世界之新希望》《罗素画传》《自由的真义》《罗素的后设科学及其影响》等文。

在20世纪的哲学领域当中，罗素是经验论的处于领先位置的大师，在这方面罗素对殷海光的影响是很深远的。殷海光通过阅读罗素的著作和对罗素著作的思考，结合当时台湾的现实状况，开始决定把罗素经验论的自由主义思想来批判台湾政治极权、独裁和争取思想自由的一项利器。这种思想的利器在20世纪五六十年代的台湾，就像一把锋利的刃剑刺向台湾国民党极权专制的心脏。殷海光继承罗素的经验论的自由主义，这一方面为他的思想带来了特色；另一方面也导致他的思想一辈子未脱去经验论的局限。直到他的《思想与方法》一书出版为止，他仍然带有罗素的经验论的科学主义色彩。殷海光作为知识分子的典范，再加上他对自由的酷爱和执著，都使他不愧为罗素的信徒。这一切都深刻地影响了殷海光的自由主义思想及其自由人格。但罗素主张政治民主、经济平等，属于"新自由主义"，这些问题其实殷海光也不同意罗素的认识，因为这些主张与殷海光将自由视为人和社会的终极价值的目标是相冲突的，不过这并没有影响殷海光继续与罗素为伍，让殷海光决定与罗素分道的事情出现在1959年，在那场关于"自由与和平"的争论中，罗素始终认为"和平高于自由"，而殷海光认为"自由高于和平"，对罗素和平主义、世界主义的理想色彩，殷海光持否定的态度。

殷海光正是同罗素分离才全面转向了西方新古典自由主义。其中受其代表人物哈耶克和波普二人理论的影响颇深，哈耶克和波普等人的著作就成为他的必读书。在殷海光自由主义理论建构过程中，哈耶克的著作起了关键性的作用。

哈耶克是奥地利著名经济学家和自由主义思想家，他阐述自由主义思想的一系列著述，如《通往奴役之路》和《自由秩序原理》，为其赢得了巨大的声誉。哈耶克主要是以一个经济学家的特有眼光对自由主义进行辩护与阐明的。

1953年，当殷海光第一次读到哈耶克出版于1944年的《通往奴役之路》时，就感慨颇深。哈耶克的极力反对计划经济，重新阐释了自由经济的伦理基础，高扬自由价值的思想，给当时着力进行自由主义理论思考而又感受到巨大理论困惑的殷海光以极大震撼与启发："很像一个寂寞的旅人，在又困又乏之时，忽然瞥见一座安稳而舒适的旅馆，走进去，一杯浓浓的咖啡，精神为之一振。”① 殷海光在《通往奴役之路》的译序中也坦率承认：“我平生读书与思考，受影响最深的要推罗素。除了罗素以外，近年来对我影响最深的要推波普和哈耶克二位教授。我受哈耶克教授的影响是从读《通往奴役之路》开始的。这本论著曾给我的思想以一个新的冲击，它使我对自由主义的认识加深并且加广。”②

殷海光在致其学生林毓生的一封信中，对哈耶克的崇敬之情更是溢于言表：“海（哈）耶克先生的二文，真是天外飞来的喜讯。别的且不说，即题目都现出他的 originality（原创性），折服之至。吾恨不能从此人游。近来第二遍阅读他写的 *The Constitution of Liberty*（《自由秩序原理》）更觉其为学深厚渊博。彼之思想除把握着正统的英吉利 liberalism（自由主义）以外，实兼有海洋和大陆派二方面的长处；而融会贯通之力，实非一般美国佬可与比伦。”③

为什么哈耶克的著作会对殷海光有这么大的吸引力和震撼力呢？这是因为哈耶克的自由主义思想触及了这一时期殷海光的理论兴奋点。

赴台以后，殷海光对国民党以反共为借口，实行独裁统治、压制民主的做法产生了强烈不满，并展开了深刻的批判。在此时期，殷海光写了大量宣扬“五四”精神，力主民主、自由、科学的著作和文章，开始集中精力对自由主义进行理论思考和理论建构。从三民主义思想中游离出来，逐渐成为一个彻底的自由主义思想家。

殷海光强调未来的中国必须是民族独立、政治民主、经济平等的新中国。而要实现这个目的，必须通过保卫自由的阶段。他也认为独裁极权的统制与思想自由是根本不相容或不能同时并存的。这二者之不能并存，正犹之乎黑暗与光明之不能并存。此时的殷海光对自由主义的理论问题也进行了一些探讨，有了一定认识。比如在《自由主义的蕴涵》一文中，他将自由主义分为政治、经济、思想和伦理四个层面，并且认为思

① ［奥］哈耶克著，殷海光译：《到奴役之路》，《殷海光全集》第6卷，桂冠图书公司1990年版，第1页。

② 同上。

③ 殷海光：《政治与社会（上）》，《殷海光全集》第11卷，桂冠图书公司1990年版，第103页。

想的自由主义最为崇高，因为“有自由思想和思想自由，才创造出古今中西的精神文化。我们要导人类于真善笑之境域，必须扩扬思想的自由主义”。①

应当承认，殷海光的这些“自由”主张，主要还是发自一种政治激情和道德义愤，对“自由”观念的认识还缺乏平心静气的研讨，对自由主义尚不能进行学理上的系统建构，甚至在一些观点上还存在着明显的矛盾和冲突。

哈耶克的著作，尤其是《通往奴役之路》一书，为殷海光自由主义思想的深化带来了契机，他读完之后对此著作进行了翻译，在翻译此书的序言中说：

> 我是一个自由主义者。正同五四运动以后许多倾向自由主义的年轻人一样，那个时候我之倾向自由主义是未经自觉地从政治层面进入的。自由主义还有经济的层面。自由主义的经济层面，受到社会主义者严重的批评和打击。包括以英国从边沁这一路导衍出来为主流的自由主义者，守不住自由主义的正统思想，纷纷放弃了自由主义的这一基本阵地，而向社会主义妥协。同时，挟“经济平等”的要求而来的共产主义者攻势凌厉。在这种危疑震撼的情势逼迫之下，并且部分地由于缓和这种情势的心情驱使，中国许多倾向自由主义的知识分子酝酿出“政治民主，经济平等”的主张。这个主张的实质就是“在政治上作主人，在经济上作奴隶”。我个人觉得这个主张是怪别扭的，但我个人既未正式研究政治科学，更看不懂得经济科学。因此，我虽然觉得这个主张怪别扭，然而只是这种“感觉”而已，说不出一个所以然来。正在我的思想陷于这种困惑之境的时候，忽然读到哈耶克教授的《通往奴役之路》这本论著，我的困惑迎刃而解，我的疑惑顿时消失。哈耶克教授的理论将自由主义失落到社会主义的经济理论重新救回来，并且扩大到伦理基础上。一个人的饭碗被强有力者抓住了，哪里还有自由可言？这一振兴自由主义的功绩，真是

① 《自由主义底蕴涵》，《自由中国》第三卷第3期、第4期，1950年8月1日、16日出版。

太大了。[①]

这段话表明，殷海光从哈耶克那里得到的最大的启示在于，要将自由主义贯彻到底，必须从经济底层切入，对自由主义进行正本清源。

而在这之前，殷海光对经济学领域的问题并没有精深的研究，对社会上广泛流行的“政治民主”与“经济平等”的口号尚难以进行深刻的反思，哈耶克从经济学观点入手，为自由精神辩护的论述，促使他彻底放弃了“经济平等”的主张。

哈耶克明确指出，追求经济平等是社会主义者人为设定的一个诱人的幌子，目的在于走计划经济的道路，行经济独裁之实。而计划经济是专制政治之同谋、扼杀民主之利器，是与自由主义的原则水火不容的。哈耶克认为，计划经济的核心是“依一个单独的计划，将社会一切经济活动置于一中央机构管制之下，并且规定社会的资源必须在一确定方法之下‘有意识地’为一特殊目标而使用”。[②] 这显然违背了自由主义的基本原则。在哈耶克看来，自由主义是以个人主义为基础的，它的要义在于社会行为的“自发性”和非强制性。他说：“自由主义底基本原则说，我们在处理我们底事务时，必须尽量藉用社会自发的力量，而且尽可能地少用压制力量。”[③] 因此，他断言，如果一个社会实行计划经济，结果必然造成独裁的政府和拥有绝对权力的个人，自由民主自然失去了落脚点。最后他得出结论，要避免走上计划经济的“通往奴役之路”，就要行自由经济之大道。

哈耶克的这些论断，给了长期以来一直为“经济平等”与“政治民主”关系问题所困惑的殷海光以极大理论启示，使其放弃了自己以前所力倡的“经济平等”的主张。在哈耶克的影响下，殷海光以对中国社会现实的批判为背景展开了深入的研究。他认为从地位的重要性上看，“政治民主”与“经济平等”之间的关系有三种：其一，“政治民主”高于“经济平等”；其二，“经济平等”高于“政治民主”；其三，“政治民主”

---

① 哈耶克著，殷海光译：《到奴役之路》，《殷海光全集》第6卷，桂冠图书公司1990年版，第1—2页。

② 同上书，第45页。

③ 同上书，第15页。

与“经济平等”等量。这是一个有着重大理论意义和现实意义的问题，亟待作出正确地澄清和抉择。这是因为：“如果我们视‘政治民主’高于‘经济平等’，那么所形成的社会便是一个自由民主的社会。如果我们视‘政治民主’与‘经济平等’同等重要，那么所形成的社会也许就是英国工党式的社会。如果我们视‘经济平等’高于‘政治民主’，那么社会便走向‘奴役之路’。”① 因此殷海光认为我们别无选择，只有放弃以追求“经济平等”为目的的计划经济，走自由市场经济之路，才能实现真正的民主与自由。

正是在阅读和翻译了哈耶克的《通往奴役之路》之后，殷海光确立了其自由主义理论基础，他的自由主义理论思路由此而打开了，他认为如果确立了自由主义的经济和伦理的基础，那么有关自由主义的其他一切理论问题，诸如自由与民主，自由与法制等问题便都会随之而顺利地得到解决。殷海光的这种自由主义建构的思想进路，在其后来所写的论著中有过直接的表白：“经济上的解除统治而向着自由经济的道路上走去，这一趋势所带来的概念，可以扩大到观念、思想和言论层次。由此延伸，又可能扩大到政治层次。如果扩大到了政治层次，那么就接近自由建构的全部实现。”②

在这之后，殷海光写了一系列有关自由主义的著作和文章，诸如《政治组织与个人自由》《民主的试金石》《自由的真义》《我们的教育》《胡适论容忍与自由读后》《自由的伦理基础》《中国文化的展望》等，将自由主义思想的触角延伸到言论、教育、文化、政治等各个层面。特别是长文《自由的伦理基础》，对自由主义作了全面的理论总结，并作出了“自由的伦理基础有而且只有一个：把人当人”的最后结论。所有这些都与哈耶克的影响分不开。由此可见，哈耶克对殷海光自由主义思想的影响是长期的、全面的、深刻的。

在《自由秩序原理》一书中，哈耶克认为，在一个自由社会中，自由不仅是一种价值而已，而且是一切道德价值的源泉和条件。社会的一切

---

① 哈耶克著，殷海光译：《到奴役之路》，《殷海光全集》第6卷，桂冠图书公司1990年版，第121页。

② 张斌峰等著：《殷海光文集》，《政论篇》，湖北人民出版社2001年版，第334页。

制度、观念等，如果不是建构在自由基础之上，那就是不健全的，甚至是有害的。哈耶克也指出法制和自由的关系，如果法制不与自由相联系，那么法制就会沦为空洞的形式。甚至被人充作工具，借法制之名，行专制之实。这一点，哈耶克在《通往奴役之路》中有过明确表述：“法制不只是自由之保障，而且是自由在法律方面的化身。”“真正的法制，就其重要意义言之，是人民用以约制政府以维护其自己利益的工具。所以，无论法制采取何种形式，其普遍核心应为保障人权。”[①] 殷海光对哈耶克认同的内在原因主要在于哈耶克一直奉行着自由至上的原则，在各个层面都渗透着自由这个终极目标。

除了对哈耶克的思想极为推崇之外，殷海光对波普开放社会的思想也极为推崇。根据林正弘的分析，殷海光之所以对西方的这些自由主义大师的理论极为推崇，是因为他自己的逻辑经验论理论不能建立自由民主的正面理论，而波普的开放社会理论解决了这一难题，从而使自由民主的发展不受制任何外在条件的限制，因此开放社会的理论可以直接接引到他的自由主义思想体系中。波普的代表作《开放社会及其敌人》以及哈耶克的《自由秩序原理》是晚年殷海光最爱不释手的案头著作。1962 年 6 月 4 日，他在给学生林毓生的信中写道：“自第二次大战自由的制度受到基本的挑战以来，保卫自由的伟大著作，就我迄今所知，只有两本。第一本是众所周知的波普先生所著 *Open Society*（《开放社会及其敌人》）。这本书是从思想史着手俯冲而下来解析地保卫自由。第二本我看就是要数海耶克（哈耶克）先生的这部大作（指《自由秩序原理》）了。”这些西方最前沿的政治思想家的著作和理论一方面无疑使殷海光对自由主义思想有了更深的认识和理解；另一方面，也使他的政治思想极具古典自由主义的色彩。

四 殷海光晚年对自由主义思想的深化

启蒙时期，殷海光因反传统的态度，多次和牟宗三、唐君毅、徐复观

① 哈耶克著，殷海光译：《到奴役之路》，《殷海光全集》第 6 卷，桂冠图书公司 1990 年版，第 18 页。

等新儒家学者进行对峙、笔战。殷海光认定选择自由民主就必须抛弃中国传统，何况根据汤因比的冲击反应论，告别传统走进现代是大势所趋。

随着殷海光的问题中心由宣传自由民主转移到思考如何落实自由民主，如何使外来的自由主义本土化，他对中国传统文化的态度也发生了改变。殷海光晚年特别注意文化问题，由一个激烈的“反传统主义者”转变成为一个“非传统主义者”，由对“西洋文化的热爱远超过中国文化”转至“反而对中国文化有极大的好感”，能正视传统的正面价值。在《中国文化的展望》中，殷海光不仅前所未有地正面肯定了孔仁孟义的当代价值，转变过去漠视、反感的传统立场，而且感觉到在自由主义落脚中国的途程中，有些传统因素是可用而且必用的。但他这时所正视的传统价值，主要限于“工具理性”的范畴，在他生命的最后时期，殷海光的思想就逐渐进入了价值意义上的肯定。这种对中国文化内在价值的肯定，除了书面的反思倾向外，主要出于人生面的反省。

殷海光认为，“传统是一类事物或观念或依之而行的活动”；[①]“传统并不是别的东西，只是社群生活之经验积累”；[②]传统“系传习于各个人彼此之间的许多特定的想法或生活习惯”。[③]殷海光自己前后给传统下过多个定义，结合殷海光其他关于传统的认识和看法，我们可以得出殷海光对传统的综合认识：第一，殷海光的传统思想是经验主义的，认为传统是可以得到验证的。第二，传统的形式有事物、观念和行动三种。第三，传统的源于社群生活，他是社群长期经验的产品。第四，传统具有传承性，它是社群一代代传习而来。第五，殷海光没有使用“国家”、“民族”这样的词汇来定义传统。第六，传统是双刃剑，既有利也有害，一方面传统维持了社群的稳定；另一方面传统也有可能阻止社群的进步和前进。第七，传统不是一成不变的，而是不断向前发展的，具有可修正性和改变性。“传统修止课，保存也可，更改也可。”[④]

至于中国的传统，殷海光是这样定义的：“所谓的中国传统，意指自

① 殷海光：《传统的价值》，《学术与思想（一）》，《殷海光全集》第13卷，桂冠图书公司1990年版，第270页。

② 同上书，第276页。

③ 同上书，第279页。

④ 同上书，第281页。

'罢黜百家'以后受政治势力支持的那一套伦教、想头、积习、章程、建构以及生活方式。"[①] 由此可见殷海光关于中国传统的看法是形而下层次的，对于自1840年鸦片战争以来的悲痛事实，殷海光感慨地说，不幸之至，支配中国数千年的传统，竟是与科学和民主这样的不接近，在他看来，中国的传统，尤其是儒家传统已从根本上僵化，从整体上看儒家传统已经丧失了存在的意义和价值。虽然中国的儒家传统已经败坏和丧失生命力，但是殷海光并不主持突然间就将中国传统予以破坏，尽管保守传统无法解决问题，但是破坏传统不但解决不了问题，反而会创造新问题出来。合理的做法是，"只有从正面创造积极性的东西，才可以促成社会之政治、经济、教育、文化、习俗，等等方面的'新陈代谢'，而科学和民主是促成上述做法的前提条件"。[②]

殷海光之所以突破对于传统的思想，向非传统的思想深化，这种印象和证据也可以从殷海光本人的思想过程和书信中得到证实。[③] "非传统主义思想，不是或不必是处处与传统为敌的。它对传统不是采取正面攻击的态度。"[④] 殷海光向非传统主义的转向意味着他的思想由"自由主义在中国"向"中国的自由主义"转变的开始。殷海光的目的是自由主义在中国实现本土化、中国化和现代化。这就意味着殷海光将把源于西方的自由主义传统洒向中国，从中国的传统——儒家的传统出发，吸收利用西方的自由主义思想。

殷海光对张尚德讲："人的思想是有阶段的，而且是会转变的。我之所以转而喜欢中国文化，有四个原因：（一）从思考反省中所得的了解：中国文化对于生命层域的透视，对于人生活动的安排，我渐渐地有较深的认识；（二）从生活的经验中体会出来的：回味以前的乡居生活，这种生活给人带来清新、宁静、幽美、安然、自在——这才是人的生活，才是人所应过的生活，这种生活是产生中国文化的根源；（三）我受了艾森斯塔德（Eisenstadt）、帕森斯（Parsons）等人影响；（四）最近受了张灏和徐

① 殷海光：《传统的价值》，《学术与思想（一）》，《殷海光全集》第13卷，桂冠图书公司1990年版，第282页。

② 同上书，第291页。

③ 殷海光、林毓生：《殷海光林毓生书信录》，上海远东出版社1994年版，第160页。

④ 殷海光：《传统的价值》，《殷海光全集》第13卷，桂冠图书公司1990年版，第273页。

先生的刺激，引起我对于中国文化的一番思考。”① 在这四个原因中，前两条对中国人生意境的回归是内因；后两条，在林毓生等人的介绍下受西方社会学家艾森斯塔特、帕森斯及新儒家徐复观和学生张灏的影响为外缘。艾森斯塔德等人感到西洋文化已走向穷途末路，转向东方古典文化中寻求出路。殷海光认为，文化现代化是一项极艰苦的工作，必须将东西文化作一番比较研究，然后才能确定文化演化的意义，而这并不是达尔文进化论的意思。

林毓生在解释殷海光的思想转变时，比较重视殷的内在紧张，即“敏锐的道德不安与纯理的知识渴求之间的‘紧张’”。他说：“殷先生对中国传统文化的态度在他生命中最后几年重大的转变，这是激烈的五四反传统思想，后期的光荣发展。同时也象征着五四时代趋近结束；一个继承五四自由主义传统，而不囿于五四反传统思想的新时代的到临。这个重大改变，在殷先生是得来不易的。像他那样具有尖锐道德热情的人，冲力很大，但也正因为他是一个以道德力量为基础的思想家，以他对思想工作严肃而真诚的态度，一旦发现了自己从前思想的缺陷，无论陷入多深，都是可以拉回来，再朝自己所认为对的新方向努力的。从他对中国传统文化的态度的改变过程中，可以看到他的道德感与理智力相互融合的崇高境界。遗憾的是，在这方面的工作开始不久，他就离开了这个世界。”②

殷海光思想转变的内在原因是多方面的，是道德力与理智力、价值与知识由紧张而达到融合。一方面，由于晚年困顿的生命处境、人生体验与思乡情怀，使他减弱了偏激、片面的情绪，改变了把现实生活的负面与传统文化直接挂钩，把今人之罪归咎于古人的做法，增强了民族认同与同胞爱；同时，伴随着时代的发展，商业和技术向人们生活中的渗透越来越深，越来越强烈地影响到了人们的生活，使得道德开始沉沦，心灵开始萎缩，这种现象迫使殷海光把自己的注意力由知识问题、文化问题重新转向

① 殷海光：《春蚕吐丝》，《殷海光文集·病中语录》五十七，远景出版公司1978年版，第86页。

② 林毓生：《殷海光先生一生奋斗的永恒意义》，项维新等主编《中国哲学思想论集》（现代篇之三），台北牧童出版社1978年1月初版，第370—373页。

人的问题——人生与心灵的关怀的问题。他开始重新审视中国传统的思想和文化，意识到商业和技术所带给人们的便利的同时，也给人们的心灵、情感带来负面作用，中国文化及其精神价值——回归平宁、清新的人生意境可以很好地缓解和摆脱这种商业文化所造成的奴役。另一方面，由于纯理探求中，殷海光发现了唯科学主义、逻辑实证论、单线进化论及其在社会历史文化上的直接运用，西方中心论、全盘西化论、全盘式反传统，以及把民主、自由的现实诉求与传统文化资源绝对对立起来的理论和方法的限制与偏颇。道德良知与知识理性，使他义无反顾地否定自己，转变过去的思想认识。这显示了一个热烈又理智的自由主义者的光辉。殷海光晚年彻悟、转变的外在缘由，一是学生张灏、林毓生等把坚持自由主义精神与不加分析地反传统分别开来，注重本国本土思想资源的创造转化的思想及他们介绍的西方人类学、社会学、思想史家的方法论的影响；二是西方文化特别是美国现代病的日益暴露及台湾社会病的出现对殷海光的刺激，及通过学生陈鼓应等受到存在主义的影响；三是与传统主义者徐复观、唐君毅等人的沟通，增加了彼此的了解，肯定儒门风范与道德理想，开始思考中国的传统与西方自由主义如何沟通。

以上多重姻缘的合和，导致了殷海光对传统文化的有限度回归。对于传统文化价值的反思，不论是中国传统文化的研究者还是自由主义等学派都还没有找到传统文化与现代文化转型的一条道路，殷海光对传统文化的有限赞同，试图在自由与传统之间找到一条成型的道路。张灏讲：“殷先生在这方面的想法或感觉，多半是朦胧的，而非清晰的，多半是片段的，而非系统的。在他逝世以前，他迄未对中国文化，在价值上作一强烈而明白的肯定。易言之，他对中国传统文化的重估，认知和情感的意义较强，而价值上的肯定较弱，较模糊。”①

作为“五四的儿子”、“五四后期人物”的殷海光，没有机缘享受“五四”人物的声华，却遭受着寂寞、凄凉和困厄。他一生沿着“五四”启蒙主义的道路，对中国传统积弊与现实负面作无情的鞭笞和批判，晚年尤能以今是而昨非的精神，勇敢地否定自己，修正与检讨自己对传统文化的片面理解，转而认同民族文化的优长与价值，批评西方现

---

① 张灏：《一条没有走完的路》，上海教育出版社2002年版，第333页。

代化的弊病。然而殷海光超越自我的努力，远未竟功。他深信假以年月，他一定能够完成超越。他在临终前多次表示，他不怕死，但不愿就此撒手人寰：“我的思想刚刚成熟，就在跑道的起跑点上倒下来，对于青年，我的责任未了，对于苦难的中国，我没有交代！”① “我现在才发现，我对中国文化的热爱，希望能再活十五年，为中国文化尽力。”② 可惜天不假年，赍志而殁。归结起来，晚年殷海光对中国自由主义的深化主要表现在以下几个方面。

（一）扩大自由的界域，界定自由的内涵

殷海光在启蒙论战阶段将自由的概念界定为“自由即人权”，这种界说的优点表现在它完全可“实证”，弱点在于过于单薄，将“内心自由”、“积极自由”挡在了自由门外，不能直接说明自由的本质。

殷海光在转向学术研究阶段，开始扩大自由的界域。他首先借鉴英国政治哲学家伯林提出的“消极自由”和“积极自由”的概念和分类来界定自由。这也表明殷海光开始认识到，“自由是一个颇为复杂的观念。自由有低度的意义和高度的意义。低度意义的自由是消极的自由。高度意义的自由乃是积极的自由”。③ 殷海光又将“潜在的自由”纳入消极自由的范畴。殷海光指出，消极自由与积极自由是互为条件的，一方面“最低限度，一个人或一群人不必时常担心镇制力临头他才有自由可言”，“没有消极的自由，积极的自由将失所依附。所以，一种自由如果是消极的自由，并不足以减轻他的价值”。另一方面，“除非一个社会文化环境能有利于积极自由的发生滋长，否则‘免于外界限制’的自由将会落空。因为这样的自由使人如失群之马，或断了线的风筝，脱离他原有的种种纽带和群体关系”。④ 极权主义兴起，消极自由便归于乌有。

随之，殷海光结合“自由的后设理论”，承认了“内心自由”的存

---

① 殷海光：《春蚕吐丝》，《殷海光文集·病中语录》五十七，远景出版公司1978年版，第87页。

② 同上书，第76页。

③ 殷海光：《自由的伦理基础》，《殷海光全集》第15卷，桂冠图书公司1990年版，第1147页。

④ 同上书，第1150—1151页。

在，并讨论了“外部自由”和“内心自由”的分际和关联。殷海光认为自由的后设理论有两种：英国经验派和欧陆唯心派。英国经验派的哲学家主张“外部自由”，把自由看作是加于个人的外在束缚的解除；而欧陆唯心派的哲学家则主张“内心自由”，把自由看做基本上是个个人内心的问题。殷海光认为内心自由还有道德自由和开放心灵的自由多种意义。殷海光不仅有限度地承认了内心自由的积极意义，而且将其看作“自由的起点”，“没有‘心灵的自由’就没有‘外部自由’”。

殷海光在去世前的著作《海光文选》的自序中，总结了自己晚年的新想法，他认为凡是任何好的有关人的学说和制度的社会，都包括自由民主在内，如果没有道德理想作原动力，如果不受伦理规范的制约，都会被利用的，都是非常危险的，都可以变成自由民主的反面。同时如果没有人的内心道德的自由，人便没有定力，没有定力何谈外部自由。所以殷海光不同意撇开外部自由而高论内心自由，认为这是“冷血的逃避主义”，而是主张将内部自由与外部自由结合起来的“健全的自由”。[①]

殷海光对于外部自由的性质，也有了新的认识。过去，他受张佛泉的影响，认为自由是本于“人权清单”或“基本权利”的自由。读了哈耶克的《自由秩序原理》，开始将自由的历史面相与观念面相分开来观察，强调自由的整全性，认为自由是每个人固有的，是整全的而不可分割的，自由的本质是对人的尊重。

（二）正视自由的正当性和相对性

晚年的殷海光对于自由的正当性也提出了新看法、更条理化，认为个人主义是自由主义最真实的起点，也是自由主义最真实的终点，个人是最后的社会原子。个人的自由越大，则文明的程度可能就越高。个人主义不等于自私的唯我主义。相反，损人的自利主义常掩饰在利他主义的纱罩后面，真正的个人主义一点也不放弃利他、合作、舍己为群等美德。个人主义主张把人当人，这便是自由主义的核心精神特质，自由的唯一伦理基础。作为对立面的极权主义，往往无视个体人的存在，将个体自我“消

---

① 殷海光：《〈海光文选〉自序》，《殷海光全集》第17卷，桂冠图书公司1990年版，第653页。

失在集体的人海里"，集体主义或国家主义是它们的伦理基础。

殷海光的新观点主要是自由的认识论基础。他在《哈耶克论自由的创造力——从"无知论"说起》中，指出哈耶克、波普等人的无知论"提醒世人，自己所知道的怎样的少。我们的知识领域愈是开拓了，我们对于自己之无知的发现愈多，……我们要达到一个美好的社会，可行的途径就是发挥个人的自由创造力"。[①] 以前的殷海光很少谈到自由的相对性问题，晚年的殷海光对这种相对性采取了正视的态度。真实的"外部自由"是相对的，因为它相对权力而存在，而权力无论怎么限制，总是意味着对人的行为的约束。民主的国家虽然比较接近于自由，但仍然存在镇制，所以说自由是相对的。

（三）重建自由与平等、民主之间的关系

殷海光曾通过接引哈耶克的观点，摒弃了"经济平等"的理想。但对于一般意义的平等、一切人生来是平等的观点，殷海光持否定态度。他认为不平等有两种，不合理的不平等和合理的不平等。自由之所以重要，是因为人有差异。"人和人之间的差异，是自由之所本，也是追求自由的重要理由。如果人和人之间没有差异，那么就没有不同的理想有待实现，没有不同的才能有待发挥，也没有不同的需要有待满足，这么一来，自由就显得无关重要了。"[②]

过去殷海光对自由与民主的关系没有严格的界定，往往视二者为一事。现在意识到民主与自由不是一件事。在专制政制之下一定没有民主政制，可不一定没有自由主义；在极权主义之下一定没有自由主义，可不一定没有民主政制。民主与自由是一种对应关系，也有相通性。

殷海光还进一步征引了波普开放社会理论中提出的自由主义八原则，来说明自由与民主的相关理念。[③]

1. "国家乃一必要之恶，国家的权力不可扩张于必要限度以外。我

---

① 殷海光：《哈耶克论自由的创造力》，《殷海光全集》第15卷，桂冠图书公司1990年版，第1200—1201页。

② 同上书，第1159—1160页。

③ 殷海光：《中国文化的展望》，商务印书馆2011年版，第507—513页。

们可以把这个原则叫做‘自由主义的剃刀’。这个原则与奥康之刀类似。”①

2. 民主和暴政的分别是这样的：在民主之下，可借不流血来换掉一个政司；在暴政之下则不能不借流血来换掉一个政司。

3. 民主所能为力的，不外以一个多少有组织的和圆融的方式供给一般公民以一生活的架构。

4. 我们之所以是民主主义者，不仅因为多数是正确的，而且因为民主传统乃吾人所知最少罪恶的制度。如果在民主制度之下，多数的决定有利于暴君，那么，这就表示民主基础在这个国家里不稳固。

5. 一个制度，如果不与传统调和在一起，那么便不足以保证民主的实施。在没有强力的传统支持时，制度可作极相反的用途。……在制度、意图以及个人的评价之间，需有传统构成一种桥梁。

6. 自由主义的乌托邦。这种想法就是以为，要依照理智来设计一个在无传统的白纸上建立的国家。这是不可能的事。

7. 自由主义的原则，与其说是主张更换既存制度，不如说是对既存制度的评鉴；如有必要，加以修改。

8. 在一切传统中，我们认为最重要的，是我们所说的道德架构（moral framework）。……破坏道德架构的结果，引起愤世嫉俗或虚无主义，这么一来，便对一切人的价值漠视。

殷海光说这八大原则，可以看作“理智的自由主义”的主要内涵。

（四）重述保持自由的条件

殷海光在与其他学者论战的初期，考虑的主要问题在自由民主的必要性上，不太关心自由的落实问题。当他退出论辩舞台之后，殷海光将思维中心转到自由落实的角度上来。他注意到三种类型的条件：客观秩序条件、经济社会体制条件、文化条件。

1. 关于秩序条件，殷海光认为在风暴中不易建立起自由，自由必须借和平、安定及富饶来稳定和扩大，他认识到自由的实现需要有其客观外

---

① Karl H. Popper：*Conjectures and Refutation*，New York Press，1962，p3. 转引自殷海光《中国文化的展望》，商务印书馆 2011 年版，第 507 页。

部环境，尤其是和平稳定。

2. 哈耶克曾提出保障自由民主的政治制度方面的条件，第一就是保有私有财产权；第二就是法治。这两个条件，殷海光也全面接受。“保有私有财产权”在20世纪50年代初殷海光就已经接受，他在读了哈耶克的《自由秩序原理》后更加坚信私有财产是自由实现的佳壤。殷海光引述了哈耶克关于法治的见解后，着力说明，民主国家厉行法治，立法着眼点在于防范政司侵权，从而使公民自由得到保障。

3. 文化条件方面，殷海光在晚年看到了传统文化的正面性和可用性，认为空谈自由主义乃自由主义致败之由。如果要实践自由主义，就必须顾及它所在的社会文化情境。从殷海光晚年的文章和态度可以看出，殷海光开始正视传统在实现自由主义中的意义。

不能否认的是殷海光一辈子坚守的自由主义精神气质、崇高的道德人格和对中国自由主义思想史的贡献，都是他留给后人宝贵的精神财富。在现代中国民主法治的社会进程中值得继承和深入反思。

第六节　殷海光自由主义思想中的困境和矛盾

一　殷海光早年自由主义思想的困境和矛盾

殷海光在青年伊始就非常相信三民主义，但是由于种种原因，直到1952年年初，殷海光才正式脱离了三民主义的轨道，概括起来讲主要包括以下几个方面。

（一）殷海光个人的思想脉络和人格因素

殷海光从1949年5月起，就已经特别关注民主自由问题，将思想中心转到了民权主义。一方面由于民权主义与自由主义，立场上比较接近，这为殷海光思想转到自由主义提供了内在的逻辑可能性；而另一方面，殷海光在论述自由主义的过程中，他所接触到的西方自由主义思想，为他厘清三民主义的内在矛盾提供了思想资源。在对三民主义内在矛盾剖析的过程中，殷海光也逐渐地脱离了三民主义的框架，开始公开明确自己的自由主义立场。除此之外，还应注意到殷海光的人格性情方面的因素在他思想转变中发挥的作用。对传统社会的关怀之情，使他存有强烈的道德义务感；现代西方语境之智，使他不断追求思想的超越；个性的执拗之勇，使他不会过多考虑思想转轨后的利害得失。这些因素过去一直影响着殷海光的思想，而在思想转轨过程中再一次发挥了作用。

（二）时代环境和社会背景

美国介入台海当局的事务之后，台湾的政局渐趋稳定，政局趋稳之后国民党又开始一意孤行地重新建构极权体制，公然违背了他们在艰难困苦时期作出的有关“宪政、民主、自由”的承诺。国民党当局的所作所为与民主自由的道路愈行愈远，将三民主义变成为日益专制极权的护身符，殷海光对此感到极度失望和悲痛，这与他的民权主义诉求背道而驰，民权主义的“民主”，竟然最终被解释为“君主的民主”。这与中国传统几千年的文化几乎没有任何两样，君主的民主实质上也是君主的独裁和专断。这时殷海光感到他在三民主义框架内求自由、民主和民权的难度太大，问题太多，即使有允许这些价值的存在也是变形了的自由、民主和民权。与其这样，还不如直接从单纯的自由主义出发谈那比较硬性的、世界通行的“自由民主”来得纯粹。

（三）身份的转换和发言立场的整体转向

殷海光在离开国民党党报系统后，开始在自由主义者最集中的学术机构——台湾大学和自由主义刊物《自由中国》任职。在这里任职的一个巨大优势就是他不必再顾及官方意识形态的约束，他可以以一名彻底的、光明正大的自由主义者发表言论，身份的转换和发言立场的转换为他的自由主义立场提供了条件。随着国民党当局的日益极权化，1951 年 6 月以后，《自由中国》对当局的批评监督也开始日益加重，因此与当局之间的摩擦和冲突也不断升级。毋庸置疑的是，这对团队成员殷海光的思想演变也起到了正面激化的作用。也因此，在 1952 年左右他完全转变成为一个自由主义者。

这一时期，从三民主义转轨到自由主义的不只殷海光一人。以《自由中国》团队论，这次“重新出发”的生力军，既有残存的第二代中国自由主义者，如胡适、毛子水、张佛泉等；又有从国民党阵营分化出来的一批新人，例如雷震、戴杜衡、傅正、殷海光等；还有少数不属于这两种背景的人物如夏道平、金承艺等。由于老一代自由主义者处境的尴尬性，这场新的自由主义运动的主力，是第二种人，他们差不多都是由三民主义进入自由主义思想轨道的（只是具体进路会有所不同）。

殷海光在三民主义框架内游移时对自由主义的态度是变化的。当以民族主义为重心的这一时期，殷海光以局外人的立场介绍分析过自由主义，他肯定了自由主义的精神方向，但同时也严厉批评了自由主义的弱点。而到重视民生主义的时候，开始调整这种"不偏不倚"的态度。1948 年年底，殷海光撰文指出，"胡适从北平南下是国家民族在存亡之秋以及历史与文化绝续之交，自由主义者起而正视事态并且亟谋有以挽救国运的象征"，并说："一九二八年以来，政治上的得势者未曾了解自由主义对于洗刷旧社会与创造新社会的重要功能，他们不谅解自由主义者，而且，打击自由主义者不遗余力，自由主义者因而备受迫害"。[①] 殷海光认为只有自由主义奋身起来，才能解开历史的死结，结束中国长期的动乱。1949 年夏，殷海光开始强烈关注民权主义，认为"联合"自由主义这支"新生力量"，是"反共抗俄"的关键。1950—1951 年，殷海光所写的文章有关自由民主的内容占到八成以上，虽然他仍然不忘申明，不能把提倡自由民主的人与"陈旧的"自由主义者混为一谈，但同时也发表言论表示，"要自由而不要自由主义，正犹之乎杀鸡而取卵，鸡死卵也尽"。[②] 他意识到"现在正是自由主义须要重新发扬的时代。这是一个艰巨的工作。这个工作需要爱好自由的优秀知识分子共同抒展心力"。这些观点足以显示殷海光虽然仍没有明确地承认自己是自由主义者，但是已经与认同相距不远了。

随着自由民主倡扬的深入，1951 年年底 1952 年年初，殷海光正式认同自由主义，脱胎换骨努力将自己铸塑成为自由主义者。殷海光的自由主义脱胎于三民主义中的民权主义。转轨到自由主义后，殷海光高调主张思

---

① 殷海光：《论胡适南来》，《中央日报》1948 年 12 月 26 日，第 2 版。

② 殷海光：《自由主义的蕴涵》，《殷海光全集》第 11 卷，桂冠图书公司 1990 年版，第 216 页。

想、言论自由，反对国民党所谓的“民权主义”；倡言稳健、理性的爱国主义，反对国民党的“民族主义”；不同意经济集权，反对国民党的“民生主义”。他曾在一篇文章里说道：

“第一，舍弃人权而讲民族主义，结果就变成君王、专制者、独裁者鞭笞之下的顺民。这有什么值得欣幸的？……第二，舍弃人权而讲‘民治’，到头来一定徒具形式，内容全失：所谓‘人民的公仆’，既不‘公’又非‘仆’。选举变成要猴戏。政府官吏说话可以叫做‘谕示’。第三，舍弃民权而讲‘民享’，结果是大家变成配给制度下的新奴工。”①

国民党执政以后，三民主义的理想性已经丧失殆尽，完全成为权贵们弄权和维护私利的工具，其本来价值已经完全被扭曲、玷污。从自由主义反过来看三民主义，殷海光认为国民党把三民主义当成独裁政治的工具，因此强烈反对三民主义国教化，认为没有人权内容的三民主义必将陷于暴政。

转轨到自由主义之后，作为一个流亡的自由主义者，殷海光深切地感受到了所面临的恶劣形势。由于他是一名理想主义者，因而明知山有虎，偏向虎山行。他将他的思想、生命，与中国自由主义的旗帜性事件——“五四”新文化运动联系起来，自命为“五四的儿子”，宣示要“跟着五四的脚步前进”，无论对于政治还是对于文化，殷海光都显示出激进的自由主义色彩。他是既继承“五四”的优良传统，又超越“五四”思想境界的发展阶段。他张扬自由主义的个人主义精神，凸显个人自由的重要性。他的努力体现了“五四”以来中国自由主义思想的新进展。

殷海光的前半生，说不上已经服膺自由主义，那时他只是一个理想杂糅的三民主义者。他之所以能够从三民主义转轨到自由主义，虽与其个人的性情经历关系很大，从社会因素看，却直接来自时代情境的急剧变化。尽管殷海光是一个“半路出家”自由主义者，但他的思想进路，比之有留学背景的自由主义前辈，更加显性地体现了近代中国自由主义的救世特性，在中国的自由主义思想和运动史上留下了深刻印记。

殷海光作为一个自由主义者，他的思想不是始终如一的。在晚年，他

① 殷海光：《你要不要做人?》，《殷海光全集》第12卷，桂冠图书公司1990年版，第761—762页。

的思想发生了很大转变，对自由主义有更深透的理解，更注重自由主义价值层面的意义，调整了对传统文化的态度，致力于在传统文化中寻找自由主义的人文基础，特别突出了自由主义的个人主义精神实质，因而使他的自由主义思想体现出卓异的特色。

二 殷海光晚年自由主义思想的困境和矛盾

殷海光“狂飙的、革命党式”的自由主义，充分展示了过去自由主义者所不具备或不鲜明的斗士特性，也必然蕴含着自身难以克服的困境。晚年被迫离开启蒙舞台的殷海光，逐渐感觉到了这一点，并在极其艰难的处境中，开始力图有所超越。

由于殷海光以理想主义精神投身于自由民主的战斗中，无暇建设系统的自由主义学理，以致他的自由主义理论思想空疏和浮泛。在他的“斗士”生涯中，显示出许多言行不一、进退失据的地方。他一方面宣扬和追求自由，但自己又常常表现出很多独断的思想和行动；他明明倡导遵循渐进改革而在理论和文章中却又呐喊激进而行，尽管十分注重道德精神而同时却又反对中国传统文化的道德伦理精神，明明表现出了张扬西化、崇尚西化的思想而自己内心却又十分恋旧，在理智上否认“国家”、“民族”的真实性而情感上却又从未割舍浓烈的同胞之爱。

（一）自由与独断

殷海光不遗余力地鼓吹自由民主，不能包容任何不“清晰”的思想，让人觉得他“缺乏自由精神”。李敖在形容殷海光和雷震思想时说“革命党式的、单调的、专断的、严肃的、不恢廓的、高高在上的、兴趣狭窄的、圣王、贤君、教主式的。……这些气质很过瘾、很雄浑，可惜都不是自由民主的气质”。[①] 居浩然说“海光讲民主而本身不民主，就像他不讲中国固有道德而立身行事谨守儒家德目一样，很少为人了解”。[②] 夏道平

① 李敖：《我的殷海光》，《千秋评论》（五），台北四季出版事业有限公司1982年版，第139—149页，

② 居浩然：《殷海光与王浩》，《人物与思想》第31期1969年10月15日。

说，“照我的看法，殷先生心智的努力，确确实实是勤勤恳恳要做到他自己所常说的理智的自由主义者。可是他有个不自觉的内在倾向，却更接近笛卡儿的唯理主义。我把这个看法直率地向他提出，于是引起他那一段真可说是‘肝胆照人’的谈话。……而结论是说他的气质与思想的不契合”。①

（二）渐进与激进

殷海光认为文明是渐进的，一般性地接受了自由主义是渐进主义的说法，借用了胡适的说法，认为不能“笼统解放”、“笼统改造”将渐进理解为对要通过改革一点一滴地改进和前进，反对通过暴力革命的方式进行社会改造。而对于暴力的进步运动，是要渐进还是要激进却不在他的思考范围之内，他的狂飙启蒙成为一种深具激进性质的，以信念引路、气质主导的自由主义运动。

（三）道德与传统

殷海光一向深切希望读书人保持传统人士的道德精神，他心中的理想的和追求的道德精神还是中国古代的传统道德精神，然而他在不同时期显示出了他对传统文化的反对，也对传统道德精神进行了驳斥。自己的内心一方面要求追求传统道德精神，而自己的理想和目标追求又迫使他放弃传统道德精神。他在台湾用他清新的健笔和他那震撼人心的道德热情“以一人之力”对“五四”精神“做悲剧性的重建”，然而他在论说自由的内涵和根基时，却竭力排斥中国文化传统的正当性，由内在冲突，进而走向反传统主义。

（四）西化与恋旧

虽然殷海光基本的学术精神是西化、现代化，反传统，提倡科学与民主的，然而，殷海光却并不欣赏西方机械化、商业化的现代文化。他很明确地表达过自己的态度“深恶美国那种忙乱，工厂、汽车……所表现的

---

① 夏道平：《纪念殷海光先生》，《殷海光全集》第18卷，桂冠图书公司1990年版，第243页。

什么”，“深喜那静寂，闲散，宽舒的东方情调”。[①] 他欣赏的是西方的政治体制和公民的道德素养，反对的是西方资本主义泛滥所带来的商业化的社会，追求的是一种没有政权压抑公民自由、个人可以享受自由的各种权利、个人可以按照自己的内心生活的一种社会体制。

（五）个人主义与同胞之爱

殷海光自从归依自由主义之后，便不承认国家、民族的经验意义，但他的内心世界实质上又无时无刻不以民族、国家命运为自己的精神推动力。这种矛盾的思想反映了殷海光为了整个国家的人民自由采取了一种理论上极为激进的论调，虽然表面上他没有表现出他对自己同胞的爱，那时因为没有个人主义、自由主义为基础的国家，各个同胞之间的爱就难以真正实现，他采取的是一种纠偏过激的方式，采取的是自己承受众人之矢，却全都是为众人的无奈之举。陈鼓应回忆殷海光与他的一些往事的时候说，有一次殷海光忽而热泪盈眶，抽泣着说：“鼓应，实实在在告诉你，我是多么地爱我的同胞，我们具有共同的肤色，共同的语言文字，共同的生活习惯，共同的感情基调，共同的文化基础，但我从不愿意说出我的同胞爱……”[②]

这些内在冲突是殷海光理想型自由主义的困扰。在生命的晚年，殷海光觉悟到自己思想的空疏，他曾对朋友说，自己很惭愧没有做纯理的工作，过去在《自由中国》的文章，2/3 是不必写的。又对学生讲，自己过去写的东西，内容上距成熟还远得很。多年的经验分析使他意识到人间的一切相望，如果不放在一个理智的水平上，那么很可能大都是海市蜃楼。

通过自我反省，殷海光又进一步反省自由主义在整个近代中国的发展。他认为自由主义者的思想不能自固，是整个中国自由主义的弱点。由于自由主义思想传统的外来性，加上中国自由主义的“先天不足”，导致中国的自由主义思想不仅受到右倾的保守主义的攻击，还受到“左”倾

---

① 殷海光：《致王道》，《殷海光全集》第 10 卷，台湾桂冠图书公司 1990 年版，第 8—9 页。

② 陈鼓应：《殷海光老师和我的一些往事》，《殷海光全集》第 18 卷，桂冠图书公司 1990 年版，第 157 页。

的布尔什维克主义的攻击。自由主义由于学理根基不牢，因此便不能屹立如山、稳定阵脚。严复、胡适等人虽然接受和引介了西方的自由主义，却没有对它进行系统化，更没有结合中国文化传统实现本土化，致使自由主义本身的思想就很脆软稀薄。与保守主义比较起来，自由主义在中国需要多多增进。同时中国自由主义者也受到时空环境的压力。殷海光认为，自由主义这一西方思想，进入中国，必然面对思想的空间环境压力，即文化差异的区隔。还有时间性的历史条件差异，欧洲国家的自由贸易是伴随民主政治的成长构成的。而自由主义在中国的成长遭受了一波波的大动乱，外部支撑环境的匮缺，致使中国自由主义者“后天失调”。中国自由主义者的先天不足、后天失调，比较全面地说明了自由主义失败的主观原因和客观背景。

第五章

结　论

对于中国的自由主义者而言，中国的传统文化与西方的自由主义文化是格格不入的，中国人以家庭、宗族、集体和国家为本位；西方人以个人为本位；中国人追求大一统、大同世界，西方人追求保持个人自由、个人个性、社会价值多元的世界；中国人为官是替民做主、为民做主，西方人为官则仅仅是一种职业和服务。在宣传西方自由主义思想第一人的严复看来，中国文化的异同不是外在形态上的不同，而是价值观念的不同，所以严复对张之洞的“中体西用”思想进行了有力的驳斥；到了五四运动时期，中国的自由主义者以及当时的知识分子陈独秀、蔡元培和胡适更是对旧文化、旧道德、旧制度给予猛烈的抨击，倡导新文化、新道德和新制度，树起了民主和科学的两面大旗，这时反传统的思想到达了顶点和高峰。到了20世纪30年代，中国传统文化与西方文化的内在冲突和派别的辩论演变成了“全盘西化论”与“中国文化本体论”的大规模论战，这一论战一直持续到20世纪50年代之后自由主义转移到台湾的阵地上。中国的自由主义者之所以对中国传统文化采取全盘西化的态度，是因为他们是以一种工具性的视角来看待中国文化，但是这种态度并不等于是对中国传统文化全盘否定，而是对中国文化予以全盘的改造，用胡适的话就是“整理国故”，“从乱七八糟里面寻出一个条理脉络来；从无头无脑里面寻出一个前因后果来；从胡说谬解里面寻出一个真意义来；从武断迷信里面寻出一个真价值来”。

西方自由主义者都是主张社会改良的，提倡以和平、渐进的方式对社会进行改造。在这一点上，中国的自由主义者仍然是继承自由主义思想的核心和传统，而对暴力革命理论进行抨击，认为这是一种激进的思想，不适合在中国实行。为了与他们的这一和平改革思路相配套，中国的自由主义者们首先是把思想文化的改造看作是其他一切社会改造的先决条件，尤其是胡适、殷海光等人把思想自由、言论自由放在第一位，并幻想着通过对人们思想的改造进而完成对社会的改造。

自自由主义理论、思想进入国人的视野以来，国人们就没有停止对其讨论和研究，在西方自由主义还是一个充满歧义的概念，所以传入中国之后这个本身充满歧义的概念就更加充满着歧义。胡适在其《自由主义》一文中曾经指出：孙中山曾说社会主义有 57 种，不知道哪一种是真的，“自由主义”也可以有种种说法。在涉及中国自由主义时，殷海光列出了中国自由主义的六种性质：抨孔，提倡科学，追求民主，好尚自由，倾向进步，用白话文。他提出，当某种人物在某一阶段合于这一组性质的四种时，就将他放进“自由主义”栏里。欧阳哲生对殷海光的这一提法表示了异议，殷海光实质上是在十分宽泛的意义上来谈论自由主义的，这就把本不属于自由主义的核心价值也归入自由主义之中了，本身自由主义就和其他的一些思想流派共享着一些价值，这样更使自由主义的概念模糊不清。欧阳哲生说殷海光提出的这几个条件较为宽泛，他认为中国自由主义的主要特征是：在个人与社会群体的关系中强调以个人为本位；在社会渐进与激进革命的选择中主张以改良为手段；在科学探索与宗教信仰的对抗中鼓吹以“实验”为例证；在文化多元与思想统一中趋向自由选择。

然而当学者们在对自由主义的概念、内涵、特征争论之时，还是在对自由主义抱有极大幻想而讨论的同时，在中国的社会实践中却不是按照中国自由主义者的预设和想象来演进的。从 1921 年中国共产党成立，到 1949 年 10 月中华人民共和国正式成立，实践中的发展宣布了自由主义作为一种理论形态和制度设计在中国的破产和失败。但是中国的自由主义者不甘心自由主义就此失败和退出中国历史的舞台，他们开始怀着各种心态对中国自由主义的失败进行反思。最常被学者们引用的是中国自由主义者殷海光在《中国文化的展望》中所指出的“先天不足，后天失调”的原因论。自由主义在中国的失败是不是真如殷海光所归因的“先天不足，后天失调”呢？假如中国没有先天不足和后天失调的原因，自由主义在中国就能行得通走得成功吗？答案显然是否定的。

对于中国自由主义的失败归结为“先天不足”这样的原因，殷海光及其他中国自由主义者通常是采用韦伯的价值理性与工具理性的分析范式来论证的，他们认为：20 世纪中国的自由主义思想主要来源于西方国家，中国社会本身并没有任何关于自由主义的文化传统因素，而在自由主义传到中国之后发生了，自由主义与其他思想、思潮的辩论以及与中国传统文化的冲突使得自由主义理论发生了重要的变化，从某种程度上说已经不是完全意义上的西方自由主义的特征和内涵，再加上自由主义被引入中国本身就是作为一种救国的工具和手段，种种因素加在一起结果使自由主义的内在价值被遮蔽，个体至上的原则被弱化，经济自由主义被忽视。这样的论证方法本身就是自相矛盾的，既然为了救国而引进了自由主义，那么自由主义的救国理性与自由主义理论本身就是一种正相关的关系，自由主义在救国过程当中就应该一展其理论和实践意义上的宏图，并且其自身在救国的过程当中应当得到好的发展，而现实和实践于这种自由主义理论和为自由主义辩护的理论开了玩笑，自由主义不仅没有为救国贡献出自己的力量，而自己也没有在实践当中有任何发展。

对于所谓的“后天失调”论，美国学者格里德说曾论证说：自由主义之所以失败，是因为中国社会当时正处在混乱、暴力之中，但是自由主义理论本身却需要一种非常有秩序的环境才能得以发展……自由主义的失败是因为在某种程度上中国人的生活是由武力来塑造的，而不是自由主义所设想的人都是有理性的，人都应该依靠理性来生活。[①] 所以是因为中国人的生活淹没在暴力和革命之中，而自由主义则不能为暴力与革命的重大问题提供什么答案，所以自由主义在中国的失败也是可以理解的。这种分析范式的问题就在于，它首先肯定了自由主义的诸多价值具有普适性，也就是人们通常说的自由主义有他们的所谓“普世价值”，这在实际当中肯定是不能够存在的。其次，他们的观点隐含着的思想是自由主义本身应该在中国取得成功，自由主义之所以没有取得成功是中国历史的遗憾，并且还映射着中国 1949 年之后所认定的社会主义道路是不正确的，是不符合中国的社会发展的。然而，事实上真的如此吗？那么为什么中国从 20 世纪中叶到现在已经半个多世纪的和平时期了，为什么自由主义还被冷落、奚落呢？显然这样的原因分析也将不攻自破，主动倒台。从表面上看他们

---

① ［美］格里德：《胡适与中国的文艺复兴》，江苏人民出版社 1989 年版，第 337—338 页。

的学历层次、逻辑论证很高深莫测，实则这样的研究偏离了历史发展的大趋势和大方向，违背了马克思的唯物史观的分析方法。在《德意志意识形态》中，马克思和恩格斯这样概括他们的理论：“这种历史观就在于：从直接生活的物质生产出发来考察现实的生产过程，并把与该生产方式相联系的、它所产生的交往形式，即各个不同阶段上的市民社会，理解为整个历史的基础；然后必须在国家生活的范围内描述市民社会的活动，同时从市民社会出发来阐明各种不同的理论产物和意识形式，如宗教、哲学、道德等等，并在这个基础上追溯它们产生的过程。”① 伯林是一个西方本土的自由主义者，但是他也看到了自由主义所忽视的事实：

> 事实上向那些衣不蔽体，文盲，营养不良，以及疾患缠身的人们提供政治权利，或免于国家干涉的保障，那是对他们所处境遇的嘲弄；在他们能够理解，或运用，甚至是提高他们的自由之前，他们需要的是医疗上的帮助或者教育……首要的问题是：存在某些状况，正如19世纪俄国激进分子宣告的那样，皮靴比莎士比亚的作品为优；个人的自由并非每个人的首要需求……埃及的农民以前需要的是衣服或药品，而不仅仅是个人自由……②

对中国社会性质的正确认识不是中国自由主义者所具备的知识力量，他们一开始就在认识方向上走错了，而唯独马克思主义的理论对于指导中国国情有正确的系统的力量。马克思列宁主义之所以能够在中国发生如此大的作用，能够指导中国人民取得革命的胜利，取得国家的统一、民族的独立和国家的繁荣富强，首先是因为中国的特殊的社会历史条件有了这种需要，是因为马克思列宁的理论与中国人民革命的实践有非常密切的联系。任何一种思想、理论，如果不与客观的实际的事物相联系，如果没有客观存在的需要，如果不为人民群众所掌握，即使是最好的东西，即使是马克思列宁主义，也是不起作用的。毛泽东同志虽然是针对马克思列宁主义在中国为什么能够成功而言的，但是在反面也说明了自由主义理论为什

① 《马克思恩格斯选集》第3卷，人民出版社2013年版，第82—83页。

② Isaiah Berlin, *Four Essays on Liberty*, Oxford University Press, 1969, p. 124.

么在中国行不通的关键原因，是中国的社会历史条件没有这种需要，是没有被中国人民所认可、接受，没有同中国广大的人民群众产生联系，没有走进群众中去。可以说正是由于中国共产党接受了马克思列宁主义的理论，正确分析了中国社会的性质，才带领中国人民一步步从胜利走向胜利，终于完成了中国革命的任务。毛泽东在《唯物历史观的破产》一文中指出，从1840年的鸦片战争到1919年五四运动的前夜，在这共计七十多年中，中国人没有什么思想武器可以用来抵御帝国主义的冲击。守旧顽固的封建主义的思想武器打了败仗，抵不住西方资产阶级的炮轰和侵略，最终不得已而宣告了破产。经过一番挣扎、反省之后，中国人被迫从帝国主义的老家即西方资产阶级革命时代的武器库中学来了进化论、天赋人权论和资产阶级共和国等思想武器和政治方案，组织过政党，举行过革命，以为可以抵御列强，建立民国。但是这些东西也和封建主义的思想武器一样，软弱得很，又是抵不住，败下阵来，宣告破产了。毛泽东的一段话简明扼要地说明了自由主义在中国失败的主要原因：就是自由主义不能帮助中国人完成对外推翻帝国主义的压迫，对内更不能帮助中国人民推翻封建地主、资产阶级的压迫，所以自由主义在中国没有立足之处、可用之处。

自由主义在中国20世纪的社会变革实践中已经证明了它的失败；同样，在社会主义初级阶段，自由主义也不能帮助中国人民完成中华民族复兴的历史重任，也不能帮助中国实现长治久安的和谐政治秩序，所以历史还将证明自由主义始终在中国不会得到中国人民的接受，梦想自由主义在中国取得成功只能是自由主义者在梦里的一种愿望，也只能是中国自由主义者的乌托邦。

参考资料

报纸杂志类

《不忍》《孔教会杂志》《晨报》副刊、《大中华》《东方杂志》《国故月刊》《甲寅》周刊、《科学》月刊、《每周评论》《四存月刊》《少年中国》《新潮》《学灯》《学衡》《学艺》《新青年》《星期评论》周刊、《中国学报》《先驱》《向导》

著作汇编类

1.《马克思恩格斯选集》，人民出版社 2012 年版。
2.《列宁选集》，人民出版社 2012 年版。
3.《毛泽东选集》，人民出版社 1991 年版。
4.《独秀文存》，安徽人民出版社 1988 年版。
5.《陈独秀文章选编》，上海人民出版社 1988 年版。
6.《胡适文存》，黄山书社 1996 年版。
7.《胡适留学日记》，海南出版社 1993 年版。
8.《李大钊文集》，人民出版社 1984 年版。
9.《鲁迅全集》，人民文学出版社 1956 年版。
10.《杜亚泉文选》，华东师范大学出版社 1993 年版。
11.《梁漱溟全集》，山东人民出版社 1990 年版。
12.《蔡元培选集》，浙江教育出版社 1993 年版。
13.《梁启超哲学思想论文选》，北京大学出版社 1984 年版。
14.《钱玄同五四时期言论集》，东方出版中心 1998 年版。
15.《杜威五大讲演》，安徽教育出版社 1999 年版。

16.《毛泽东早期文稿》，湖南出版社 1990 年版。
17.《陶行知文集》，江苏人民出版社 1981 年版。
18.《梁启超选集》，上海人民出版社 1984 年版。
19.《蒋梦麟教育论著选》，人民出版社 1995 年版。
20.《五四时期期刊介绍》，三联书店 1979 年版。
21.《殷海光全集》，桂冠图书公司 1990 年版。
22. 蔡尚思：《中国现代思想史资料简编》，浙江人民出版社 1982 年版。
23. 袁刚等编：《中国到自由之路——罗素在华讲演集》，北京大学出版社 2004 年版。
24. 袁刚等编：《民治主义与现代社会——杜威在华讲演集》，北京大学出版社 2004 年版。

著作类

1. 黄仁宇：《中国大历史》，三联书店 1997 年版。
2. 白寿彝总主编：《中国通史》第 11—12 卷，上海人民出版社 1999 年版。
3. 韦政通：《中国思想史》，大林出版社 1979—1980 年版。
4. 葛兆光：《中国思想史》，复旦大学出版社 2001 年版。
5. 章开沅、罗福惠主编：《比较中的审视：中国早期现代化研究》，浙江人民出版社 1993 年版。
6. 沙健孙主编：《中国共产党通史》，湖南教育出版社 1996 年版。
7. 王尔敏：《中国近代思想史论》，台北商务印书馆 1995 年版。
8. 李泽厚：《中国近代思想史论》，人民出版社 1979 年版。
9. 李泽厚：《中国现代思想史论》，东方出版社 1987 年版。
10. 徐复观：《中国思想史论》，台北学生书局 1988 年版。
11. 唐德刚：《晚清七十年》，岳麓书社 1999 年版。
12. 徐大同总主编：《西方政治思想史》，天津人民出版社 1985 年出版。
13. 徐大同总主编：《西方政治思想史》（五卷本），天津人民出版社 2005 年版。
14. 徐大同总主编、吴春华主编：《当代西方政治思潮》，天津人民出版社 2001 年版。
15. 刘军宁：《北大传统与近代中国——自由主义的先声》，中国人事出版社 1998 年版。
16. 萧延中：《启蒙的价值与局限——台港学者论五四》，山西人民出版社 1989 年版。
17. 胡伟希：《十字街头与塔——中国近代自由主义思潮研究》，上海人民出版社 1991 年版。
18. 刘桂生：《台港及海外五四研究论著撷要》，教育科学出版社 1989 年版。
19. 刘桂生：《时代的错位与理论的选择——西方近代思潮与中国五四启蒙思想》，清华大学出版社 1989 年版。
20. 高立克：《五四的思想世界》，学林出版社 2003 年版。
21. 李龙牧：《五四时期思想史论》，复旦大学出版社 1990 年版。
22. 彭明：《五四运动史》，人民出版社 1984 年版。
23. 舒芜：《回归五四》，辽宁教育出版社 1999 年版。
24. 张艳国：《破与立的文化激流：五四时期孔子及其学说的历史命运》，花城出版社 2003 年版。
25. 李世涛：《知识分子立场》，时代文艺出版社 1999 年版。
26. 陈万雄：《五四新文化的源流》，三联书店 1997 年版。
27. 李强：《自由主义》，中国社会科学出版社 1998 年版。
28. 章清：《“胡适派学人群”与现代中国自由主义》，上海古籍出版社 2004 年版。
29. 章清：《自由主义与“反帝”意识的紧张》，《二十一世纪》总第 13 期，香港中文大学中国文化研究所，1993 年。
30. 张育仁：《自由的历险——中国自由主义新闻思想史》，云南人民出版社 2002 年版。
31. 张光芒：《启蒙论》，上海三联书店 2002 年版。
32. 黄克武：《自由的所以然——严复对约翰弥尔自由思想的认识与批判》，上海书店 2000 年版。
33. 罗荣渠：《从“西化”到现代化——五四以来有关中国的文化趋向和发展道路论争文选》，北京大学出版社 1990 年版。
34. 姜义华：《理性缺位的启蒙》，三联书店 2000 年版。
35. 欧阳哲生：《自由主义之累——胡适思想的现代阐释》，上海人民出版社 1993 年版。
36. 陈万雄：《五四新文化的源流》，三联书店 1997 年版。
37. 陈万雄：《新文化运动前的陈独秀》，香港中文大学出版社 1982 年版。
38. 任建树：《陈独秀大传》，上海人民出版社 1999 年版。
39. 唐宝林、林茂生：《陈独秀年谱》，上海人民出版社 1988 年版。
40. 黄克武：《一个被放弃的选择——梁启超调适思想研究》，台湾“中研院”近代史研究所 1994 年版。
41. 金观涛、刘青峰：《中国现代思想的起源》（第一卷），香港中文大学出版社 2000 年版。
42. 金观涛、刘青峰：《开放中的变迁》，香港中文大学出版社 1993 年版。
43. 顾昕：《中国启蒙的历史图景》，香港牛津大学出版社 1992 年版。
44. 刘小枫：《现代性社会理论绪论》，上海三联书店 1998 年版。
45. 谢泳编：《胡适还是鲁迅》，中国工人出版社 2003 年版。
46. 哈佛燕京学社、三联书店主编：《儒家与自由主义》，三联书店 2001 年版。
47. 殷海光：《中国文化的展望》，上海三联书店 2002 年版。
48. 钱穆：《中国思想史》，台湾学生书局 1995 年版。
49. 石元康：《当代自由主义理论》，台湾联经出版事业公司 1998 年版。
50. 石元康：《从中国文化到现代性：典范转移?》，三联书店 2000 年版。
51. 郭湛波：《中国近五十年思想史》，山东人民出版社 1997 年版。
52. 朱学勤：《道德理想国的覆灭》，上海三联书店 1994 年版。
53. 汪晖：《无地彷徨——“五四”及其回声》，浙江文艺出版社 1994 年版。
54. 冯崇义：《罗素与中国——西方思想的一次经历》，三联书店 1993 年版。
55. 钱满素：《爱默生和中国——对个人主义的反思》，三联书店 1996 年版。
56. 郑大华：《张君劢传》，中华书局 1997 年版。
57. 胡建：《启蒙的价值目标与人类解放》，学林出版社 2000 年版。
58. 殷克琪：《尼采与中国现代文学》，南京大学出版社 2000 年版。
59. 刘小枫：《多元的抑或政治的现代性》，《二十一世纪》2001 年 8

月号。

60. 朱高正：《自由主义与社会主义的对立与互动》，《中国社会科学》1999年第6期。
61. 汪晖：《个人观念的起源与中国的现代认同》，《中国社会科学季刊》1994年秋季号，香港社会科学研究中心，1994年。
62. 张灏：《危机中的中国知识分子》，山西人民出版社1989年版。
63. 张灏：《思想与时代》，上海文艺出版社2002年版。
64. 张灏：《中国近代思想史的转型时代》，《二十一世纪》1999年4月号。
65. 林毓生：《中国意识的危机》，贵州人民出版社1986年版。
66. 林毓生：《中国传统的现代转化》，三联书店1988年版。
67. 林毓生：《五四：多元的反思》，香港三联书店1989年版。
68. ［美］墨子刻：《二十世纪中国知识分子的自觉问题》，贺照田主编：《学术思想评论》第三辑，辽宁大学出版社1998年版。
69. ［美］微拉·舒衡哲：《中国的启蒙运动——知识分子与五四遗产》，李国英等译，山西人民出版社1989年版。
70. ［法］白吉尔：《中国资产阶级的黄金时代（1911—1937）》，张富强、许世芬译，上海人民出版社1994年版。
71. ［美］余英时：《重寻胡适历程——胡适生平与思想再认识》，广西师范大学出版社2004年版。
72. ［美］余英时、张灏等：《五四新论》，台湾联经出版事业公司1989年版。
73. ［美］余英时：《中国思想传统的现代诠释》，江苏人民出版社1989年版。
74. ［美］巴林顿·摩尔：《民主和专制的社会起源》，华夏出版社1987年版。
75. ［美］本杰明·史华慈：《寻求富强：严复与西方》，江苏人民出版社1989年版。
76. ［美］莫里斯·迈斯纳：《李大钊与中国马克思主义的起源》，中央党校出版社1989年版。
77. ［美］余英时：《现代危机与思想人物》，三联书店2005年版。

78. ［美］余英时:《中国近代思想史上的胡适》，台北联经出版公司 1984 年版。
79. ［美］史华兹:《近代中国思想人物论——自由主义》，时报文化出版公司 1980 年版。
80. ［美］格里德:《胡适与中国的文艺复兴——中国革命中的自由主义(1917—1937)》，鲁奇译，江苏人民出版社 1996 年版。
81. ［美］周策纵:《五四运动——现代中国的思想革命》，周子平译，江苏人民出版社 1996 年版。
82. ［日］近藤邦康:《救亡与传统——五四思想形成的内在逻辑》，于晓强译，山东人民出版社 1988 年版。
83. ［美］狄百瑞:《中国的自由传统》，李弘祺译，香港中文大学出版社 1989 年版。
84. ［美］费正清:《伟大的中国革命》，世界知识出版社 2000 年版。

后 记

我于湖北大学读研时，开始研究陈独秀自由思想，以“陈独秀对自由的贡献”为题作硕士学位论文。想起那时，顿觉汗颜。导师田子渝教授以严厉著称，要求我泡在湖北大学图书馆珍藏室一个月有余，毕业答辩，论文受到俞良早教授、田子渝教授等的一致好评。

后来入天津师范大学读博士，导师高建教授了解我的学业专长后，建议我中西结合，研究中国自由主义，于是开始以“五四时期中国自由主义”为题作博士学位论文。天津师范大学中西政治文化研究中心以研究西方政治思想为特色，我研究中国自由主义具有对自由主义原生态比较了解的学术优势，博士学位论文受到徐大同先生、高建教授等的好评。

2010 年 7 月，我获批国家社科基金“中国五四时期自由主义研究”，于是在对中国自由主义的研究领域继续深入。

此书是对“中国五四时期自由主义研究”的进一步深化。在成书过程中，我的学生张昭、张耀查阅了有关资料，对他们的辛勤劳动表示感谢！

作　者